八闽文化世家

张继定　徐俐华　编著

毛　策　陈国代　审订

吉林人民出版社

图书在版编目（CIP）数据

八闽文化世家 / 张继定等编著 . 一长春 : 吉林人民出版社，2017.5

ISBN 978-7-206-13987-1

Ⅰ . ①八… Ⅱ . ①张… Ⅲ . ①家族－福建－古代

Ⅳ . ① K820.9

中国版本图书馆 CIP 数据核字（2017）第 116885 号

八闽文化世家

编　　著：张继定　　徐俐华

责任编辑：陆　雨　　　封面设计：张　雪

咨询电话：0431-85378033

吉林人民出版社出版（长春市人民大街 7548 号　邮政编码：130022）

印　　刷：金华市曙光印务有限公司

开　　本：880mm×1230mm　1/32

印　　张：12

字　　数：254 千字

印　　次：2017 年 5 月第 1 版　　2017 年 5 月第 1 次印刷

标准书号：ISBN 978-7-206-13987-1

定　　价：32.60 元

前 言 | 001

前　言

　　"八闽"之谓，盖始于宋代。北宋时期的福建路行政区划，有福、建、泉、漳、汀、南剑六州，邵武、兴化二军。南宋时，则设一府、五州、二军，县置数量增到四十二，府、州、军为同一级行政机构，共计八个，所以福建又号称"八闽"。

　　在上古社会，中国长江以南存在着以氏族组合的许多部落，统称为古越族，而福建处东海之滨，故称为"东越"。"东越"这名称最早出之于《逸周书·王会解》："东越海蛤，瓯人蝉蛇……"据《史纪·越王勾践世家》说，战国时期，勾践七世孙无疆和楚威王作战，失败被杀，越国式微，王族南奔，有部分后裔来到福建，占据福建和浙江南部，他们的族人与闽族人结合，统称之"闽越"人。秦统一中国，秦始皇分天下为三十六郡，公元前228年又取广东、广西、福建等地，增设四郡，其中福建为闽中郡。当时闽中郡大约还应包括浙江南部一些土地，不仅仅是今日福建之省域。汉继秦兴，汉高祖于公元前202年封无诸为闽越王，辖闽中故地，都城设在今福州之东冶，封地包括现在浙江南部和广东北部。东汉末年在今福建境内已设侯官、建安、汉兴、南平、建平五县，分别是今日福州、建瓯、浦城、南平、建阳，统属晋安郡。南朝陈光大二年（568），在晋安郡置为丰州，今福州为州治所。隋朝开皇九年（589），因丰州境内有泉山，将丰州改名为泉州，废除建安、南安两郡为县，划归泉州管辖，那时之泉州不是今日之泉州，而是代表福建全省之名称，州治仍设在今福州。隋大业二年（606），将泉州改名为闽州，次年又更名为建安郡，郡治在闽县，即今之福州。入唐后，福建之名称屡有更改，或建州、或泉州、或闽州。公元725年改闽州为福州，这是福州名称首次出现，从军事辖区而言，福州都督可以指挥泉、建、汀三州。由此，福州也可算为全省性之称谓。公元733年设立军事长官经略使，从福州、建州取一字，名为"福建"经略使，它与福州都督府并存，后来发展为福建观察使、福建节度使，统辖五州或六州，取代了道一级机构。五代时藩镇割据，中央政权四周出现10个国家，福建为其中之一，叫"闽国"，开创人为王审知，当时闽国之疆域基本上与今福建省域之省界相合。王氏家族割据福建时间为60年，其中王审知执政29年，对福建政治、经济、文化产生了重要影响。宋代始，福建全部纳入宋朝版图。本书所述文化世家为今日之福建全境，即宋以后号称"八闽"（包括唐末五代王审知之闽国）。值得注意的是，今台湾省在过去很长一段历史时期中为八闽所辖。南宋赵汝适《诸番志》载："泉有海岛，曰彭湖，隶晋江县"。康熙二十二年（1683）清政府夺回台湾，翌年设立台湾府，属福建布政司，下设三县一厅。光绪十一年（1885）清政府在台湾设省，让福建巡抚移驻台湾，名称为"福建台湾巡抚"，添设藩司一员，亦名"福建台湾布政使"。其时，台湾省人士要考文武举人仍旧来福建参加乡试。考虑到台湾自古是中国不可分割之领土，又与隔海相望的福建有密切关系，尤其是绝大部分历史时段为闽省所辖之行政区，故本书同时也记述了台湾省的部分文化世家。

八闽文化或曰福建文化是中国文化中自具特色的一支，她在中外文化碰撞和交融中孕育了自己海纳百川的品格。不必讳言，唐以前的闽省土著文化曾落后于中原文化，在中国三次文化南传过程中，它获得巨大的推动力，逐步赶上并超越文化发达区域。尤其是近代以来，福建因其处于沿海的优越地理位置，是最早感受到欧风美雨冲击的地区之一，在保持华夏文化精华的同时，成为中国近代化的排头兵，继宋代闽学大倡之后，又一次锻铸出华夏新文化的巨大成果。为使一般读者对福建古代至现代的氏族文化有一个大致的了解，我们选择福建历史上部分重要的文化世家逐一介绍。"八闽"的文化世家特点可简约概括为这样两个方面：一、自朱熹开创闽学以来，闽学中人才辈出，文化世家尤多，有些甚至相继传承于宋、元、明、清，代有大家巨子诞生。二、与内陆省份不同，由于较早感知西方文化之冲击，近代以降之文化世家的开放性视野和包容性胸襟，产生了严复、林纾、辜鸿铭、林则徐等中国近代化的先行人物。于是，其文化世家成员中有许多延伸至海外，他们一方面是工商贸业界巨子，同时，也是教育文化的热心倡导人。本书参酌引征古人近人之著述，欲通过对60家文化世家之叙述来体现闽省之文化特点。鉴于本书原拟之体例规定入选世家主轴核心成员其主要生活年代应于1919年以前，故福建现代史上一些文化大家，如陈岱孙、蔡尚思、林庚、傅衣凌、张耀翔、马约翰、冰心、庐隐、杨骚、翁独健、朱谦之、李俨、侯德榜、傅雷等文化大家未曾入选。这确是十分遗憾的，还希读者鉴谅。

编　者

2008 年 3 月初稿，2017 年 3 月第六稿

目 录

开闽伟业 四门义学

——唐五代·福建王氏世族

一

王潮、王审邦、王审知兄弟三人，原籍河南固始县，其家族为琅琊王氏一大分支。王潮（846—897），字信臣，为五代闽国始祖，《新唐书》有其传。王审邦（858—904），字次都，其传也见《新唐书》。王审知（862—925），字信通，被尊为开闽第一人。王潮早年以才闻名乡邑，曾任光州固始县佐史。唐代僖宗时，黄巢起义爆发，光州屠夫王绪与刘行全趁势聚众起兵，占寿、光两州。王绪占固始县后，任命王潮为军正，王审知、王审邦随兄入伍。后王绪入闽，"王家三龙"也率固始王氏宗族及乡兵一同南下。因王绪多疑，滥杀无辜，王潮凭借自己的威信和谋略力擒王绪，逼迫王绪自杀，并取代王绪，率部归服唐朝政府。后王潮逐渐扩大地盘，占据泉州、福州、建州、汀州等处。唐昭宗任命王潮为福建观察使，王审知为副使。王潮主政福州后，招抚流亡，定赋敛，民众安居乐业。他又设四门义学，开发闽省文化教育，为儒学南播创造了条件。到乾宁（894—897）时，朝廷升福州为威武军，命三潮为威武军第一任节度使。公元 897 年王潮去世，赠司空。

王审知为王潮三弟。王潮临终择继位者时，舍己子而立己弟，舍二弟而立三弟，命王审知继任威武军节度使。王审知初欲让位于二哥王审邽，被王审邽谢绝。

王审知接任威武军节度使后，被唐朝廷加官至同中书门下平章事，封琅琊王。唐灭亡后，梁朝朱全忠授王审知为中书令，册封闽王，成为"开闽王"。王审知统治闽地 29 年间，自奉俭约，为政以德，劝课农桑，轻徭薄赋，兴利除弊，颇得民心。闽地由战乱频仍之残破局面，一跃而为升平景象。就文化政策而言，王审知屈尊求贤，广揽人才，四门兴学，大办教育，开启闽地文明之窗，使中原学人接踵而投，八闽文学之盛，为五代十国之首，成"海滨邹鲁"。宋代钱昱《重修忠懿王庙碑》说他："兴崇儒道，好尚文艺，建学校以训诲，设厨馔以供给。于时兵革之后，庠序皆亡，独振古风，郁更旧俗。岂须齐鲁之变，自成洙泗之乡。此得以称善教化矣。怀尊贤之志，宏爱客之道，四方名士，万里咸来。"因战乱造成文献丧失，王审知"亟命访寻，精于缮写，远贡刘歆之阁，不假陈农之求。次第籤题，森罗卷轴"，"奖掖童蒙，兴行敬让"。后人对王审知兴学之举给予极高的评价："王氏据有全闽，虽不知书，一时浮光士族，与之俱南。其后折节下士，开四门学。以育才为急，凡唐宋士大夫避地而南者，皆厚礼延纳，作招贤院以馆之。闽之风声，与上国争列。"（陈云程《闽中摭闻》）王审知被誉为"开闽第一"，当包括他的一系列文化教育举措。他去世后，被追奉为五代闽国之开国皇帝。至宋代，宋太祖曾下诏重修忠懿王祠，题"八闽之祖"于庙额。此后，闽人崇拜王审知的建筑如闽王祠、王公宫、王公楼、忠惠庙等大量涌现，民众视之若神。在闽台地区，王姓宗族每遇婚丧嫁娶，皆在宗祠横挂"开闽第一"红绫，以示标榜。

王审邽在兄弟三人中文化学术修养最高，他"喜儒术，通《春秋》"。入闽后，任泉州刺史达12年，勤政爱民，轻徭薄赋，重视农桑，疏江治港，招引外商，促进了中外经济文化交流和发展，政绩显著，累封为工、兵、户三部尚书，授威武军节度副使，晋升国侯。在泉州刺史任上，他还设立招贤院，委派长子王延彬主持，接待天下贤士。王延彬才华横溢，能诗善赋，与诗人徐夤等结交。王审邽死后，王延彬继任泉州刺史，因而泉州长期成为中国南方一处文化交流中心。今读徐夤等人诗篇，可知当年若没有王审邽父子礼贤下士，这些文人学士生活会极为拮据。徐夤《东归题屋壁》诗云："尘埃归去五湖东，还是衡门一亩宫。旧业旋从征赋失，故人多逐乱离空。因悲尽室如悬罄，却拟携家学转蓬。见说武王天上梦，无情曾与傅岩通。"这是徐夤战乱归家后流落四方的狼狈境地写照。而后得王审邽父子关照和礼遇，他的生活一跃而较为富足："梁宛二年陪众客，温陵十载佐双旌。钱财尽是侯王惠，骨肉皆承里巷荣。拙赋偏闻镑印卖，恶诗亲见画图呈。多栽桃李期春色，阔凿池塘许月明。寒益轻裯饶美寝，出乘车马免徒行。粗支菽粟防饥歉，薄有杯盘备送迎。"（《全五代诗·自咏十韵》）两诗相对照，可以看出王审邽父子的文化政策，使当地一些文化人境遇有了相当改善，得以从事文学写作事业。应该说，王审邽、王延彬父子对闽地文化教育发展起到了一定作用。

二

王审知有十二子：长子王延翰，次子王延禀，三子王延钧，四子王延丰，五子王延美，六子王延保，七子王延武，八子王延望，九子王延羲，十子王延喜，十一子王延政，十二子王延资。其子虽众，却未能光大父业，反而为争夺王位而相互残杀，导致国亡。

今存《忠懿王氏族谱》是开闽王氏家族总谱，始修于北宋熙宁九年（1070），以后历代有增修、续修，至清咸丰六年（1856）纂成合族谱，共八册，不分卷，无目次。这是一部集大成之作，汇集了开闽王氏历次修谱的序、跋，以及各种碑文、墓志、祭词等，不仅有忠懿王氏世系，也有王氏各支派世系，海外开闽王姓后裔，重要人物皆有纪事，是一部寻根问祖的重要史料。今闽台等省及海外王姓绝大部分都自认为忠懿王之后裔，所在的支系，清代以前者皆可在该谱中找到根据。此谱在谱系之外，墓志、序跋、纪事、祭文、祝词、命字序次等资料，为一般族谱所罕见，可补其他家谱之未备。

开漳圣王之家

——唐·漳州陈氏家族

一

唐代漳州陈元光一家，四代"开漳"，为开启漳州文明之祖。

唐高宗总章二年（669），闽南蛮獠啸乱，声势夺人。在告急文书的催促下，朝廷派河南固始人陈政任岭南行军总管，"率府兵 3600 名，将士自副将许天正以下 120 员"（《诏陈政镇故绥安县地》），前往征伐。后因寡不敌众，只好退守九龙山。朝廷又命陈政之兄陈敏、陈敷率固始 58 姓军校前往增援。中途，陈敏、陈敷前后病死，其母魏氏（传说是唐初宰相魏征之妹）足智多谋，代领军众入闽，屯兵福建云霄县。仪凤二年（677）四月，陈政卒，其子陈元光时年 20 岁，慨然代父领兵。

垂拱二年（686），陈元光奏请朝廷批准置设了漳州郡，开始有计划的经济和文化建设，"辟地置屯，招徕流亡，营农积粟，通商惠工"（《漳州府志》）。从而使漳州一带"北距泉兴，南逾潮惠，西抵汀赣，东接诸岛屿，方数千里，无烽火之举，号称乐土"（《云霄县志》）。陈氏祖孙四代一直担任漳州的最高行政长官，历经 100 多年的治理开发，使蛮荒的东南边陲出现了繁荣的景象。陈元光家族及其所率固始 58 姓军校、兵士，在开辟漳州、繁衍后代上，对福建尤其是漳州的历史产生了巨大的影响，因此闽粤及台湾都尊奉陈元光为"开漳圣王"。至今，陈圣王庙在福建有 100 多座，台湾有 50 多座，南洋诸岛也有 20 多座。闽南几座最大的"开漳圣王"庙，如燕翼宫、威惠庙等，其香火之盛，不亚于国内几座大型的佛、道寺观。

陈元光"开漳"使漳州文明得以与中原地区同步开发，其子孙有许多为闽南著名人物，近代的爱国侨领陈嘉庚即是其中之一。他曾深情回忆说："我始祖自唐由河南光州固始县迁来（闽地），至我为第 19 世。"

台北市内湖区碧山里的碧山岩，建于公元 1811 年，专祀"开漳圣王"陈元光。

宜兰县礁乡集惠庙，俗称"白石脚王公庙"、"开漳圣王庙"，相传建于福建移民迁入白石脚村时，这些移民中自然有陈姓子孙。庙里的一副对联，以祀"开漳圣王"陈元光：

集五八姓军，开拓漳州成沃土；

惠万千赤子，分灵鹤岭振威风。

台湾桃源县的景福宫，建于清嘉庆十八年（1813），祀陈元光及圣坛元帅、观音、释迦佛等，大门对联是这样写的：

八闽捷报最首功，广拓河山怀梓里；

七邑告成膺庙祀，远移香火镇桃园。

经数代的生息繁衍，陈姓在台湾形成了大族，声势赫赫，为外姓所仰，于是在台北市宁夏路有了一座德星堂，即全台陈氏宗祠。在大殿内有一副对联，可以窥探到陈氏一脉相承的衣钵，说明他们是从哪里来的："箕裘全子，袍笏文孙，颍川郡凤毛世胄；南国旌旄，东宫衣钵，李唐时虎拜龙庭。""箕裘"，语出《礼记·学记》，比喻继承祖先事业。"袍笏文孙",指陈实第七代孙陈宠,官尚书令;第九代孙陈弼,任天官大冢宰,封陈国公,都是官到极品,袍笏上朝。下联"南国",指陈霸先在江南建立陈朝;"东宫衣钵",指后主陈叔宝的后裔;"虎拜龙庭",指陈元光为大将军。

占全台湾人口近80%的63个姓中,其中陈、林、黄、郑、王、张、李、吴、蔡、杨、谢、曾、郭、丘、周、叶、廖、庄、何、萧、詹、沈等家族的族谱上,都明确记载着他们的祖上是光州固始县人,是唐初时随陈元光父子或随唐末王审知兄弟入闽的;明末为了抗清,又随郑成功迁入台湾的。从中可以看见大陆与台湾的血缘关系。

台北县《清源陈氏家乘叙》记载,"入台始祖"是跟随郑成功收复台湾的陈永华、陈泽,而他们的"入闽始祖"就是河南光州固始的陈政、陈元光父子。

《武荣诗山霞宅陈氏族谱》也说:"我祖自颍川分派于河南光州固始,以抵入闽,至一郎公卜居武荣诗山霞宅。"此族自清初至民国300多年间,迁台的人数达2000余人,为第一大族,散居于台湾各地。这些移民,一是既有家眷留在大陆的,也有赴台后婚娶者;二是携眷同往的现象相当普遍,此中有一些男性归回祖籍,而眷属继续留台,最后葬在台湾;三是该族族人于清代后期至民国年间娶台湾女子为妻的很多,本族也有不少女子嫁到台湾去;四是移民或留居大陆的眷属抱养他姓之子为嗣,或以同姓兄弟的儿子为承嗣子的风气十分盛行。由于这些原因,造成了陈姓在台人口的不断增长,他们先后分布于凤山县的万舟、茨顶、东港、佳冬、潮州(今屏东县)、梓官乡(今高雄县)、嘉义县的石龟溪一带以及台南府。此外,尚有散居于台北、淡水、艋舺基隆、宜兰、桃园、新竹、彰化、鹿港、下淡水、盐水港、笨港、朗娇等地的。

二

陈元光（651—711），字廷炬，自小聪慧过人，他"博览群书，贯通子史"，13岁在光州的乡试中取得第一名。他代父领兵后，充分施展了他的军事指挥才干，前后经过9年的浴血征战，终于打败了蛮獠陈谦、苗自成等，平息了叛乱。

陈元光镇守云霄（今福建云霄县），子孙遂定居于云霄。

陈元光注重兴学校、勤开垦，率司马许天正、马仁等开辟荆棘，营农积谷，闽南风化大开，社会安定。

唐中宗景龙二年（708），潮州雷万兴等潜据岳山，元光率兵前往征讨，被雷万兴部将蓝奉高所害。百姓哀伤，为之举孝，暂葬于绥安溪之大峙原。朝旨赐谥立庙。德宗贞元二年，州府迁往龙溪，改葬元光于州北之高陂山，春秋饷祀至今。

陈元光著有《玉钤记》一书。今龙溪、云霄、章浦、南安、诏安、安溪、长泰、平和八县，皆有陈元光庙，称为"开漳圣王"。而台湾各地也遍布陈元光庙。今福建、广东、海南、台湾和南洋等海外各地陈氏，多系他的子孙。

陈元光死后，他的儿子陈垧接任父职。陈垧于唐玄宗开元三年（715）率精锐军士，衔枚攀险，夜袭蛮峒，获蓝奉高斩之，并俘其余党，迁州府于李湾川（即今之漳浦县）。起初，陈垧举明经及第，授翰林承旨直学士。及武后称制，上疏乞归养，使主漳州文学。龙溪尹聘其主乡校，乃建书院于松州，与士民论说典礼学问。及为漳州刺史，益重学术，历10余年，剪除顽梗，训诲士民，泽洽化行，人民歌诵。开元十九年（741），登进士，表辞封爵，不允。开元二十五年，乞准退休，复归松州聚徒教授。天宝元年（742）卒，谥文英。其所建松州书院成为福建最早的书院。

陈垧的儿子陈邦，幼学经史。天宝六年（747），举秀才，旋任辰州宁远令。在长安目睹奸相李林甫、杨国忠专权纳贿，遂无意仕进，回归祖籍固始旧第。过了数年，安禄山叛乱。恰漳州刺史殳伯梁，以贪暴失人心，州民诣福建观察使，乞遵旧制，命陈邦领州事，以拯救生民，又申请朝廷。天宝十年（751），授邦为朝散大夫、中郎将、漳州刺史。邦到任，父老喜曰："陈将军孙来了！"陈邦建学校请老师，锄除强暴，拯救灾患，历任29年卒，谥忠宪。

人文蔚起育英才

——唐宋元明·莆田黄氏世家

一

　　莆田黄氏源自今河南固始，其始迁祖黄滔为黄香第四子黄瓒之裔，谱称"莆田东里黄氏"。黄滔，字文江，年幼聪颖，以词赋知名，唐昭宗乾宁二年（895）进士，光化年间（898-901）任国子四门博士，后迁监察御史。王审知入闽，黄滔以文学儒士入王审知幕府，为王审知政权中东南文士之翘楚人物。当时中原著名文化人如韩偓、王涤、李绚等多位早年来闽中依附王滔，使黄滔文名更振，闽人碑刻铭文很多出于他的手笔。他与闽诗人徐夤齐名。黄滔诗文在《新唐书·艺文志》中有录，以《莆阳（田）黄御史集》、《泉州开元佛殿碑记》为代表作，今仍存泉州开元寺之碑刻。黄滔有子孙多人，如黄上犹、黄仁愈、黄峻等，黄仁愈曾任文林郎、延州延长县主簿。莆田黄氏由黄滔开其文风，后虽析居闽省各地，皆能文风延绵，除莆田东里外，邵武和江西南城、临川等黄氏分支也如是。

　　到了宋代，莆田黄氏以黄公度最为知名，《莆阳知稼翁集》中有"行状"、"墓志"，说黄公度之祖先为黄滔第五代孙黄陟，黄陟又为黄上犹之孙。黄陟"晦德不仕"，本人为布衣，后以子孙贵，赠大理评事。陟生子黄邈，曾获赠朝请郎；黄邈生子黄静，黄静青年时颇有文名，宋政和二年（1112）进士及第，官秘书省正字、校书郎，出知澧州通判，后迁为朝奉郎、提举京畿西路盐事。黄静生有三子，长子黄庭，次子黄公度，三子黄庚，为莆田黄氏第八代，这一代黄氏又继始祖黄滔之后，使宗族大盛。黄庚以文艺闻于当世，绍兴二十七年（1157）举进士，任福州连江县尉；黄庭以父黄庚荫补官，任高州电白尉。而黄公度从兄黄永，字余永，又字永平，大观二年（1108）应童子科，宋徽宗召见，颇为喜爱，曾令遍见妃嫔，妃嫔们竞相馈赠钱物，翌年赐五经及第；又有从弟黄童，字士季，绍兴八年（1138）进士，曾知永春、福清二县，后主持台州崇道观，卒后赠中大夫。这一代莆田黄氏可谓长袖善舞，多人以科举登台，以文名知世，其事被《全宋词》、《莆田纪事》等所载。而其中大振名声者，当推黄公度。

黄公度，字师宪，生于北宋大观三年（1109），卒于南宋绍兴二十六年（1156）。作为书香门第之传人，幼年极为勤奋。绍兴八年（1138）中状元，为那时闽地极为难得的榜首人物，从而步入政界。初任签书平海军节度判官，后迁秘书省正字。时正值秦桧当道，他讥讽时政，不与秦桧为伍，罢归，主管台州崇道观，后改肇庆府通判。在任上，他以宽仁为政，得民众拥戴，被岭南当地人祀于学馆。秦桧死后，绍兴二十五年（1155），黄公度还京，面见宋高宗，高宗极为欣赏他的政见，下诏拜为考功员外郎。可惜未及大展生平抱负，于第二年去世，赠为正奉大夫。黄公度有《汉书镜误》、《莆阳知稼翁集》，为文史兼通之学人。他得中状元，文名极显，使莆田黄氏步入鼎盛阶段，其后裔为《宋史》所载者不少。

黄公度与左朝奉郎方符之女成亲，生五子：黄沃、黄泮、黄洧、黄洙、黄宁。长子黄沃为举人出身，以父荫补官，任朝散郎权通判抚州，后以朝请大夫任邵武知军，《宋史翼》载其事迹。幼子黄宁，庆元五年（1199）特科进士，由雅州助教升迪功郎，监潭州南岳庙。黄公度孙辈中有黄洽，字德润，隆兴元年（1163）试春官第二，又举进士，后官至御史、资政殿大学士，为南宋两朝（孝宗、光宗）名臣。黄洽有《文集》、《奏议》若干卷。

黄公度长子黄沃有二子，长子黄处权，幼子黄处材。黄处权官居泉州惠安主簿。在黄滔第十代裔孙中，还有黄汝嘉，进士出身，官居广州通判；黄窼，监南岳庙；黄汝猷，进士出身，官居高要县令；黄钺，进士出身，官居潮州通判。

莆田黄氏后裔常以文章见长，以词章取胜，所见记载甚多，延绵至明末。如黄公度的第十一代后人黄廷良、黄廷宣、黄廷用，其中黄廷宣任明代广东按察司佥事；黄廷用，明嘉靖十四年（1535）进士，又迁工部侍郎。又如黄滔第二十代孙黄希英，进士出身，官至中卫大夫。第二十二代孙黄鸣廷，举人出身，儒学教谕；又有黄鸣齐、黄鸣俊，也为儒学家。第二十三代孙黄起有，为明末崇祯时人，进士出身，官至礼部侍郎兼翰林学士。

二

莆田东里黄氏在第五代黄陟后，分多支，有一支因黄绩、黄仲元父子崛起而闻名。

这一支祖先为黄衮，即黄陟的曾孙，黄滔的第八代孙。黄衮为漕员进士，生黄必彰，以儒学传授为业。黄必彰生黄汝守，官居修职郎。黄汝守生长子黄缜、次子黄绩。

黄缜，字德玉，南宋宝庆二年（1226）进士，与刘克庄为"爱友"。黄绩（1196—1226），字德远，号"独不惧翁"，闽中名士。

黄绩讲学东湖书堂，又任涵江书院山长，从学者甚众，为闽中风行一时之名儒，与刘克庄不但为"爱友"，还是"畏友"。他与陈师复、潘谦之二人游，后陈、潘卒，"同门友筑东湖书堂，而请田于官以祀之，读约聚讲如二子规约"（《宋元学案》）。黄绩著有《四书遗说》、《近思录义类》，卒后刘克庄为其撰《墓志铭》。生有五子：黄仲元、黄仲会、黄仲和、黄仲固、黄仲稼，以长子黄仲元最为闻名。

黄仲元（1231—1312），字善甫，咸淳七年（1271）进士。宋亡后，改名为黄渊，字天叟，号韵乡，又号四如，学界称"四如先生"。时值宋元鼎革之际，他以教授诗书为生，是宋末元初的大学者，著有《四书讲稿》、《经史辨疑》、《四如文稿》。曾被陆秀夫荐为益王府撰述官，除武学谕、太常博士，兼闽广宣抚司机宜等职，皆未起任。一心"窃居稽古，深入理奥（《宋元学案》）。他与父黄绩皆入列《宋元学案·沧洲诸儒学案》。黄仲元无子，以二弟黄仲会之子黄梓为嗣。黄梓任元代汀州路总管府知事，生二子：长子黄焘，次子黄熙。黄焘生子黄至，举人出身。

东里黄氏传至元明之世，以黄仲昭家族最为显目。《束鹿知县三无黄先生墓志铭》说黄仲昭家族传至元代，有黄大有，官医学教授。黄大有有子黄文圭，明初任工部主事。黄文圭生子黄寿生，字行中，永乐五年（1407）进士，后迁翰林院检讨，参与编写《五经四书性理大全》，为明初大学问家，《国朝献征录》曾记其事迹。黄寿生有子黄遁，字子嘉，号三无，任束鹿知县。黄遁有二子，长子黄深，字仲渊，进士出身，为云南道监察御史。黄深有子黄乾亨，亦进士出身，奉檄安置降胡于岭南，曾与副给事中林荣一同出使今马六甲岛的满剌加国，后舟毁遇难，为中国早期出国使节之一。黄遁的次子黄潜，字仲昭，号退岩居士，以字行，他与其兄黄深均为当时名人。黄潜为进士，官任南京大理左寺副，升翰林院编修，曾因直谏而谪官，直至明孝宗弘治元年（1488）才重新起用。后致仕归隐于家，潜心学术研究，有《未轩集》、《八闽通志》传世。

莆田黄氏还有东里分支乌门黄氏，为黄滔之后，世居莆田乌门。远祖为黄宪成，生子黄孟珍，黄孟珍生长子黄韶、次子黄锁，以文章勋业闻名一时。黄韶以尚书学中进士，官任户部主事，生子黄纶。纶从叔父黄锁读尚书学，后又中进士，生子黄堂。黄孟珍次子黄锁，字声叔，以儒学为安身立命之业，被荐授仙游县之县学训导，后又改任四川广元教谕。任职期间兴教修学，被当地民众立祠纪念。黄锁有子黄纲，亦以儒学闻名。黄纲又生黄歇，承家学渊源，累官至广东左参政。

莆田黄氏家庭自黄滔始，到明末近七百年历史，家学渊源，文脉长存，可谓数百年不衰之文化世家。

九牧林家

——唐宋元明·莆田林氏家族以及林兆恩一支

一

　　福建莆田林氏家族，渊源极为久远，其始祖可以上溯至殷商时代，子孙繁茂，支派遍及闽、台及世界各地。林氏家族产生过许多重要人物，是中国历史上有声望之世家大族。

　　《元和姓纂》和《路史》等姓氏著作云林氏源于商王子少师比干，比干在被纣王剖心而死时，正妃陈氏已怀孕三日，恐祸及己身，偕婢女奔牧野，"避难于平林石室之中而生男名坚"。周武王灭纣后，因坚为商王之胄，居平林而生，遂以林赐姓，拜坚为大夫，食邑清河、博陵，封爵。坚亡，后人便繁衍于博陵等地，历周秦而汉，有不少人载于史册。如《左传》中林雍、林楚，《列子》中林类，《庄子》中林回，春秋时齐国的林阮，鲁国的林放等。林放为孔门七十二贤人之一，配享孔庙。其后裔林玉，为赵国相，生九子，人称"九德之父，十德之门"。传至十一世有汉代的林尊，官少府太子太傅。汉末，三国鼎立，战乱连年，林氏族人亦因时而"枝分叶散，记牒多为散落，昭穆失序"。至晋代，林尊十五代孙颖公,为黄门侍郎,从晋愍帝渡江,生二子。长子林懋,任下邳太守,有子六人皆为官,号"六龙",后分为六族,定居下邳。次子林禄,为昭远将军,领合浦郡牧,继任晋安、温陵太守。温陵即今之泉州,林禄为闽中诸林之祖。

林禄下传十六世至唐代林披。林披生九子,同为刺史,世称"九牧林家"。长子林苇,唐德宗建中初明经及第,授朝散大夫,迁西平太守、端州刺史,终江陵府使;次子林藻,贞元七年进士,累官殿中侍御史,岭南节度副使;三子林著,贞元六年明经及第,授归州巴东令,历邕州经略推官,终横州刺史;四子林荐,贞元十二年(796)进士,授衢州文学,守郊社令,迁北阳令,终韶州刺史;五子林晔,明经擢第,授沧州、景州司马,迁通州刺史;六子林蕴,贞元四年(788)明经及第,初任推官,迁礼部员外郎,终邵州刺史;七子林蒙,授孟陵主簿,迁金吾卫长史、扬州刺史,终循州刺史;八子林迈,明经及第,授循州兴宁主簿,同州长史,迁商州、雷州刺史;九子林既,明经擢第,授京兆参军、《春秋》博士,累迁福唐刺史。

林氏为闽中八姓之首,也称"八闽著姓,以林为第一",向有"莆田之林盛天下"之美誉。莆田林氏历来文化层次颇高,为官宦兼文化世家。据莆田《九牧林氏家乘》载,林姓分支,历经数朝,延绵百世而不衰。该谱粗略统计,书中所收各代仕宦人员有八百之众,所以族人林上浣在《入闽仕宦记》中说:"本茂枝繁,精英代发,勋业烂然,传志间凡明经、胄荫、诸科,亦皆绵绵不替。"林齐圣在《阅科第世次有感》中称其"代不胜书",自唐至明,林家在科举中考中进士者多至百人,中举者五十余人。有明一代,科第四十,进士二十,状元一人,探花一人。因此世有'无林不开榜'之称,至于一门多第,父子兄弟同榜者,也屡有出现。如唐朝林荐,一户之内二进士、三明经;林渗,一家六口,中举四人；宋朝林冲之，父子四进士；明朝状元林环，派下登科五人；
明景泰间（1450—1456），林洪族内同榜进士，闽省谣云"一榜三
奇"。莆田代有重臣在朝，仅唐、宋、明三代，为国史所载有唐
之林披、林蕴、林攒，宋有林光朝、林冲之、林郁、林霆、林震，
明有林大辂、林俊、林润、林祥凤、林应聪、林有孚、林兆鼎、
林不息、林嵋等。一家数人同朝为官者也多，如唐代林苇、林攒
兄弟和其子孙林悫、林惠、林可贞、林锷等，因一门多第多官，
朝廷发文免除其税役。宋代林瀛兄弟九人，皆为同期任官。明代
林洪父子叔侄五人均同时为官。明末隆武帝入闽，林家出仕者多
至十数人。林家满门文士，著作累代，出过不少名贤大儒。如唐
代林慎思，著有《伸蒙子》三卷，《续孟子》二卷，为唐代名儒。
宋代林光朝，宋南渡后首倡伊洛之学于东南，著有《艾轩先生集》
二十卷以及《易解》、《尚书解》、《说诗》等，为知名理学家。
元代林以辨，通易书春秋，善说诗，究心程朱学术，亦为名儒。
明代林环，参与修编国史和《永乐大典》，林文撰有《宣庙实录》、
《环宇通志》、《大明一统志》。林文俊校定十一史。林俊著有《见
素集》等等。明清之际，林嵋一家为诗文之家，林嵋为崇祯进士，
官至礼部员外郎，诗名极大；其子林文中，工诗，有《香草诗文集》；
侄林凤仪有《堂诗集》、《樗轩赋》"侄林向哲有《白玉岩阁诗集》；
林向哲之子林麟昌有《玉岩诗集》、《星槎草》、《中山竹枝词》、
《郊居集》等，为书香满家，三代诗才。

莆田林氏家族因名声显赫，为历朝皇帝所特别恩宠。《九牧
林氏家乘》载有宋、明两朝皇帝赐给族人诗词多首。宋仁宗赐林
英诗二首，宁宗赐林畐从诗一首，理宗赐林攀龙、林季昌诗各一首，
明成祖赐林攒诗二首，宣宗赐林文诗一首。诗中有"故家乔木蟠
根大，深谷猗兰奕叶鲜"，"德润丰姿人有异，光增谱牒世无同"（宋
仁宗）"得贤功用真无敌，能为皇家立太平"（宋理宗）。该族后裔，

明代的林茂达曾题祠堂联说出了"祖孙父子叔侄兄弟蜂联鼎甲"之盛况:

　　派分九牧大宗，忠孝文章深启佑;

　　祠占乌山正脉，衣冠科第世联绵。

二

　　作为千年文化世家，莆田林氏家族历史上出现过许多著名人物，可书写一部林氏文化名人的史传。现择其唐、宋、明时期中重要人物，介绍其文治武功及政教之迹。

　　唐代之林蕴，《新唐书》卷二百中有传。族谱述其仕履为:韦皋辟为推官，刘辟斥为唐昌尉，后迁礼部员外郎，刘伯刍又荐为邵州刺史。谱中又记其生平事迹，为抗刘辟，几丧命。他曾贻书李吉甫、李绛、武元衡，力陈安边兴农等六事，皆切中时弊。又陈君臣大义，使程权归阙，并与崔姓辩论氏族之优劣。这部谱书关于林蕴史料颇丰，可补正史之不足。如郡丞炳章《忠烈邵州公传》、《邵州公行略》，族人林俊、林茂达、林尧佐赞词以及林蕴本人《上安邑李相公安边书》、《上宰相元衡弘靖书》、《泉山铭》、《澄诸草堂记》并诗二首，尤其是后二篇上书，在唐文献中已很难觅得。林蕴作为林披之六子，少负大志，鲠直有望。出仕前曾与兄林藻和清源郡闽省文豪欧阳詹同窗于泉山。他筑精舍于福州，治士业凡十年，其志极为宏宽，这在《泉州铭》中有所披露，说自己盼望"不四五年，继踵登第，天下改观，大光州闾三十年内，文星在闽，东堂桂枝，折无虚岁"，可见其志。在应贤良方正科时，对策中有"臣远祖比干，忠谏而死，天不厌直，复生微臣"，主考官因其"语大而肆"，默之不取。贞元四年，方以明经及第。为官多年，以敢言直谏而名重京师。

宋朝的林光朝，字谦之，人称艾轩先生，为宋代理学大家，《宋元学案》有"艾轩学案"。隆兴元年（1163）进士，累官广西提点刑狱，国子祭酒兼太子左谕德，除中书舍人兼侍讲，以集英殿修撰出知婺州。《宋史》卷四三三中有传。有《艾轩集》传世。谱书中设有他的专册，收集生平史料极为丰富，如族人林充《光朝与林元美》，陈宓、刘克庄《艾轩先生集序》二篇，《理学传》、《朱晦翁答谦之公书》，陈俊卿、方耒《问林艾轩侍郎》诗三首，族侄林亦之《祭艾轩先生文》及林光朝自撰诗文多篇。林光朝是一位集学与政于一身的学者，其宦迹中缴斥谢廓然为当时轰动政坛之大事件，而《宋史》本传仅数语。谱书中收有反映此事件的《艾轩公缴奉谢廓然词头》，颇具史料价值，十分难得。林光朝曾从陆子正游学于吴中，又师从程颐，为程学三传弟子，所以"通六经，贯百氏，言动必以礼，四方来学者亡虑数百人"。林光朝与当时学术名流方耒等人相交甚厚，诗词往还甚多。尤其是朱熹与林氏关系密切，朱熹小林氏16岁，对林光朝极为尊重，以兄事之，在林氏得疾之时，朱熹以茶药相赠。后林光朝去世，朱氏叹曰："某少年过莆，见林谦之、方次云说得道理极精细，为之踊跃鼓动，退而思之，亡寝食者数时。及至后来再过，则二公已死，更无一人能继其学者矣。"林光朝死后50年，《艾轩集》纂毕，除刘克庄为其作序外，另一作序人陈宓，为朱熹及门弟子。

明代林润，字若雨，号念棠，嘉靖三十五年（1556）进士，历官江西临川知县、南京山东道御史、通政司参议、太常寺少卿、右金都御史等职。《明史》卷二百中有传。林润主要政迹是揭露并捕杀严世蕃和罗龙文。他的《靖恤三府疏》是有关倭乱为患闽地的一道极有史料价值的奏疏。《明史》本传仅一句了之，而谱书中收录全文，陈述当时乡民内役外患之惨极为真切，指出倭患使乡民"死于锋镝者十之二三，被其掳掠者十之四五，流离转徙他郡者又不计其数"，加上内役重重，使民不聊生，因此他疏请暂停征派钱粮，发币金赈恤，待生养蕃息后，再作议处。

明代林尧佐，字钦伯，号瑞木。稍长即出游江淮吴楚越，归乡后文学益进，黄道周诸名辈皆赏识之。南明隆武帝正位闽中，黄道周奉敕招贤，时林尧佐已届 50 岁，授赞画通判，在黄道周手下任催粮官，旋迁军同知。黄道周视林氏为左右手，行同寝食，称其有"八面之才"。时逢出师江西，授林氏为兵部主事，充监纪官。后奉命总督豹、熊、罴三营，由广信抵饶州，收复戈阳、贵溪、安仁、余干等县，擒伪官数人。黄道周身死婺源后，林尧佐闻变泣血上疏，"愿割七尺之身，以存古之义，泣率新募，星夜兼程，往援婺源之急"，然事败已无可挽回。南明亡后，林尧佐以莆田林氏世代仕明，不为改节，终日坐卧小楼，葺修《林氏家乘》，续成先人未竟之业。翌年（南明永历元年），欲与同郡人共举义帜，不慎事泄而蒙难。

莆田林氏族谱，集先人林蕴，继之林英、林俊等十余人所编族谱之大成，又广收博取，精核细取，所收历代林氏人物，自商周而明末共 1500 余人。林尧佐主纂的这部林氏族谱堪称我国族谱史上史料详备的一部名谱。

三

莆田林氏作为望族，自唐代林披生九子，同为刺史，世称"九牧林家"。其长子端州刺史林苇之后，世居莆田城东赤柱巷，至明代产生了林氏家族中一位异端人物林兆恩。从林兆恩上推六代，这一林氏支脉在明代一直文风鼎盛，其直接传承如下：

（第一世）林洪 —（第二世）林完 —（第三世）林耀 —（第四世）林垠 —（第五世）林富 —（第六世）林万仞 —（第七世）

林兆恩。

林洪（1369—1434），字文范，洪武二十九年举人，建文二年进士，官辰溪知县、沧州同知、儋州同知，著有《竹庵存稿》。第二代、第三代文风中衰。从第四代至第七代文风达到鼎盛，一共出了11位进士，平均11年就考中一位。第四代有进士两人：林堪，字舜卿，成化十六年举人，成化十七年进士，知曲靖府；林塾，字从学，号秋旦，弘治十四年举人，弘治十五年进士，官浙江布政司参议，著作有《拾遗书》、《石泉集》、《重修名臣录》等。第五代有进士三人：林富，字守仁，弘治十一年举人，弘治十五年进士，官至兵部右侍郎兼都察院右金都御史，总制两广，著作有《省吾遗集》、《林少司马奏议》、《两广疏略》；林应骢，字汝桓，号次峰，正德十一年举人，正德十二年进士，官户部员外郎，著作有《梦槎奇游集》；林云同，字汝雨，号退斋，嘉靖五年进士，官至南京工部尚书，著作《退斋文集》、《药洲雅集》、《读书园诗集》等。第六代有进士三人：林万潮，字养晦，号石楼，嘉靖十三年举人，嘉靖十七年进士，官赣州推官，著作有《赣州诗》；林谐，字邦介，万历十九年举人，万历二十九年进士，官应天中式监利知县，著作有《觉未轩诗集》；林廷升，字彦宾，万历八年进士，官雷州知府，迁广西按察副使。第七代也有进士三人：林兆金，字懋南，号鹤山，嘉靖十年举人，嘉靖二十九年进士，官南京户部主事；林兆珂，字孟鸣，万历元年举人，万历二年进士，历官蒙城知县、刑部主事、大司寇、安庆太守等，著作有《宙合编》、《毛诗多识篇》、《毛诗外篇》、《毛诗杂篇》等；林玑，字光仲，万历十一年举人，万历十四年进士，官刑部主事。

林兆恩，字懋勋，号龙江，道号子谷子、心隐子、常明先生、混虚氏、无始氏等等，门徒尊称为三教先生、林三教、三一教主，又称夏午尼氏道统一三教度世大宗师。福建莆田人。生于明代正德十二年（1517），卒于万历二十六年（1598），享年 82 岁。

　　这样一个以书香门第为荣的子弟，自然也以科举为显达门径，以功名为业。林兆恩在 30 岁之前醉心于科举功名。他 6 岁入蒙学，显得愚钝，"每读书数行，须数十遍方能认识"，祖父林富以为其"才不称貌"，深感失望。16 岁时，"文窍始通，下笔如流，撰《博士家言》，词锋景焕"，林富"大奇其才"。18 岁时，"督学潘公潢，阅其试卷，评为见理之文，拔置高等补邑弟子员"。此后，林兆恩开始参加省试，连续三次名落孙山。30 岁时，他已学富五车，"有声黉序间，如经义论表、传赋书辞，皆彬彬乎迈秦汉而上之，督学田公汝成、节推章公寀，咸赏鉴其文，有《林生文略》传梓"。是年秋闱之前，林兆恩往江西拜谒罗洪先，为叔父林万潮乞求墓志铭。他对这次省试十分慎重，临行前委托同族人到仙游九鲤湖为他祈梦，"梦三骰子赛色，掷个'四四，一'旋转久而始住"。亲朋好友以为是梦预兆他会考闽第一，"众咸以闽解期之"。八月，林兆恩满怀希望赴省城应试，结果大大出乎意料之外，"放榜不与焉"，再一次名落孙山。

　　读书、应试、落第，再读书、再应试、再落第，循环往复，构成了林兆恩 30 岁之前生活的全部内容。这使他从此对科举制度作重新思考，而萌出了反叛思想。

四

　　林兆恩 30 岁落第后归返莆田，放弃科举，《林子本行实录》中述其自此"锐志于身性命之学，遍叩三门，自兹始也。数年间，如痴如醉，如颠如狂。凡略有道者，辄拜访之，厚币之，或邂逅儒服玄装，虽甚庸流，亦长跪请教，故莆人咸以教主为颠。"这是他儒学人生的一个巨大转折，在怀才不遇的失落之后，企求以寻师访道、隐居山林来另觅人生之旅，从而从科举枷锁下解脱出来。此时，他又遇上了促成这一转折的传奇人物卓晚春，在卓氏的开导下，林兆恩弃名学道，在嘉靖三十年，宣称"得遇明师，授以真诀"，开始创立三一教（《林子年谱》）。所谓"三一教"，即林兆恩在广泛接触三教过程中，对儒道释的神圣性产生怀疑，而倡导"三教合一"。他在嘉靖三十一年辞去庠士名籍，以"三一教"为号召。由于他出身名门，在创立三一教过程中有一些门徒投靠其门下，所以正式揭橥"三一教"大旗时，颇有号召力。他又以绅士身份，奔走在民众与官府之间。当时莆田面临倭患威胁，乡绅往往要肩负协助官府捍卫地方安全之责任。而林兆恩本人热心公益事业，其家族世代为官宦，传统家训以孝友仁义为先，留下千古流芳之懿行。林兆恩有此先天优越条件，他将先人部分产业变卖以赈民救灾、抵御倭寇。甚至在千名倭寇攻围福清，直逼莆田，而广东兵视而不救之际挺身而出，召集莆田缙绅与广东兵订立契约，承诺待其击退倭寇后给予千金奖赏，从而使广东兵出击入侵之倭寇。

在瘟疫频繁流行于莆田一带时，当地民众死者相枕，白骨遍野，而郡守望而生畏，不采取任何应急办法。林兆恩再度挺身而出，组织门徒先后六次收埋或积薪焚化尸体。

林兆恩作为一位布衣，能毁家纾难，赈民救灾，组织抗倭，使他受到民众的推崇和地方官吏的敬重。督学耿定向曾将林兆恩作为山林隐逸疏荐于朝廷。林氏族人林润也有荐拔之意，但朝廷仕途中无隐逸一科，不准其请。

林兆恩博学多才，通儒道释，学贯三教，著作颇多。在嘉靖三十二年至万历二十六年的 45 年间，差不多每年有著作问世，其代表性著作有《林子圣学统宗三教归儒集》、《林子分内集·三教分摘便览》、《林子全集》、《林子会编》等，其中《林子全集》有多种，即 20 册 40 卷本，32 册 112 卷，48 卷本，41 册本，分藏于国内、美国、日本诸大图书馆中。

五

　　林兆恩所创三一教，清康乾之后在官府禁毁下急剧走向衰落，呈现式微状态。但在福建莆田、仙游一带秘密流转，绵延不绝。清至民国时，再次流行于莆田、仙游、惠安一带，几呈复兴之态，但总体而言，已大不如明末清初。清末，一批兴化府移民至东南亚，使三一教随之传入东南亚国家，并在民国以后有较大发展。德国汉学家付吾康曾在 1972 年、1980 年发表文章，详细介绍三一教在新、马的情况。在新、马各地，现存许多三教堂，不叫庙、寺、观，而称堂、祠、书院、洞或宫。新加坡最大的三教祠堂是九鲤洞，另有琼三堂、兴胜堂、生性祠等，大多由兴化人士维持。其中供奉孔子、老子、释迦牟尼的塑像，而林兆恩的偶像是每座祠堂必须奉祀的。在马来西亚，已确认的三教祠有 11 座，分别存在于吉隆坡、雪兰莪、霹雳、槟城、柔佛等处，大多建于二战之后。

父子五进士

——唐宋·浦城吴氏家族

　　福建浦城吴氏家族是唐代奉政大夫吴廷珪（《新唐书》写作"吴道璀"）之孙吴睿迁居浦城之后繁衍而成。至宋代吴待问之时，一门五进士，家族声名鹊起，在文坛和政坛上留下了耀眼的足印。

　　吴廷珪系海州（今江苏连云港市）人，生有二子。其长子之子吴通玄，自幼聪颖过人，誉为神童，擢文辞清丽科。唐德宗时召为翰林学士，掌制诰。因结党营私，事败后，先贬为福建泉州司马，后被赐死。《新唐书》卷一百四十五有传。吴通玄之弟吴通微，官职方郎中，知制诰，以文才知名于当世。他为人与哥哥吴通玄大异其趣，通玄被杀后，他身穿白衣，待罪于门，被德宗皇帝宽宥。

　　吴通玄贬为泉州司马时，家族即迁居福建。吴通玄娶妻赵氏，生二子，长子吴睿，次子吴少微（与安徽新安吴氏、著名文学家吴少微同名）。吴睿官任福建浦城县尉，家族迁居于此。吴睿妻方氏，生一子，名吴公养，官任御史大夫。但浦城吴氏到吴睿的孙子辈，家族开始衰落。公养之后的吴阉、吴世忠、吴谅三代，都没有什么功名，直到吴廷珪的第 8 代孙吴待问时，浦城吴氏才又迅速崛起，而且远远超乎当地一般宗族之上。

吴待问（974—1046），宋真宗咸平时进士，仁宗时任礼部侍郎。吴待问生了四个儿子：吴育（字春卿）、吴京、吴方、吴充。吴育、吴京、吴方兄弟三人为宋仁宗天圣（1023—1031）年间进士，而吴育乃至礼部试第一，高居魁首，在当时传为美谈。浦城吴氏家族至此声名大振。吴育官任资政殿大学士、礼部郎中，后升右谏议大夫、枢密副使、参知政事、尚书左丞，权倾一时。吴育与欧阳修在诗文和政治上都是朋辈。吴育去世后，谥"正肃"，欧阳修为他撰写墓志铭。

吴待问第四子吴充，字仲卿，生于 1019 年，也是进士出身，且为真宗时权倾一时的大人物。他的家族，与当时著名人物欧阳修、王安石都是儿女亲家。吴充娶李氏为妻，生三子：安诗、安持、安时。且生四女，其长女嫁欧阳修长子欧阳发为妻。吴充的长子吴安诗，娶王安石之女为妻，生三子：吴仰、吴偟、吴儇。但吴充反对王安石变法，王安石去职后，吴充接替王任同中书门下平章事，上书乞召司马光等十余人复职，致使姻亲成为政敌。吴充元丰三年（1080）因病辞去丞相之职，不久去世，谥"正宪"。

吴充之长孙吴仰官任枢密直学士，后被降职，出知平江。吴仰传吴琦，吴琦传吴自成。谱载吴自成迁居浙江梅堰开基立业，成为今日梅堰吴氏之始祖。

吴氏家族世系见下表：

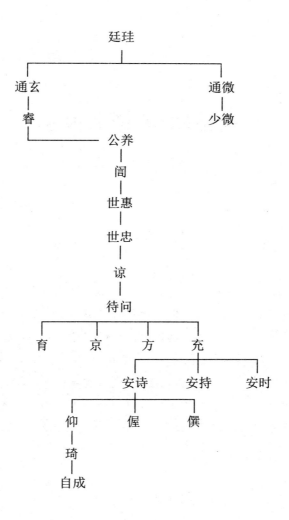

西昆丽诗 雄文博学

——宋·浦城杨氏家族

一

宋初诗坛出了一位著名诗人 — 福建浦城人杨亿。

杨亿家族祖籍原属华阴。杨亿《武夷新集》卷八《故信州玉山令府君神道表》称"在西汉时，重侯累相；施及魏晋，也为公卿。永嘉之乱，播迁江表"，"唐上元中，刘展称乱，吴会弗宁，府君之六代祖，始挈其族人，避地于建安之吴兴"。又据《新唐书·宰相世系表》说，"杨氏出自姬姓，同宣王子尚父封为杨侯"，其远祖为伯侨。综合《宋史》及真德秀《杨文庄公书堂记》、《武夷新集》等资料，可将杨氏入闽后世系归纳如下：

```
式—郜—┌ 弼—文逸—某—┌ 亿—某—某—德裕—邦弼
       │              │ 化
       │              │ 倚
       │              └ 倓
       └ 澄—徽之
```

入闽后的杨亿家族五世祖杨式隐居未仕，高祖杨郜，唐季为义军指挥使，曾祖杨弼，为义军讨击副使，所以，《宋史·杨徽之传》称"家世尚武"。而杨亿祖父杨文逸"雅好学问，被服造次，必于儒者"，后被推为南唐玉山令，此为杨氏家族由武转文的关键人物。杨文逸之弟杨徽之则是对杨亿人生产生重大影响的先辈，也是杨氏家族文风的开拓者。杨徽之自幼刻苦用功，从邑人江文蔚游。江氏善赋能诗，杨徽之通过自学，与江氏齐名，开始以文学步入仕途。乾德初年，与郑玘并出为天兴令，移峨眉令，其时宋白宰玉津，多以吟咏酬答。后迁升著作佐郎，知全州，又迁左拾遗、右补阙。据《宋史·杨亿传》载，"太宗素闻其诗名，因索所著。徽之以数百篇奏御，且献诗为谢"，因而"迁侍御史，权判刑部"；"转库存部员外郎，赐金紫，判南曹，同知亲朝官差遣。会诏李昉等采缉前代文字，类为《文苑英华》，以徽之之精于风雅，分命编诗，为百八十卷"。可见，杨徽之在宋初文名之大，地位之显赫。后来，因其文化上的才能和贡献，一路迁升，历官工、礼、兵部侍郎，翰林侍讲学士。杨徽之大约在80岁时卒，谥文庄。《宋史·艺文志》著录其有《杨徽之集》五卷。杨徽之的父亲杨澄曾任浦城令。浦城名人真德秀曾在《杨文庄公书堂记》中说，浦城梦笔山等觉院，"邑人礼部侍郎杨公澄为本县令日所建也。侍郎之子文庄公少读书於此也"。又说杨徽之"甫冠，通群经，尤刻意於《诗》，得骚人之趣"，将杨公父子称作"浦城人物之盛"的开拓者。

杨亿生于宋太祖开宝七年（974）。时其祖父杨文逸是县宰。三岁时，他便显现出文学天才的迹象，"杨文公数岁不能言，一日家人抱登楼，忽触其首，便能语。家人曰：'既能言，可为诗乎？'曰：'可。'遂吟《登楼诗》云：'危楼高百尺，手可摘星辰。不敢高声语，恐惊天上人'"（《古今诗话》）。此可谓《宋史》

本传言其"母以小经口授，随即成诵"的扩展。大约公元979年6岁时，杨亿始读书于里中能仁寺，其时与吴待问同窗。7岁时，"能属文。对客谈论，有老成风"（《宋史》本传），9岁时，作《病起谢郡官》启，"属对用事，如老书生，而笔迹则童稚也"（《春渚纪闻》）。早熟天才的种种神话，一直在浦城官绅间流传，后又演绎成民间传说。大约在公元984年，杨亿童年的神话演绎到高潮。《宋史·杨亿传》载：

"雍熙初，年十一。太宗闻其名，诏江南转运使张去华就试词艺，送阙下。"后又惊动京师，太宗亲自对问。"连三日得对，试诗赋五篇，下笔立成。太宗深加赏异，命内侍都知王仁睿送至中书，又赋诗一章，宰相惊其俊异，削章为贺。"

神童老成的对答，究竟有哪些佳句？据文莹《湘山野录》载，其中有"七闽波渺邈，双阙气岩峣。晓登云外岭，夜渡月中潮"；还有断句"原秉清忠节，终身立圣朝"。我们不得不说，这大概是中国封建时代所"塑造"的一个难能可贵的天才。在京都时，杨亿从徽之进修，同年十一月，太宗"癸酉诏曰：'建州进士杨亿，年方髫令，富有文华，召试于前，笔不停缀，词体优赡，灿然可观，言念俊奇，宜加秩序。噫！进修不已，砥砺弥坚，越景绝尘，一日千里，予有望于汝也。可特授将仕郎、秘书省正字'"（《太宗实录》卷三一）

杨亿入仕后，仕途一帆风顺，自从授秘书省正字始，先后改奉礼郎、光禄寺丞、直集贤院、迁著作佐郎、左正言。咸平元年，出知处州，三年，召拜左司谏，翌年，擢知制诰。景德元年，知通进、银台司兼门下封驳事，三年，入为翰林学士。大中祥符初，加兵部员外郎，授太常少卿、分司西京，以预修《册府元龟》上，进秩秘书监。逾年，知汝州。后还朝任知礼仪院，判秘阁、大常寺。天禧二年（1018），拜工部侍郎，三年，权同知贡举，降授秘书监，起复工部侍郎。四年，复为翰林学士。杨亿一生可谓春风得意，但是晚年也遇到波折。天禧四年六月，"寇准乃属翰林学士杨亿草表，请太子监国，且欲援亿辅政"，"亿畏事泄，夜屏左右为之辞"（《宋史·寇准传》）。又据《长编》卷九六载，寇准败后，杨亿畏惧，"便液俱下，面无人色"。在重大心理压力下，杨亿是年去世，终年47岁。后来欧阳修叙其畏祸而出奔事说，"杨文公以文章擅天下，然性特刚劲寡合，有恶之者，以事谮之"（《归田录》卷一）。杨亿也自叹"只羡泥涂龟曳尾，翻嫌雾雨豹成章"，愤怨之情，溢于言表。

仁宗景祐元年（1034），即杨亿卒后15年，追赠杨亿礼部尚书，赐谥曰"文"，其诏书称杨亿"君子之大方"（《宋大诏令集》），对于杨亿以命世之才，其位不充，后学多予以同情，苏颂称其"文公名节冠当世，没世清风更凛然"，苏轼称其"忠清鲠亮之士"。

二

杨亿是宋初诗坛西昆派首脑人物。真宗景德二年（1005），杨亿等人奉命入内廷藏书之秘阁，编纂《册府元龟》。在修书之暇余，杨亿与刘筠、钱惟演等几位同僚写诗唱和，并约没有参与编书的张泳、舒雅、丁谓、钱惟济等唱和。这一诗坛雅集之举持续三年，然后杨亿将唱和之作辑集成书。他将秘阁比之于《穆天子传》中西方昆仑山上先王藏书之册府，所以命名为《西昆酬唱集》。此书辑集杨亿与刘筠、钱惟演、李宗谔、陈越、李维、刘骘等17人唱和诗，计248首，全为近体，其中杨亿75首。而《全宋诗》、《全宋文》分别收录杨亿诗493首，文325篇，这可能是杨亿作品至今尚能见到的全部了。

学界对以杨亿为首的西昆派历来评价不一，贬斥之声甚占上风。"今杨亿穷妍极态，缀风月，弄花草，淫巧侈丽，浮华纂组，刓镂圣人之经，破碎圣人之言，离析圣人之意，蠹伤圣人之道"（石介《怪说》中）。"唱淫词哇声，变天下正音四十年，眩迷盲惑，天下聩聩晦晦，不闻有雅声"（石介《与君贶学士书》）。

又有人谓杨亿诗是"文章一厄"（惠洪《冷斋夜话》），是"挦扯"李商隐（刘攽《中山诗话》）。凡此种种，不一而足。

诚然，《西昆酬唱集》杨亿等人的诗，大都抒写内廷侍臣优游生活，内容平庸，形式雕琢，模拟李商隐过重，而缺少创新品格和直抒现实的冲动，不时陷入形式主义泥潭而难以自拔，无甚现实意义，如《直夜》、《夜宴》、《别墅》等皆然。然而，西昆体诗人尤其是杨亿的诗，也并非像后来某些偏激批评家所贬斥的那样一无可取。杨亿向以才思敏捷著称，其词章修养良好，写诗技法圆熟，善于用典和妙用前贤佳词，音律谐美，词采秾丽，具有较高的审美价值，可谓"取材博赡，炼词精整，非学有根柢，亦不能熔铸变化，自名一家"（《四库总目·西昆酬唱集提要》）。

就杨亿而言，后人也颇有称道其诗的：

"典纯追古昔，雅正合《周南》。"（张方平《题杨大年集后》）

"元之如砥柱，大年若霜鹗。王杨立本朝，与世作郛郭。"（黄庭坚《次韵杨明叔见饯十首》）。按："王"即王禹偁，将杨亿与王禹偁并称，可见对杨亿的肯定。）

平心而论，《西昆酬唱集》中杨亿的诗亦非全是无病呻吟或粉饰现实之作，其中也有揭露讽刺现实，抒怀过去的。如咏史《始皇》"儒坑未冷骊山火，三月青烟绕翠岑"，揭示苛政而自取灭亡；《汉武》"蓬莱银阙浪漫漫，弱水回风欲到难"，讥刺武帝求仙求长生之迷信之风；《南朝》、《明皇》指贬南朝君王和唐玄宗因淫乱而致亡国，具有一定的殷鉴作用。又如其述怀诗《禁中庭树》"岁寒徒自许，蜀柳笑孤贞"，《竹答柳》"未闻凌雪秀，唯解刺天长"等皆借物抒志，正反相谐，申明自己不肯苟且媚世之孤直坚贞。这些诗应该说意境凄迷，情景互动，立意深警，呈现了正直士大夫忧切国事和彷徨失落的悲哀。

还应该看到，仅仅从《西昆酬唱集》中75首来判断杨亿一生所有诗文也是有失公允的。他除了应酬性的诗以及雕章琢句外，也有某些工致、率真、新警之作。如：

芝泥初熟诏书成，红药翻阶书景清。屋尾生烟宫漏永，时闻幽鸟自呼名。（《内当》）

征夫万里戍交河，塞外萧条朔气多。古壁暗蛩催夜织，朝来一叶下庭柯。（《闺思》）

二诗均能在自然景中捕捉到生趣，领略到心灵的愉悦，而清晨起来所见一片落叶，似乎感觉到已是闺中人为征夫赶做寒衣的季节。这种不露痕迹且韵味深长之意境，颇见盛唐旨趣。

另外，杨亿的《武夷新集》，亦颇有一些可诵之文，如《求解职领郡表》的陈情委备，《再乞解职表》的情辞真切，《送倚序》中述家庭变故，手足情深和丧子之痛，交织着前半生的忧与喜。《武夷新集自序》、《西昆酬唱集序》、《温州聂从事永嘉集序》等序文，渗进文学见解，也为宋初文论增色。

天禧四年（1020）杨亿去世后，其子杨纮录为奉礼郎。天圣四年（1026），杨纮又以杨亿文集进献，赐进士出身。杨亿有集共一九四卷，大都散佚，今存《武夷新集》二十卷，有明清刻本传世。后世乡人建祠以祀。据《浦城县志》卷一三《祠祀》载："乡贤祠在儒学崇圣祠之西。祀宋杨徽之、杨亿"，"六贤祠一名君子堂，在梦笔山。祀刘宋吴兴令江淹、唐建州刺史李频，南唐浦城令杨澄、宋杨文庄公徽之、宋杨文公亿、宋真文忠公德秀"，六贤中杨澄、杨徽之、杨亿，杨氏一门占其三。

凡有井水饮处即能歌柳词

——宋·崇安柳氏家族

一

　　福建崇安柳氏以词人柳永而闻名于世。柳永的先人是从河东（今山西）迁闽，居住在崇安五夫里金鹅峰下。柳永的祖父柳崇，是一位民间儒学研究者，以儒学闻名闽省。公元 943 年，王延政召柳崇补沙县县丞，柳崇以母亲年老辞去。柳崇有六子，据说先后在南唐或宋初任职，其中柳永的父亲柳宜，担任过南唐的监察御史，入宋后做过沂州费县县令。宋太宗雍熙二年（985），柳宜中进士，后官至工部侍郎，是柳氏家族中官职最显著者，也为柳永兄弟创造了良好的文化环境和优裕的生活条件。柳宜有三子：柳三复，柳三接，柳三变。柳三复于宋真宗天禧二年（1018）登进士第，官至比部员外郎；柳三接于宋仁宗景祐元年（1034）和柳三变为同榜进士，官至都官员外郎。柳永有子柳悦，于宝历六年（1046）登进士第，官至著作郎。柳悦有子柳彦辅，彦辅之后未见史载。柳氏三兄弟在宋初皆有文名，人称"柳氏三绝"。归纳柳氏家族世系于下：

二

　　柳永（三变）生平因史料甚少，其生卒年历来有争议，或曰生于公元 987 年，卒于公元 1053 年。他的幼年和少年时代应在崇安故里度过。由于生于一个儒学仕宦家庭，受到良好的教育和文化熏陶，这为他后来成为杰出词人奠定了基础。《嘉靖建宁府志》卷一九载有柳永《题中峰寺》："攀萝蹑石落崔嵬，千万峰中梵室开。僧向半空为世界，眼看平地起风雷。猿偷晓果升松去，竹逗清流入槛来。旬月经游殊不厌，欲归回首更迟回。"据说这是他"少作"，但似觉雕琢又缺圆熟的功力。步入青年，柳永在汴京（开封）度过一段相当长的岁月。这时，他父亲柳宜及叔父们都在开封任职，柳永为赴考，也从崇安来到京都，但是他的科场初试极不得志。吴曾《能改斋漫录》云："仁宗留意儒雅，务本理道，深斥浮艳虚薄之文。初，进士柳三变好为淫冶讴歌之曲，传播四方，尝有《鹤冲天》词云：'忍把浮名，换了浅斟低唱。'及临轩放榜，特落之，曰：'且去浅斟低唱，何要浮名！'景祐元年方及第。"胡仔《苕溪渔隐丛话》后集卷三十九引《艺苑雌黄》也说柳永："喜作小词，然薄于操行，当时有荐其才者，上曰：'得非填词柳三变乎？'曰：'然。'上曰：'且去填词。'由是不得志，日与僝子纵游倡馆酒楼间，无复检约，自称云：'奉圣旨填词柳三变'。"

　　从上述记载可知柳永早年科场不得志，其原因是"薄于操行"，

"纵游倡馆酒楼"，"好为淫冶讴歌之曲"。从中也可见青年柳永在大都市市井繁荣熏陶下，不同流俗的率真性情，以及与道学家截然相反的生活情趣，可谓是那个时代向束缚人性的理学抗争的罕见人物。柳永在京都生活之时，正值北宋处于兴盛年代，开封是一派独到的畸形繁荣。他曾描述当日市景以及文人生活景观："兰堂夜烛，百万呼庐；画阁春风，十千沽酒。未省、宴处能忘管弦，醉里不寻花柳。"（《笛家弄》）"帝里风光烂漫，偏爱春杪"，"因念秦楼彩凤，楚观朝云，往昔曾迷歌笑。"（《满朝欢》）其《乐章集》中一派寻花问柳、听歌买笑之畸形繁华。柳永遭宋仁宗斥黜，不只是因为他本人厕于烟花巷中，更是由于他在词中尽情吐露了自己情感，直白地表述了自己对秦楼楚馆中女子的恋眷之心。

汴京的浪漫生活使柳永写作了大量词作，这些词通过乐工谱曲，歌女吟唱，以极快的速度流传于社会。"柳耆卿为举子时，多游狭邪，善为歌辞。教坊乐工，每得新腔，必求永为辞，始行于世，于是声传一时。"（《后山诗话》）以至于"凡有井水饮处即能歌柳词"。作为一位儒学世家出身的文人，另开新径使自己词作大倡于世，连曾面斥过他的仁宗皇帝对其有的词作也大感兴趣，让这些词由民间传入禁宫中。《后山诗话》记曰："仁宗颇好其词。每对宴，必使侍从歌之再三。"可见柳永之词已成为下层社会认同和上层社会私下青睐之作。

考柳永一生行踪，游历甚广，足迹遍及杭州、苏州、扬州、开封、长安、成都、鄂州等地，其词中时有吟诵这些繁华之地的词句，如"渐入三吴风景，水村渔市"（《凤衔杯》），"吴王旧国，今古江山秀异，人烟繁富"（《永遇乐》），"扬州曾是追游地，酒台花径仍存。凤箫依旧月中闻"（《临江仙》），"全吴嘉会古风流。渭南往岁忆来游"（《瑞鹧鸪》）等。

柳永至公元 1034 年方登进士第，任睦州（今浙江建德）团练推官。在此任上，他曾与范仲淹会面，州守吕蔚慕名荐举他，但屡遭人反对。晚年，他一直在浙江等地任地方小官，如余杭令、定海晓峰盐场监官以及泗州判官等。大约 1043 年以后，改官著作郎入京。据柳永侄儿所撰墓志铭，柳永入京后曾被宋仁宗召见，"宠进于庭，授西京灵台令，为太常博士"。皇祐年间，又迁屯田员外郎，但旋即因作《醉蓬莱》词忤旨。关于此事，《花庵词选》曾有记录："永为屯田员外郎，会太史奏老人星见。时秋霁，宴禁中。仁宗命左右词臣为乐章。内侍属柳应制，柳方冀进用，作此词奏呈。上见首有'渐'字，色若不怿。读至'宸游凤辇何处'，乃与御制真宗挽词暗合，上惨然。又读至'太液波翻'，曰：'何不言太液波澄？'投之于地，自此不复擢用。"

后柳永又去拜谒宰相晏殊，亦遭到晏殊的刁难。《画墁录》有如下记载：

"柳三变既以词忤仁庙，吏部不放改官，三变不能堪，诣相府。晏公曰：'贤俊作曲子么？'三变曰：'只如相公亦作曲子。'公曰：'殊虽作曲子，不曾道'彩线慵拈伴伊坐'。柳遂退。"不久，柳永便"流落不偶"而逝。

纵观柳永一生，其才华灼人，其词作闪烁于词坛，而潦倒终生，可谓悲剧人生。柳永有《乐章集》传世。《全宋词》收集其词作计 212 首。

三

柳永与晏殊、欧阳修同时，是一个在词艺上另闯新路的革新词人。其词反映了宋初士人怀才不遇、宦海沉浮的悲愤、失意、不满及抗争，从失意和失态文人的角度抒写对歌妓的同情，使中国词史拓宽了题材空间。柳永"多游狭邪"的生活，为统治集团所不容，屡试屡败，使他转为对功名的冷淡和狂傲，加剧了对倚红偎翠生活的依恋，竟将风月情场中男女私情说成"仙禁春深，御炉香袅，临轩亲试对"的殿试盛典，其"狂心"令那个时代吃惊。这种激愤之情是失意文人无可奈何的自我解脱，并未达到前贤蔑视权贵的叛逆境界。但是，柳词在此思想立足点上所抒写的羁旅行役之词，却具有极高的艺术性。他或写临别离情，或写凭栏凝思，将其一生宦游滋味曲折委婉地表达出来。柳永一生在秦楼楚馆中优游，与歌女们有一种"同是天涯沦落人"的共同遭遇，所以比较容易体会到受凌辱的下层女子痛苦心境，在词中自然地替她们唱出对幸福生活的合理企求。词中对当时大都市繁荣的描写，虽有粉饰太平之嫌，但对词的题材内容是一大开拓，具有重要史料价值和认识意义。因为长期在下级官吏任上，某些作品体现出积极的现实主义倾向，如《煮海歌》。他在词艺上有首开之功，为词史研究者所推重，称誉他是大量制作长调慢词的第一人，能在晚唐民间曲文基础上，吸纳宋初民间乐曲的世俗经验，自创新调，撰著长调慢词，使长调慢词与小令双峰并峙而容纳更多的内容，并在词中融抒情、写景、叙事、说理于一炉，自创既有铺叙又有层次的风格。柳词语言通俗和口语化，其俗词又具雅词所不可替代的审美价值，所以其传播和影响在宋初词人中首屈一指，达到"天下咏之"和"传播四方"的效果。由于其人其事其词的传奇性，后来金元的院本、话本、戏文、杂剧中，时有以柳永事迹为题材的作品。

柳词对后世词人影响重大，不仅沈唐、王观、晁端礼、曹组、万俟咏等人直接效法柳词，即如黄庭坚、秦观、周邦彦、辛弃疾、姜白石、吴文英、周密、张炎等著名词人也从中吸取艺术养分。苏轼、李清照虽然一边指责柳词，一边又接受柳词的影响。董解元《西厢记》中《长亭送别》，不仅袭用柳词《雨霖铃》之构思框架，甚至某些词句也从柳词中蜕化而来。毛泽东生前也喜柳词,曾自言其兴趣是"偏于豪放,不废婉约。"他说:"词有婉约、豪放二派,各有兴会,应当兼读。读婉约久了,厌倦了,要改读豪放派,豪放派读倦了,应当改读婉约派。"他在柳永《乐章集》中圈点过35首词,还曾用5页纸手书《望海潮·东南形胜》这一名作,可见对柳永这首词的喜爱程度。他读柳词《鹤冲天·黄金榜上》,见其抒写宦途失意,傲然以"白衣卿相"自居,视功名为浮云,毛泽东在该页词的天头上画有大圈,每句加点,并在"忍把浮名,换了浅斟低唱"两句旁加以密圈。

知文通武 以《武》闻世

——宋·泉州曾公亮父子

一

《武经总要》是北宋仁宗庆历（1041—1048）年间问世的中国现存最早的一部官修兵书，宋代名臣曾公亮即是该书的检阅官和执行主编。

曾公亮（999—1078），福建晋江（今泉州）人，系孔子高足曾参后裔（曾参三十六世裔孙曾延世随王潮入闽，为闽省曾姓之始迁祖）。他一生仕途发达，于天圣（1023—1032）年间举进士，初知会稽县，因重视水利，使民受其利，获其益，颇得民心。庆历三年（1043）任集贤校理，七年转任天章阁待制、知制诰兼史馆修撰，旋为翰林学士、判三班院。后又以端明殿学士身份知郑州事，政绩甚著，民有夜不闭户之安。知开封府事后，擢升为给事中、参知政事。嘉祐六年（1061），任吏部侍郎、同中书门下平章事、集贤殿学士。仁宗末年（1063），他与宰相韩琦共议建储事。在契丹入侵骚扰界河时，曾公亮力倡禁除，消除边患。宋英宗即位后，加中书侍郎，并先后兼任礼部尚书、户部尚书。神宗即位，又加门下侍郎兼吏部尚书。熙宁二年（1070），进昭文馆大学士，累封鲁国公，因年迈而避位。1071年，又拜司空兼侍中、河阳三城节度使、集禧观史，因治军有显功而为民众所拥戴。曾荐王安石为相。以太傅致仕。死后宋神宗赠以太师、中书令，谥号"宣靖"，配享英宗庙庭，并御篆其碑首"两朝顾命定策亚勋之碑"。他去世时已80岁，宋神宗亲往哭悼，甚至为之辍朝三日，使他享尽身后哀荣。

曾公亮在编修《武经总要》前，担任过与编纂典籍有关的职务，其中天章阁侍讲、待制等职，是负责掌管皇帝御书及文集；集贤校理是集贤院官员，负责文献收藏和校勘；修起居注则是侍从皇帝左右，负责记录皇帝言论举止及朝廷大事。应该说，曾公亮是一位学者兼文化官员，但其一生知文而通武，对北宋的安定贡献尤大。

二

北宋庆历年间，赵宋王朝积贫积弱的局面已经形成，王朝陷入内外交困的危机中。军事上积弊更为明显，虽号称有百万军队，却对外无法抗击辽、夏侵扰，对内无力防范民间反抗。宋仁宗意识到强兵之道的重要性，认为必须编纂一部"采古今兵法及本朝计谋方略"，"俾夫善将出抗强敌，每画筹策悉见规模"，"取鉴成败，可以立功"之兵书（《武经总要》仁宗序）。为此宋仁宗精心选择，组织以丁度、曾公亮为首的编纂《武经总要》的班子，而就实际情况言，该项工作主要是由曾公亮负责的。

《武经总要》分为前后集，各二十卷，前集包括各种军事制度十五卷，边防五卷；后集包括历史故事十五卷，阴阳占候五卷。曾公亮是全书内容结构的设计人、编定人和首席撰写人。《武经总要》对中国军事技术的最大贡献是收录了中国最早配制成功的三个火药配方以及最早用于战争的一批军用火器，即火球类火器与火药类火器，并附有其制造与使用方法。曾氏虽然不是上述火器及火药的发明人，但他对它们作了总结性的研究。为此，这部书被世界火器史学家视为研究火药与火器发明史的不可或缺的文献。曾氏所记录的三个火药配方分别是火球火药方、蒺藜火球火药方和毒药烟球火药方，这三个火药配方均详细记录了各种物质的配比及组成，是北宋初所制的燃烧性火药的代表，标志着中国火药发明开始进入了军事实用阶段，预示着它已走出了药物学家对硝、硫、炭特性的研究以及炼丹者对硝、硫、炭混合物进行的实验过程，进入了军事家按一定组配比例制成火药，制造火器用于战争的新阶段。曾公亮这一巨大贡献具有开创性意义，从此以后，人类战争进入火器与冷兵器并用时期，而火药研制人的任务，则一跃而为改良火药性能，增加火药品种，提高火药威力作出努力。这是世界上最早公布的三个完整火药配方。火药配方的成功，很快使火药用于火器的生产中，使中国成为最早的火器发明国家。曾公亮在《武经总要》中除综述了我国生产的世界上第一批军用火器外，还深入阐述了各种火器制造工艺、性能及使用方法，记录了火箭、火药鞭箭、引火球、蒺藜火球、铁咀火鹞、竹火鹞、霹雳火球、烟球、毒药烟球等许多类型，在某种程度上解决了人类将火药应用于军事后的理论、技术和实践问题，这对世界军事技术的发展以及我国后来制造火器工艺产生了巨大的影响。英人李约瑟曾说："在公元1040年左右写的《武经总要》这一巨著中，就已确定了'火药'这一中文名词，并且记载了抛射武器、毒气和烟雾信号弹、喷火器以及其他新发明的迅速发展。这些武器既用于陆战，也用于海战。"（《中国科学技术史》）日本兵器史家马成甫在《火炮的起源及其流传》中，对世界各国有关火药发明和火器制造文献资料比较鉴定后说，曾氏之《武经总要》确凿地证明了中国是世界上最早发明和使用火器的国家。中国发明的火药及火器，于13世纪末流播到阿拉伯，又经过阿拉伯传至欧洲，促进了欧洲走向近代化的进程。

三

曾公亮的《武经总要》的另一贡献在于对冷兵器的研究和筑城技术及城战器械的研究。《武经总要》记录了几十种冷兵器，文图并存，其中有长杆刀、枪各7种，短柄扩体刀、剑3种，攻城专用枪5种，攻城兵器与掘城工具并用者5种，守城专用枪4种，斧和叉各1种，鞭、铜、棒、椎等杂式兵器12种，防护器具4种，护体甲胄5种，马甲1种，单弓4种，箭7种，弓箭装具5种，单弩6种，复合式床子弩8种。这是宋代冷兵器的集大成之作，不但与《宋史》所记的兵械名称相同，也与许多出土文物的实物相似。这些兵器是在吸纳宋以前各朝兵器优点基础上而制造的新型兵器。

在筑城技术与城战器械方面，曾公亮对宋以前的成果作了系统研究，并记录了当时最新成果。该书《守城》、《攻城法》中，为后继研究提供了珍贵史料。如对城门、护城河、羊马墙、女墙、战棚、弩台、敌楼作了极为详尽的记录和深入研究，是北宋初筑城技术和守城战术新发展的成果记录。他又研究并记录攻城兵器，发布了攻守城战中军队装备之构造特殊、用途专门的兵械达五六十种之多，重点研究了重型床子弩和抛石机的使用。

曾公亮还对战船、战车作了系统的历史研究，记录了宋代楼舡、蒙冲、走舸、游艇、海鹘等小型战船以及斗舰、海鹘船等大型战船，对其构造、作用、作战特点一一作了探究阐述。尤其难能可贵的是，他还记录了航海所用指南针之前身指南鱼的制造方法，其中对人工磁化方法的发明，是磁学和地磁学发展史上一件大事，也是中国研究指南针发明史的重要资料。曾氏又首次绘制了车身灵巧的各种独轮攻击型战车，如运干粮车、巷战车、虎车、象车、枪车等，这类战车的制造及使用，为明代火器战车之创制，启发了思路。

曾公亮作为一员军事技术科学家，还记载了当时的众多发明，如书中记载的战争中用于济水的工具浮囊，类似今日之救生圈，"浮囊者，以浑脱羊皮吹气令满，系其空，束于腋下，人浮以渡。"（《武经总要》）说明曾氏已意识到空气也可占有体积，将浮力应用于军事，这是中国人当时力学的杰出认识成果。又如利用虹吸现象引水："凡水泉有峻山阻隔者，取大竹去节，雄雌相合，油灰黄蜡固缝，勿令气泄，推竹首插水中五尺，于竹末烧松桦薪或干草，使火自竹内潜通水所，则水自竹中逆出。"

曾公亮负责编纂的《武经总要》，向人们提供了研究宋代及其前代军事技术的珍贵资料，对后世兵书著述影响颇大。如南宋陈规、汤璹所著《守城录》设有专章记录筑城和守城兵械的新成果，明郑若曾《筹海图编》介绍葡萄牙人佛郎机的海战战具，戚继光《纪效新书》、《练兵实纪》中，全面论述虎蹲炮、三飞箭等新式武器，唐顺之《武编》中对火药多有记录，还有茅元仪于公元1621年出版《武备志》，共一百四十卷，仿效《武经总要》例，不但全部转录曾编，又将军事技术在门类、内容等方面向广度、深度发展。这些事例显然均受到了《武经总要》所创立新体例的启发和影响。

四

曾公亮有四子，均是当时以科举入仕的文化官员。长子曾孝宽，字令绰，曾知桐城县、咸平县。据史载，他任职时关注民生，闻麦田被毁，他亲临察看，上奏减民之税。后任吏部尚书。次子曾孝序，字逢原，曾任安抚使，以清廉正直而名播四方。时蔡京权倾朝野，他屡次上书弹劾，不畏权贵。三子曾孝蕴，字处善，曾提举两浙常平，先后为直谟阁学士和龙图阁学士。任上重视民生和农事，整治堤堰设立闸门。四子曾孝纯，字君施，也为进士出身，但24年未仕，绍兴年间任过太常丞，后因官途受阻，居家从事学术研究。

工书法、善诗文，长于营造、谙于茶荔

——宋·兴化蔡襄家族

一

蔡襄，字君谟，福建兴化仙游人，生于北宋大中祥符五年（1012），卒于治平三年（1067），是宋代著名的政治家、文学家、书法家，又是桥梁建筑家和植物学家。仙游县蔡岭埔蔡襄墓前的石柱上铭刻着"四谏经邦，昔日芳型垂史册；万安济众，今朝古道肃观瞻"楹联，概括了墓主在为政和造桥两方面的功绩。

蔡襄早年丧父，自幼受母亲卢氏影响较大，曾随母亲回惠安娘家读书。其母亲为惠安名士卢仁之女。《惠安县续志·文苑》称卢仁"有文名，累举进士，不得志有司，家贫授生徒自给，不肯一毫干求于人"，为人庄重，"课子孙不令稍懈"，对后代管训极严。蔡襄自幼得外祖父卢仁教导，并与舅父卢锡在惠安虎岩寺读书。据《福建通志·金石志》载，当他书法成大名后，为纪念早岁读书地，曾在此书刻"伏虎石"三字。元代南吏隐曾在虎岩寺领写楹联，联中称"忠惠当年此读书，驾碧海之青龙文章经济"。卢锡"生于好义，济人利物"（《惠安县续志·文苑》），是蔡襄一生中的师友及长辈。蔡襄主持建筑万安桥时，卢锡是协助造桥事务的主要助手。

蔡襄之曾祖父蔡显皇、祖父蔡恭、父蔡琇，皆鞠躬乡里为民。襄母卢氏生有四子，依次为：：蔡丕、蔡襄、蔡高、蔡奭。其中蔡丕早逝。蔡高，字君山，宋景祐进士，授长溪县尉。他精明能干，在任上多次审破疑案，人称神明。后迁太康县簿，染时疫病死，年仅28岁。蔡襄的小弟蔡奭，曾任福州司户参军，亦英年早逝。

蔡襄为蔡琇第二子，于北宋天圣八年（1030）考取进士。初任校书郎，再出任漳州军事判官、西京留守推官，累官知谏院、直史馆兼修起居注等。因母老求知福州，授福建路转运使。曾在福州延聘郡中名士陈烈、陈襄、郑穆、周希孟等开馆讲学，生徒常至者数百人。后升迁为龙图阁直学士，知开封府。公元1055年，蔡襄以枢密院直学士再知福州，后徙泉州。在泉州主持修建洛阳桥，长360丈，又植松树700里以护路，闽人刻碑纪德。后以端明殿学士移守杭州，治平四年（1067）卒，时年56岁。

蔡襄有三个儿子：蔡匀、蔡旬、蔡旻。其长子蔡匀，曾授官将作监主簿。至和二年（1055），蔡襄以枢密直学士出知泉州，蔡匀随父亲赴任，于途中病故，年仅18岁。蔡襄次子蔡旬，任大理评事；三子蔡旻，父逝时尚年幼，其后情况不详。据有关资料介绍，蔡襄之孙辈有6人，曾孙达30余人，主要是由蔡旬这一支传承发展，延绵香火。蔡旬之子有蔡传、蔡他、蔡佃、蔡伸等，俱知名于世。

蔡传，字永翁。蔡襄死后，朝廷录其子孙，以蔡传为将作监簿，当时他年仅2岁。由其母刘氏抚教成人，知书达理。历任朝奉郎、通判南京留守司等，年43致仕，奉亲以归。著《历代诗吟谱》传世。蔡传生有三子，分别叫蔡檐、蔡枢、蔡懋，亦皆知名于时。

蔡檐，字子强，大观三年（1109）与叔父蔡伸同登进士，历官朝奉郎、直秘阁，出知泉州。泉州为蔡襄旧治，蔡檐到任后，施政有方，当地人说他"有乃祖（蔡襄）风烈"。当时他母亲白首康健，父亲蔡传绿发辞官，闲居在家，其居地（莆田）距泉州不远，蔡櫓往来探视，奉养珍厚，乡人咸荣之。蔡櫓任期满后入京师述职，授官朝奉大夫。

蔡枢，字子历，政和五年（1115）与叔父蔡伸同登进士第，历官西京提举学司，主管文字。当时有位御史名叫常安民，身系党籍，他的同僚故旧恐惹祸上身，多避之不及，惟独蔡枢事之以师礼。蔡枢还有识人之能，他提举湖南学事时，张所任潭州教授，尚未知名，蔡枢听其汇报学事，交谈中发现他富有才志，遂向朝廷举荐，张所后来官至监察御史，是南宋爱国名臣。蔡枢在朝时，因权奸当道，他年仅 45 岁便致仕家居，并将自己所居堂室题名曰"世隐"。北宋末年，国难当头，他又复出，累官至朝请大夫。蔡枢的后代较为兴旺，出了不少人才。其子蔡顿孙、蔡师言、蔡敷言皆登进士第，传为一时佳话。

蔡传的第三个儿子蔡懋，字子坚。靖康年间为虔州会昌西尉，任职数月，即遇"贼"犯境，他奋然率领所部士卒抵御，力战而亡。后来朝廷追赠他为承事郎，予其子一官。

蔡传之弟蔡他、蔡佃、蔡伸，少入太学，俱有名声，号称"三蔡"。其中蔡他，进士出身，官至徽猷阁待制。蔡佃，亦考取进士。当时蔡京为相，他与蔡襄同为仙游人而晚出，欲攀附名阀，于是自称是蔡襄的族弟。政和初年（1111），蔡佃廷试唱名居榜首，蔡京正侍殿上，他故作姿态，以蔡佃为族孙避嫌，于是降蔡佃为第二，佃终身恨之。蔡京曾力图将蔡佃罗致门下，蔡佃坚决不肯。后来蔡佃借天象异变，上疏论宰相非人，得罪了蔡京，被责而出监温州税。蔡京失势后，他奉诏回朝，历官朝奉郎、直龙图阁。

蔡伸，字道申，蔡襄孙，元祐三年（1088）生。父旻早逝，三岁寄在外公—太师潞国公文彦博家抚养。少长，与二兄蔡他在常州新家受业于长兄佴，并从元祐诸公游。议论文章皆有家法，不逐时好。兄弟三人相继蜚声于太学，时号"三蔡"。族相蔡京初用事，三兄弟耻于附丽，未尝涉足其门。因与蔡京不同路，三人均仕途蹭蹬，时不我遇。

蔡伸于政和五年（1115）中进士。宣和年间，知潍州北海县，移京东学司属官，通判徐州，颇有政绩。后历知滁州、徐州、德安府（湖北安陆）、和州（安徽和县境内）。伸与秦桧本在上庠同舍，又同年登第。由于名声出秦桧右，秦桧忌之。后以细故忤秦相意，被指为"赵党"（意谓左相赵鼎之党羽）。伸不自安，丐祠闲居颇久。秦桧念旧，有擢升之意；然伸知后仅通问一回，不及其馀，致秦不乐。及除浙东安抚参谋官秩满奉祠时，秦桧死，伸亦染疾，绍兴二十六年（1156）病卒于毗陵（常州）家中，年六十九。其孙蔡戡为撰行状，赞其"倜傥有大志，少以文名，壮岁从军，洞贯韬略，长于骑射。为政严明，吏惮而民亲，所去见思。晚岁四奉祠，浮湛里社几二十年，不以穷通介意，胸次豁达，开心见诚，无少长贵贱，尽得其欢心。尤重信义，不汲汲于财利，随有辄散亲旧之贫者，悉力赒给。字画遒正，得端明用笔之意。喜为诗词，通音律，遇酒慷慷浩歌长啸，时以自娱。官至左中大夫，赐三品服，爵建宁县开国男，食邑三百户。以仲子（洸）贵，累赠特进。"（《定斋集》）蔡伸还是宋代著名词人，著有《友古居士词》，存词175首。

二

蔡伸之子蔡洸，字子平，以父荫补将仕郎，历知吉州、镇江府等地。蔡洸在镇江时，逢西溪军卒移屯建康，河中运兵船来往不断，因久旱无雨，沿河农民筑陂堵水灌田，漕司传檄沿途决陂通航运，乡民哭诉于官府。蔡洸说："我不忍获罪于百姓"，不曾执行漕司的命令。不久天降大雨，漕运畅通，当年庄稼也获得大丰收，百姓称颂其德。蔡洸后升任吏部尚书，移户部。求去，以徽猷阁学士知宁国府，奉祠归家，不久去世，死时囊无馀资。

蔡襄的后人较知名者还有蔡戡，为蔡襄四世孙。蔡戡字定夫，始居武进，初为溧阳（在江苏）尉。南宋乾道二年（1166）进士，累官至宝谟阁直学士。持节五羊，所部十四郡，每年须向朝廷上缴敷银，民不胜扰，蔡戡统一收取代输，民甚便利。他迁湖南为官，李昂霄有异谋，尚未发动，传闻汹汹，蔡戡单骑驰往，晓喻大义，不费一兵一卒就消除了叛乱。宋宁宗时，蔡戡出任京兆尹，曾主持放粮赈灾。后为广西经略、淮西总领。韩侂胄当政时，他告老还乡。著有《定斋集》。其诗圆美清道，浑然无刻雕之态，极似蔡襄，"四库总目"称有"浩然之气"，"刚方正直"，"清道粹美"和直抒胸臆的特点。

蔡襄家族中还有蔡如松，字劲节，居龙溪县。慷慨有大志，与颜师鲁友善。当时名士吴懈以文倡一时，蔡如松与之论辩，不为所屈。曾任新兴推官。

综上，蔡襄起家于寒微，自蔡襄成名之后，诗书传家，五代之中，人才济济，终两宋之世，有20多人入朝为官，子孙中见于史载的进士达9人之多，其中有两对为叔侄同登进士第，传为美谈，该族也发展成为闻名天下的官宦文化世家。蔡襄家族中为官者多能忧民忧国，为老百姓办好事，成为仙游蔡氏的佼佼者。

三

蔡襄在《宋元学案》中列名"古灵四先生"学案。而四先生之一周希孟是福建侯官人，据称"遍通五经，尤邃于《易》。弟子七百余人"（《宋元学案·古灵四先生学案》）。蔡襄曾"亲至学舍质问经义"于周希孟，后来，蔡襄以枢密直学士知福州时，曾将周希孟视为座上宾。欧阳修在为蔡襄身后书撰墓志铭时，也说"公得先生周希孟，以经术传授，学者常至数百人。公为亲至学舍，执经讲问，为诸生率"，可见，周希孟是他人生道路上一良师。

蔡襄于天圣九年（1031）登王拱辰榜进士，其后仕途大致如下：天圣十年（1032），任漳州军事推官；宝元二年（1039），进朝奉郎大理评事，翌年，改著作郎馆阁校勘；庆历三年（1043），以秘书丞集贤校理知谏院兼修起居注，旋以右正言直史馆出知福州；皇祐三年（1051），判三司盐铁勾院修起居注；至和元年迁龙图阁直学士知开封府，后又知泉州、福州；嘉祐三年（1058），召拜翰林学士权三司使，旋拜枢密直学士尚书礼部郎中，又以端明殿学士尚书礼部郎出知杭州。治平四年（1067）卒，乾道（1165—1173）时赐谥忠惠。

蔡襄一生为官，不论京官或地方官，均能躬身力行，政绩斐然。他为人刚正，勇于辟邪扶正。景祐三年（1036），范仲淹因言宰相吕夷简任人唯亲而遭贬斥。余靖、尹洙同贬，欧阳修亦遭贬。当时身为馆阁校勘的蔡襄极为不平，写了嘲讽时政的"四贤一不肖诗"，京都之人争相传诵，书商更刻印该诗而获厚利，连契丹使者也买归张挂于幽州馆中。庆历三年（1043），余靖、欧阳修、王素、蔡襄同时任谏官，被誉为"四谏"，这便是其墓柱上所书"四谏经邦"之典故。因极言敢谏，"直声震天下"（《福建通志》），故"权幸畏敛，不敢挠法于政"（《端明殿学士蔡公墓志铭》、《欧阳修全集》）。他屡屡上疏朝廷，期盼任贤退邪，提出"任谏非难，听谏为难；听谏不难，用谏为难"。在任知制诰兼判流内铨时，对除授不当者，他敢于拒绝草制，封还辞头，体现了传统社会中正直官员难能可贵的责任感和勇气。他又是一位理财专家。在统筹规划、合理安排财政收支上剔除利弊，新建制度，使有法可循，种种举措，皆能体现他经济管理方面的干练才能。在出任地方官时，也能体察民情，抑制贪官，如在开封任期，"谈笑剖决，破奸发隐，吏不能欺"（《宋史》本传）。二次出知故乡福州，关注农田水利，开引湖塘以灌农田，又奏减五代时丁口税之半，并在福州一泉州一漳州通途上植松七百里，开中国绿化之先声。更能礼贤下士，兴办庠序，招募学者去庙学传授经术，自己也亲至学舍讲经，使闽省学风一变。看到福州地区风俗信巫而不信医，他力倡医学，抑巫扬医，组织医家摘编《太平圣惠方》，书于版籍，以变革陋习。《宋人轶事汇编》载，某年元宵节蔡襄曾令福州居民燃灯七盏，有人持异议，特作丈余巨灯，上书："富家一盏灯，太仓一粒粟；贫家一盏灯，父子相对哭。风流太守知不知？犹恨玺歌无妙曲。"他见后当即改过，下令罢灯。因其德政，被誉为"蔡福州"。后真德秀将其视为自己"可效可师"之楷模。

四

蔡襄是北宋诗文大家，欧阳修曾赞其文章"清遒粹美"（《蔡端明文集序》），这是北宋名家也很少得到的赞誉。他的《洛阳桥记》（又名《万安桥记》）很能展现他的风格：

"泉州万安渡石桥，始造于皇祐五年四月庚寅，以嘉祐四年十二月辛未讫功。垒址于渊，酾水为四十七道，梁空以行。其长三千六百尺，广丈有五尺，翼以扶栏，如其长之数而两之。靡金钱一千四百万，求诸施者。渡实支海，去舟而徒，易危而安，民莫不利。职其事者，卢锡、王实、许忠、浮图义波、善宗等十有五人。既成，太守莆阳蔡襄为之合乐宴饮而落之。明年秋，蒙召还京，道由是出，因记所作，勒于岸左。"

　　全文仅用 153 字，便将造桥经过，主造人，桥的地点、地貌与功用，以及桥的形状都交待得一清二楚。文字精炼雅洁，为世人传诵，誉为洛阳桥"三绝"之一。

　　蔡襄的文章贯穿着浩然正气，这与其"道为文之本，文为道之用"（《蔡忠惠集》）的主张是一致的。他的《蔡忠惠集》收录奏议 64 篇，杂文 584 篇，皆针对时事，言之有物，说理透彻。例如，他在主张起用韩琦、范仲淹的奏疏中写道："君子进，则天下泰；小人进，则天下否。陛下退一邪臣，进一贤人，而举国欢欣者，岂以一邪一贤，独能关天下利益乎？盖以一邪退，则其类退；一贤进，则其类进。众邪并退，众贤并进，而天下不泰者，无有也。"（《蔡忠惠集》）

　　作者仅用短短的几句便向皇帝阐明进贤退邪则天下泰的大道理，就文章而论，固然得之于他的逻辑严密，章法紧凑，更重要的是他立身清正，所以，他的道德文章能使人钦服。

　　蔡襄的诗也贯穿了他"道为文之本"的主张。他常以诗讽刺朝政。仁宗景祐三年（1036），范仲淹因上疏揭露权要的《百官图》被贬，他写《四贤一不肖》之诗伸张正义，一时朝野轰动。诗歌成为他主持正义之利器。蔡襄关心民众疾苦，他的《鄞阳行》五言诗描述遭水灾后农民的惨况："殍亡与疫死，颠倒投官坑。坑满弃道旁，腐肉犬豕争。往往互食瞰，欲语心魂惊。"他批评官吏在这种情况下还"头会复箕敛，劝率以为名"。诗的语言明白如话，主要靠白描展现了触目惊心的饿殍遍野的荒村图，以此撼动人心。可以说，蔡襄的诗风比较接近白居易的现实主义诗风，明白晓畅，辞锋犀利。

　　另外，蔡襄的书法有极深的造诣，他不但善于论书法，也工于书写。欧阳修赞其为"博学君子也，于书尤称精鉴"，并称他

"书独步当世，笔有师法，行书第一，小楷第二，草书第三"（《欧阳文忠公文集》）。他的书法师承虞世南、颜真卿，并师法晋人，严正方重，别具一格，与苏轼、黄庭坚、米芾齐名并称为"宋四大家"，历来受到书法界极高的评价。《宋史》本传说"襄工于书，为当时第一，仁宗尤爱之。"苏轼曾跋曰："君谟书天资既高，积学深至，心手相应，变态无穷，遂为本朝第一"。黄庭坚也赞说："蔡君谟行书简札，甚秀丽可爱"（《豫章黄先生文集》）。朱长文《墨池编》则说"蔡君谟真行草皆入妙品，笃好博学，冠绝一时。少务刚劲，有气势，晚归淳淡婉美。"。现存蔡襄墨迹甚多。《万安桥记》碑刻为其代表作之一，《福建通志》在"金石志"之《万安桥记》说"蔡公万安桥记，大字刻石最佳，字径一尺，气压中兴摩崖"；又说"万安桥天下第一桥，君谟此书，雄伟遒丽，与桥争胜。结法全自颜平原来，惟策法用虞永兴耳"。

五

蔡襄在中国科学史上有两大贡献，具有开拓性里程碑意义，一是作为桥梁专家，他负责建筑了万安桥；二是作为植物学家，他撰述了《荔枝谱》和《茶录》。为此他的成就不但为中国文学史、书法史所记载，更为科学史所乐道。

泉州自南朝始逐渐发展为中国对外交通贸易的港口，后成为中国四大海上口岸之一，成为"市井十洲人"的外国侨民聚居地（《唐诗别裁》）。但是，由泉州北上至兴化（莆田）、福州以至内地的大道，在泉州东二十里外被洛阳江入海口所阻，行人车马皆得乘舟船过渡。而洛阳江面西侧群山逶迤百里，东接大海，深不可测，在此过渡，往往沉舟，死者无数。前人尝试在此造一大桥均遭失败，直至庆历初年方有人在此建浮桥。但遇恶劣天气，浮桥极易被漂散。所以，闽地民众往往视此处为畏途。直到蔡襄守泉州时，才开始造桥。为克服作业上的巨大困难，他倾注了自己的精力和智慧，对造桥工艺作了改革创新，终于建成一座规模空前的石梁石墩长桥，成就了划时代的千秋伟业。该桥47孔，桥面两旁护以石栏，石亭7座，石塔9座，石狮28个，两端有石像和武士，桥堍四角石柱上有石琢葫芦，旁有洞，洞中有佛像，显得磅礴雄伟。桥建成后，蔡襄亲书《万安桥记》以纪其事。据《中国石桥》及《中国古桥技术史》等今人论著，蔡襄主持建造的万安桥在中国石桥史上的贡献主要是：一、首创筏形基础。这是一项新的奠基工艺，为中国桥梁技术史上一次重大创新，也是现代桥梁建筑中筏形基础之肇始。二、应用了尖劈形石桥墩。蔡襄采用长石条纵横排列垒砌的方法，引用尖劈形桥墩型制，将两端砌为尖劈状，藉以分开江流和潮汐的冲击力，以保护桥墩，这使中国唐代始采用的技术，臻于完美。三、利用潮汐的涨落浮运来架设石梁。在古代没有大型起重设备的条件下，能将数十吨巨石梁悬空安放在桥墩下，这是一大创举。蔡襄的操作是预先按尺寸加工好石梁，等潮涨时用船把石梁运至两个桥墩间，并用简单的牵引设备，把石梁固定在适当位置上，至潮落时，石梁便自动降在预定位置上，这便是"凿石伐木，激浪以涨舟，悬机以弦"（《泉州府志》）。它体现了蔡襄利用自然力来完成作业的智慧。四、用繁殖牡蛎以胶固桥基和桥墩。蔡襄从对牡蛎的认识以及民间繁殖牡蛎的经验中发明了"种蛎子于础以为固"的方法（《宋史》本传）。万安桥是中国乃至世界桥梁史上的奇观，经历九百年百次地震、飓风、洪水的袭击，虽数次遭到破坏，但均随坏随修，保存至今，堪称"海内第一桥"。

　　蔡襄在主持修筑万安桥期间，撰写了《荔枝谱》和《茶录》。蔡襄极为关注闽地四郡的特产荔枝，他收集了丰富的荔枝种植资料，实地考察荔枝的生产、保鲜过程，并作了详细、真实的记述。从果树栽培角度而言，《荔枝谱》有很高的植物学价值，是世界上首部果树栽培学著作，书中记述了荔枝生长特性、功效、加工保鲜之方法。其中，他对荔枝生态与品种的划分，反映他已掌握类比的思维归纳方法。而其保鲜技术，对现今食品保鲜仍有启迪、借鉴作用。

《茶录》是他另一部具有科学价值的植物学著作，他以"陆羽《茶经》不载闽产。丁谓茶图，又但论采造，不及烹试。乃作此书"（《四库全书简明目录》）。书中记录了茶叶色、香、味之鉴识，烹茶技巧，茶叶收藏、保存、加工以及茶具的制作、质地和用途，可视作一部宋代品茗要诀。蔡襄本人是品茗专家，有丰富的经验积累。他任福建转运使时，曾制团茶，作为上贡之品。《茶录》凝聚着他制茶和品茗的亲身实践体验。

传统家学孕育出科学巨子

——宋·泉州苏氏家族

泉州同安的宋代名人苏颂，一般以为是一位政治家兼文学家。其实，苏颂更以药学家、天文学家、机械学家而著称于世，他是中国古代难能可贵的道器并重的百科全书式人物。

一

苏颂，字子容，福建泉州同安人，生于宋真宗天禧四年（1020），卒于宋徽宗靖国元年（1101），终年81岁。

苏颂出身世宦之家，文化积累极为深厚。六世祖苏益于唐昭宗时随王潮入闽。五世祖苏光海建府第于同安。其家族自苏颂祖父苏仲昌起，由科举进士入仕，曾任复州太守、太子少师。苏颂父亲苏绅，是一位饱读经书的学者兼官员，且精通天文历法，他登进士第比乃父苏仲昌还早五年。苏颂自幼从父亲学《孝经》、《尔雅》，诵五经、知音律，由此奠定了扎实的经学文化根基。苏绅开始在复州、安州等地任职，后升迁为翰林学士、尚书礼部郎中，图龙阁直学士。不久，又外放辗转于地方官场，或知广德、公安，或任洪州通判（1034）、扬州通判（1035），最后于景祐四年（1037），任开封府解。苏颂随父在其任所就读，学习环境多有变化，结交的友朋更多，从而也拓展了学术视野。

庆历二年（1042），苏颂科举中进士，别试为榜首，与王安石为同榜进士。旋即被委任为江宁县知事，开始了地方官员的生涯。庆历六年（1046），其父苏绅去世，他护丧南归，在途经京口时，有故人治馆相留，于是葬苏绅于京口。皇祐二至三年（1050—1051），时值而立之年的苏颂，授南京留守推官，结识闲居于南京的杜衍和任南京留守的欧阳修，而欧阳修正是其顶头上司。欧氏和杜氏极为器重苏颂。皇祐四年（1052），翰林学士赵槩笃向朝廷举荐苏颂，说他"文学才行，宜在朝廷"。由此苏颂被召试学士院，而后7年，苏颂一直在馆阁任职，先后为馆阁校勘、大理寺丞、同知太常礼院、殿中丞、集贤校理、校正医书官、殿试复考官、太常博士等，因而博览皇家藏书，为后来成为宋代著名科学家奠定了学业根基。

42岁开始，苏颂又由京外放，从嘉祐七年（1062）至元丰十一年（1085），也即他42岁到65岁的23年间，大都在外地充任实职官员，先后任过开封府界提点、知婺州、知亳州、知应天府兼南京留守司事、知杭州、知沧州等职。其间也不时被召回京都，参与过许多内政外交大事，如治平四年（1067），为本年寿圣节接送伴使，送辽使归国；熙宁三年（1070），充贺辽大后生辰使；熙宁十年（1077），为贺辽主生辰国使等。又参与或主持重大文化建设工作。如元丰八年（1083），他上《华戎鲁卫信录》二二九卷，事目五卷，达200册，这部大书是他主持下花费近三年时间编撰而成。同年，南郊祭祀及上仁宗、英宗徽号，苏颂皆为礼仪使。总的说，苏颂仕途尚算顺畅，但人生道路上亦曾遭遇数次挫折。

如在赴婺州任上时，舟船沉没，致使长妹及一子一甥落水而亡。朝廷除李定为监察御史里行时，苏颂拒不草诏，为此，落知制诰。此外，还曾因牵涉孙纯案被罢官。元祐元年（1086），苏颂已66岁，进刑部尚书，又奉旨定夺新旧天仪，后又迁为右光禄寺大夫、尚书左丞，撰《浑天仪象铭》，并制成浑天仪象。徽宗即位时，拜太子少保，旋去世。"帝辍朝二日，赠司空、魏国公"。总的说来，苏颂在宋哲宗登位后，一直在京城居高位，任刑部尚书、吏部尚书，晚年人阁拜相，颇为风光。但他最大的历史贡献，还是他修订《本草图经》而为中国药学史所记载，制造水运仪象台使之成为中国天文史、机械工艺史的里程碑。

二

苏颂还是一位藏书家。其孙苏象先在《谭训》卷三记云："祖父在馆阁九年，家贫俸薄，不暇募佣书传写秘阁书籍，每日记二千言，归即书以方册。家中藏书数万卷，秘阁所录者居多。"又云："祖父取平日抄节分门类，令子孙辈传写，几二百册，古今类书莫及焉。"从此记载可知，苏颂之藏书，除了他自己平日抄节者外，还动员子孙辈一同"传写"。据说，苏颂藏书达数万卷，均为秘阁所传写者，这些书包括自书契以来，往史九流百家之说，使他于图纬、律吕、算法、山经、本草、训诂、文字无所不通，是一位博学的人物。苏象先在《魏公谭训序》中记录祖父苏颂书室的情况："象先自少不离祖父之侧。元祐丙寅（1086）祖父为天官尚书，居西冈杨崇训之故第。祖父以南轩为书室，置大案，列书史于前，又置小案于椅间，俾象先侍坐，每日至夜分退而记平日教诲之言，作《谭训》百余事。"苏颂有《书帙铭》劝诫后人，文中说："惟苏氏世，学官以儒。何以遗后，其在此书。非学何立，

非书何习？终以不倦，圣贤可及。"（《苏魏公集》）

苏颂对所藏之书亲自校勘，以供子弟研习，并广为士子假借传录，许多大学者均得益于苏颂藏书，如叶梦得。据《谭训》记载："祖父自维扬拜大乙宫使归乡里，叶梦得时为丹徒尉，颇许其假借传抄，叶公每对士大夫言亲炙之幸。其所传写遂为叶氏藏书之祖。"叶氏后来为南宋知名学者、藏书家，其在苏颂处得益颇大。《谭训》还曾记录苏颂与宋神宗一段对谈。神宗问祖父："'卿家必有异书，何故父子皆以博学知名？'祖父对曰：'臣家传朴学，惟知记诵而已。'上曰：'此尤难也。'祖父对曰：'吾收书数万卷，自小官时得之甚艰，又皆亲校手题，使门阅不坠，则此文当益广，不然耗散可待，可不戒哉。'"可见，苏氏是以文籍为立业之本。

三

苏颂在馆阁校勘群籍时，五年中有约半数从事医书编校，先后参与或主持《补注神农本草》、《本草图经》、《备急千金要方》三部医书之编校。《补注神农本草》亦作《嘉祐补注神农本草》，在《宋史·艺文志》、《玉海》、《通志·艺文略》等书中皆有著录，书中《序》及《后序》为苏颂手笔。该书历时3年，于嘉祐二年设医书局，由苏颂等人主其事而成。他以《开宝本草》为底本，总结以往药物学成就，参阅后蜀孟昶命人修编之《蜀本草》，也吸纳宋代医师的行医经验，使在各家本草著述的983种药物上，又添82种。《本草图经》是在《嘉祐补注神农本草》编纂时相偕而成，苏颂撰序，后人提及此书，皆称由苏颂为总负责。苏颂还参与《备急千金要方》校勘工作，撰有《序》及《后序》。我们从苏颂所撰各书序言中，可看出他认真办事的编纂思路，这些出自众人之手的集体成果，在中国药物学史上具有界碑意义。明代李时珍曾赞苏颂等所校勘的图书"考证详明，颇有发挥"，并在他的名著《本草纲目》中大量征引《本草图经》的条目。现《本草图经》已佚，但从《本草纲目》中可见其鳞爪。

四

　　苏颂自幼习天文历法，这与他的父亲及叔叔精通天文学有关，可谓家学所传。苏颂年轻时参加省试论题为《斗为天之喉舌赋》便是天文学之作，取得好名次，其父曾对这类天文习作大加赞语。在苏颂后来的诗文中，常见天文学名词术语，说明他在天文学方面有很深的造诣。但他对中国天文学的贡献主要在其晚岁。从 1087 年开始，他开始从事中国历法和公历换算的研究。苏颂曾写有《新仪象法要·进仪象状》，在文中他注意到先前日官制造有关仪器的文献，主要是沈括奉敕所论定的浑仪法来核定有关仪器，他感到有必要制造一套综合浑天仪、铜浑仪、浑天象三器功能的水运仪器，使能既观天象，又能自动显示天象和时间，令测候手段更完美。水运仪象台便是基于这一指导思想而产生的。他费时 6 年，将水运仪制作成功。与此同时，他又撰《新仪象法要》，共三卷。上卷介绍浑天仪的设计，中卷介绍浑天象的设计，下卷介绍水运仪设计，配有大量设计图录，附有依据实测绘制的两套五幅星图，绘星 1460 颗。西欧在十四世纪文艺复兴前，观测到星数 1022 颗，但比苏颂晚 400 年，星数少 442 颗。水运仪象台的机械制作细节中，有许多为机械制作史上可圈可点处，如水的循环使用；传动系统的天轮带动浑天象与天穹同步旋转；加装与赤道平行的齿轮，带动三表仪随天运转，为后世转仪钟雏型；安置浑天仪的顶层板房，其屋顶板在观测时可摘除，为近代望远镜活动屋顶之先导等等，均为苏颂的杰出发明。尤其是，水运仪象台经历历史上战乱和南北频频运迁，甚至远渡重洋而至今基本保持完整，更是弥足珍贵，它不但是世界天文史，也是机械工艺史上的里程碑，成为各国科学史家关注的杰作。但是，由于部分欠缺图绘，以致南宋时代，朝廷欲再造一部浑天仪，调来苏颂儿子，但也难以完成。

五

苏颂的科学贡献还有"苏颂星图"，即附于《新仪象法要》中数幅星象图。应该说，他的水运仪象台与沈括、韩公廉共有发明制作权，苏氏本人侧重于总体构思。而"苏颂星图"则是他本人的重大贡献。《新仪象法图》中附有五幅星图：一、浑象紫微垣星之图；二、浑象东北方中外官星图；三、浑象西南方中外官星图；四、浑象北极图；五、浑象南极图。五图互为补充，采取圆图与横图配合的表示方法。这种用多种圆图和横图相配合的方式来描述星象，系苏颂之首创，也是中国星图最早，表示方法最完善的刊印星图。就实测数据而言，苏氏星图与现存苏州文庙的石刻天文图有着共同的数据来源。苏颂所说的"古圆图"，是以北极点为圆心的极区展开图，以内规为界。横图则以赤道居中，以上下规为界的展开图，颇类似以球心为射点的圆柱投影图法。这种以赤道为南北展开的星图是苏颂的首创。

苏颂在道、器两方面均有成就，以器为长，而名载科学史册。他的著述有《苏魏公文集》七十二卷，单册有《补注神农本草》、《新仪象法要》。可惜，《本草图经》、《华戎鲁卫信录》、《元祐详定编敕令式》、《迩英要览》、《浑天仪象铭》等重要著述均已佚失。

闽籍思想家 湖湘铸新学

——宋·崇安胡氏文化世家

福建崇安胡氏家族是世代薪火相传的学术文化世家，在其家族史上，出现过胡安国、胡寅、胡宏等文化大家，构成了湖湘学术早期的半壁江山。

一

胡安国，字康侯，生于宋神宗熙宁七年（1074），卒于宋高宗绍兴八年（1138），谥文定。胡氏之籍贯是崇安县开耀乡籍溪里。自胡安国的五世祖号主簿公者，于唐五代南迁至建州崇安，他的曾祖胡容，祖父胡罕皆为布衣，未曾显达，从其父胡渊开始，胡氏家族步上读书做官的仕途。胡渊，字光禄，曾在邑中师从吴仙洲攻"六经"。吴仙洲见胡渊所写《论语》、《尚书》"终帙如一无差舛"，甚器重，将女儿许配给他。后来，胡渊走上仕途，以宣义郎致仕，赠中大夫。致仕后，曾在家乡设馆授徒。所以，庞大的胡氏家族家学源流开启者应推胡渊。胡渊而下，胡安国、胡寅、胡宏、胡宪之生平，下面分别述之。

二

胡安国早年得其父胡渊的家学教育，便显示出特有的聪慧和抱负。孩提时的胡安国刚能说话时，家人曾试着教他《训童蒙韵语》数十字，他试读两次便铭记于心，其母叹说："儿必大吾门。"胡安国7岁曾作短文，有"自任以文章道德"之句，呈现出高远的人生志向。数年后，胡渊送他到外公家读书，并规定每年只准返家一次，以使其专心问学。15岁时，胡安国前往信州州学接受较正规的传统学术熏陶，希冀在学术上一展才华。由于他学习勤勉刻苦，老师十分赞赏并器重他。据传，某日，一个杂耍戏班在州学前搭台演戏，州学生百余人竟不告而出，争拥观看热闹。州学教授胡公在西厢行走时，惟独听见胡安国一人的朗朗读书声。胡公上前询问，发现他学业超人，才识不凡，于是"出纸笔佳砚为赠，益勉之曰'当为大器'"（《斐然卷》）。元祐五年（1090），17岁的胡安国赴太学深造，时值王安石熙宁新政失势，旧党司马光、吕公著等人再度登台之际。王安石所制订的新学学制被废弃，取而代之的是旧党两程之洛学。所以，胡安国在太学时，接触的是二程理学，并初步形成其政治取向和学术观点。他的长子胡寅在《先公行状》中描述其父太学生活："遂入太学修懋德业，不舍昼夜。是时元祐盛际，师儒多贤彦，公所从游者，伊川程先生之友朱长文及颍川靳裁之。裁之才识高迈，最奇重公，与论经史大义。"

胡安国所师从的朱长文、靳裁之两人，均是二程的同道和私淑，朱长文是"宋初三先生"之一孙复门人，从孙氏治《春秋》，胡安国通过朱长文接纳了孙复的《春秋》学，在其后来的学术生涯中以毕生精力撰述《春秋传》，显然是受到朱氏的重大影响。靳裁之为"明道私淑"，《宋元学案·明道学案》说他"少闻伊洛程氏之学。胡文定入太学时，以师事之"。由于朱、靳的开启作用，胡安国接受了理学，并以此作为自己治学的主攻方向。宋哲宗绍圣四年（1097），24 岁的胡安国参加进士第考试。当时因哲宗已登位，朝廷废除元祐旧制，又复熙宁新法，新党再度上台，胡安国因师从所致，本能地力拒新法，使其在进士考试中遇到曲折。胡寅《先公行状》记述：

"初，殿试考官定公策为第一，将唱名，宰执以无诋元祐语，遂以何昌言为首，方天若次之，又欲以宰相章惇子次天若。时策问大要，崇复熙丰。公推明《大学》格物、致知、正心、诚意、修身、齐家、治国、平天下，以渐复三代为对。哲宗皇帝命左右再读之，谛听逾时，称美者数四，亲擢公为第三。"

从中可知，胡安国因遵崇二程洛学，几乎由首选"第一"沦落到"落第"，好在哲宗本人十分欣赏其才识，力排众议，亲定为第三，使他免于落第而中了进士，开始步入仕途。入仕后最初任江陵府学教授。甫到任，原府学某些人欺其年少，竟然有意作梗或顶撞，胡氏"乃按其蠹弊事尽屏之"。由于胡安国大刀阔斧的整治，府学很快由颓废转而振兴。在此教职任上，他传授二程洛学，"正身律物，非休沐不出。凡所训说，务明忠孝大端，不贵文艺"。其子胡寅的《先公行状》虽受制于宗法血缘心理，但从中可看出胡安国作为一个崇奉理学的官员身体力行的教育努力。由于施教理学的示范作用，胡安国江陵府学任满后仕途畅达，回京师后受任太学录，旋迁太学博士。任太学录时，他铁面无私，拒绝游说及宴请，认定"太学录"是"录以行规矩为职，规矩不行、奚以录为？"在太学博士任上，严守"以圣人为标"的人格追求，绝不趋炎附势，显示出难能可贵的独立人格。宋徽宗崇宁四年（1105），胡安国由教育职位一跃而除湖北路提学。他不满王安石新政新学，向徽宗建议在学校"谨按圣门设科，成周贡士，皆以德行为先，文艺为下"（《先公行状》），目的是循其理学"内圣"之路走下去，先解决"体"即道德取向问题，然后再论讨"外王"——事功问题。胡安国由湖北路提学，改使湖南，提举湖南学事，任上力倡选贤举能，推举布衣后学王绘、邓璋等。当时蔡京权倾天下，士人无不受其笼络，投其所好，政坛风气颇为晦暗。生性耿直的胡安国却不与蔡京为伍，敢于直谏而"遍触权贵"，常常受到出其不意的打击。《宋史·胡安国传》曾列举胡氏因荐王绘、邓璋事而遭仕途厄运：

"零陵簿称二人党人范纯仁客，而流人邹浩所请托也。蔡京素恶安国与己异，得簿言，大喜，命湖南提刑置狱推治；又移湖北再鞫，卒无验，安国竟除名。未几，簿以他罪抵法，台臣直前事，复安国元官。"

胡安国虽然复官，但对官场之争斗产生了厌恶感，这是他后来避官专心向学的外在原因。胡安国在仕途中从来未曾放弃问学的志向，入仕途之初，便开始了《春秋》学研究。他选择《春秋》学为治学切入口，固然是因为曾师事朱长文，而得孙复《春秋》学精髓，是他治学兴趣所在，但也不能忽视他所生存的环境方面的原因。当时教育科举均以王安石《三经新义》为内容，使《春秋》经不再成为通往仕途的考试经典，大有由显学沦为绝学之可能，所以，胡安国治《春秋》与现实政治有关，他欲通过治《春秋》，阐释其新意，使经典发挥现实作用，以抵拒新法新政的偏颇。据他本人说，"某初学《春秋》，用功10年，遍览诸家，欲求博取，以会要妙，然但得其糟粕耳"（《宋元学案·武夷学案》）。"遍览诸家"而无获益，不能不说是治学者旅途之悲哀。但是，正因如此，为他登上《春秋》学高峰而奠定了学术上、资料上的基础。

　　胡安国38岁那年，宰相张商英任命他提举成都府路学事，他以父母年事已高为由力拒这次任职，表现了他对官场不满的逃避心理。他开始从官场中解脱出来，侍奉年高之双亲。后来父母双双去世，他更淡薄了出仕念头，只想在学术天地中寻觅人生真谛，以隐居不仕，独善其身来成全自己的人格锻铸。到靖康元年（1126）止，他一再拒绝朝廷任命的尚书屯田员外郎、太常少卿、起居郎等职，坚守自己既定的以隐居求学问的目标。

　　靖康之变，金国进军中原，京师危在旦夕。胡安国在国难中曾致书杨时，力倡以"《春秋》大义"为据，表达了他立足于主战派一方。国难使他松动了固守的隐士追求，"朝廷促趣降，公幡然有复仕意"，前往京师，决心为国效力，但也仍坚持理学以"内圣"为本之立场，在国难时，更以此来启发、要求、约束君主。这一阶段，他的儒学观有了鲜明转变，除执着于对"内圣"的操守追求外，他又提出抵御外侮的经邦治国之方略，力主"为天下国家必有一定不可易之计"，注重"治功可立"的"外王"之用。宋钦宗宣旨任命他为中书舍人，赐三品服。但是，名将李纲被罢免事件中，胡安国持异议而遭到门下侍郎耿南仲等人的打击，他们以海门地湿，胡氏患足疾为由，迁胡安国为右文殿修撰知通州。嗣后，金军攻陷京城，而其子胡寅还在京中任职，他叹说："恨效忠无路，敢念子乎！"（《宋史》本传）其道德境界确实是十分高尚的。高宗继位后拟以给事中招录胡安国，但因其直陈己见而罢。建炎三年（1129），由张浚推荐，除胡安国给事中，后又诏为中书舍人兼侍讲。胡安国上《时政论》给高宗，请求实行他的政见。高宗阅后除胡安国兼侍讲，专讲《春秋》。作为帝师或智囊的胡氏因嫉恶如仇，对高宗无收复失地之志极感失望。他反对讨好金人而贻误国家的当权者，直言他们种种卖国求荣的行为，为此得罪一批人，不久即落职。于是他决心退出政治圈，远离官场，去继续研究《春秋》学，开始他一生中最落寞也是最辉煌的学术生涯。

他择衡山隐居，潜心于《春秋》学。这一地域是他十分熟悉的宦游和暂隐之地，也是他建立湘湖学派的学术基地，颇有助于他集中精力完成《春秋传》。国难濒临之际使他深深体会到《春秋》大义的现实意义，尽管朝廷时有召用之令，但他一次次拒绝出仕，他对利禄之位已全无兴趣。甚至高宗两度召为徽猷阁待制，二次授予宝文阁直学士，并赐银绢三百匹两，他也拒不出仕，仅仅接受赐赠，用于赠送本宗内的贫寒者。绍兴六年（1136），他终于完成以毕生心血凝聚而成的《春秋传》，书成进览，宋高宗评其作曰"深得圣人之旨"。

胡安国隐居著书时，利用所创设书堂从事讲学，湖湘学儒闻风而动，纷纷前来请益。《宋元学案·武夷学案》所列"门人"中，多为他衡山讲学之弟子，其中有谭知礼、朝璜、李椿、黎明、向沈、杨训、彪虎臣、乐洪等多人。胡安国又将自己多位子侄辈——胡寅、胡宏、胡宁、胡宪等安排在此接受家学，这群子侄辈后来成为湖湘学派的中坚，成为一代大儒，共同辉映于宋代学坛。这个以胡安国为核心的学术群体，形成了一个兴趣相同，观点一致的文化学派，被黄宗羲誉为"湖湘学派之盛"（《宋元学案》）。胡安国即是湖湘学的开创者。

绍兴八年（1138），胡安国逝于他所创立的书堂内，享年65岁，谥文定，后葬于湘潭县龙穴山。其重要著作有《春秋传》三十卷，为元、明两朝科举取士的经文定本。又有《〈资治通鉴〉举要补遗》一百卷，以及《文集》十五卷。有子三人：长子胡寅，次子胡宁，季子胡宏，均为湖湘学派的重要成员。

作为湖湘学派开创人，胡安国的巨大贡献在于通过书院传授知识，形成了学术群体，并将儒家伦理学说上升为哲理，创造性地首倡"性与天道"的哲学命题。他的思想观念具有由人道而及天道，注重在日用伦常中获得本体性超越的特色，他提出"心与理一"的本体思想，可从这一视角来剖析。胡安国高前人一筹之处在于，他不是离开人们的生存背景和生活环境来抽象地讨论宇宙模式，不是将宇宙本体视为一种时空上先于万物的"太极"、"无极"、"太虚"等，而是从饥食渴饮，冬裘夏葛入手。在他看来，"道"体之功用来源于生活之用。他一方面以"心"为不起不灭的本体存在，另一方面又以"理"作为一种无所不存的本体存在，力倡"心与理一"，不能截然分离。后来其子胡寅倡"以性为体"便是其父学说的发展。

胡安国倡"心与理一"是一种哲学本体之表述，而他更重视的道德修养终极目的也是"心与理一"，将"心与理一"视作一种至高的精神境界，因而提出外求穷理致知，内求救心存心的修身途径。在其《春秋传》中他开创湖湘学派由人道及天道的论述通道，将义理之学和经世致用糅合在一起，这是后来不断被湖湘学派发扬光大的学术传统。

胡宏作为胡安国之子，能"守其家传"，并在奠基人根基上建构出独具一格的理论体系。

三

胡宏，字仁仲，崇安人。生于宋徽宗崇宁四年（1105），卒于宋高宗绍兴三十一年（1161），享年57岁，学界称为"五峰先生"——因其长期寓于衡山祝融、天柱、芙蓉、紫盖、石廪五峰之下而名之。关于胡宏的史料留传下来的绝少，《宋史》仅附传于《胡安国传》后，《宋元学案》也仅数言提及。大致而言，胡宏出生时，其父胡安国在政治上、学术上正臻鼎盛，在注重家庭教育之父亲的启蒙下，胡宏从小受到理学的熏陶，这对他步入学界起到至关重要的作用。胡宏本人曾回忆：

"愚晚生于西南僻陋之邦，幼闻过庭之训，至于弱冠，有游学四方，访求历世名公遗迹之志，不幸戎马生于中原，此怀不得伸久矣"（《胡宏集·题司马傅公帖》）。

据说胡宏年方十五已自撰《论语说》，编《程子雅言》并作序，在序中他力排王安石、苏轼、欧阳修诸大家之说，抨击"王氏支离"，"欧阳氏浅于经"，"苏氏纵横"，肯定二程为得孔孟真传者，这一切表明，年方少年的他归依二程的倾向已很明显，甚至曰"予小子恨生之晚，不得供洒扫于先生之门"，仰慕之心溢于言表。胡安国对儿子的痴迷二程是一则以喜，一则以忧。喜其立志之坚，来日定为可造之材，忧则是沉迷于"理"，缺欠于"史"，难以由"内圣"而"外王"。为此亲自授以己所修《〈资治通鉴〉举要补遗》，以补充其史学之不足。胡宏后来也治史，曾编著《皇王大经》，这大约始于胡安国的蒙启之功。

宣和七年（1125），20岁的胡宏入太学就学，师从程门高足杨时攻理学。杨时不仅是其闽省同乡，且是胡安国世交。其时杨时已为程门四大弟子之一，他学成南归后，担当了程学南传的重任。杨时在南方传播二程之学时，贫穷潦倒，后来在高丽王探询国使后，方被宋代朝廷念及，召及京城。胡宏抵太学，师从杨时，成为程门再传弟子。靖康元年（1126），因靖康之祸胡宏被迫返家，与父兄同寓荆门。另一程门学生侯仲良也在荆门避乱，胡宏、胡宁兄弟又遵父旨从侯氏问学，"议论圣学，必以《中庸》为至"（《胡宏集·题吕与叔中庸解》）。侯仲良"安于羁苦，守节不移"，讲经论道"通贯不穷"、"纤微皆察"之人品和学品（《宋元学案·刘李诸儒学案》），与胡氏父子极为相契，尤其对胡宏治理学产生影响。宋高宗建炎四年（1130），侯仲良估计战乱将波及荆门，力劝胡氏一家迁居湖南碧泉。该处在衡山附近，深得胡安国、胡宏父子喜爱，庆幸在战火中能觅一恬静之处专心向学。他们因对朝廷失望，便欲以此为传道授业治学之处。父子三人"夷榛莽，植松竹，山有为樵牧所残者养之，流有为蒿壤所壅者疏之，岩有之为草木所堙没者辟之"（《胡宏集·有本亭》），终于建成书堂，胡宏师从其父往更高学术层次迈进。后胡安国去世，而胡宏已过而立之年，在学术上渐臻成熟。为纪念父亲，在书堂旁修"有本亭"一座，开始独立治学，在家学根基上进入理学研究的新的阶段。

　　胡安国去世后，胡氏家境也随之衰落。布衣终身的胡宏，不得不以体力劳动来解决温饱。所以，他未老先衰，处境困窘，"积忧思与勤苦，而齿落发白，夙兴冠栉，引镜自窥，颜色枯槁，形容樵悴，身之穷困，如此足矣"（《胡宏集·与秦桧之书》）。战乱、国难、缺衣、少食，又逢中年丧子、丧妻，胡宏一生所遭遇的人生艰辛是难以用语言来表述的。比接踵而至的打击更沉重的是面临亡国的现实，这使贫穷之中的胡宏整日为国忧思不已。秉承胡安国的忧患意识，又局限于个人的地位，胡宏以一种"议而不治"的态度对现实保持批评的态度。绍兴年间他曾上书高宗皇帝，指斥当权者，"上以利势诱下，下以智术干上"，直言指责君主，可见其忧患意识和治学的经世品格。但是，胡宏并不因为人文关怀而卷入政界，他终生躬耕于野，以劳动维持生计，又从事学术研究和讲学事业，因而即使有出仕机会也被他理性地放弃了。由于秦桧早年与胡安国曾有一段密切交往，胡氏去世，秦桧身为右相后为扶持党羽，欲召用胡氏弟兄，但胡宏写信拒绝秦桧的召用，表示了自己的骨气和道义。这种对现实政治"议而不治"的态度，是他中晚年那种既人世又脱俗的生活底色。他操持父业，隐身于南国衡山，摆脱官场交往，留下了许多一表心迹的诗文。

但是，生活于一个国难正炽、民心日散的时代，他无法忘怀一位士大夫的责任感，故在表面的隐逸情趣中，内在的心灵却是忧思如焚，这使他陷入入世与出世、忧患与洒脱的矛盾之中。尽管如此，他治学志向益坚，认为未能"兼善"，只作"独善"，以"独善"来成全"兼善"大业，乃至"兼善万世"，那只有治学一途可以实现这一理想了——"穷则独善其身，达则兼善天下者，大贤之分也；达则兼善天下，穷则兼善万世者，圣人之分也。"（《胡宏集·知言》）这也是胡宏治学的终极目的。自胡安国去世后长达二十多年中，他基本上隐居衡山，艰辛治学，欲成其更高的人生境界"兼善万世"之梦。他的学生张栻曾评述他这一段生活：

"优游南山之下余二十年，玩心神明，不舍昼夜，力行所知，亲切至到，析太极精微之蕴，穷皇王制作之端，综事理于一原，贯古今于一息，指人欲之偏以见天理之全，即形而下者而发无声无臭之妙。使学者验端倪之不远，而造高深之无极。体用该贯，可举而行。"（《南轩文集·胡子知言序》）

他在学术史上留下的《知言》、《皇王大经》以及诗文篇什大都产生于"不昼夜"的努力中。

胡宏是其父事业的传播人，他不仅扩建了书院，还建立了更正规健全的教育机构。碧泉书院竣工后，求学者风从云涌，后来成为大学问家的张栻、彪居正等人皆出其门下并传播光大其学。

绍兴二十五年（1155），秦桧死，投降派势力受到重创。陈武同、汪应辰、凌景夏、张浚等人力荐胡宏。但胡宏无心做官，加之身染重病，不久病逝。一代布衣学者，将湖湘学派推向更高层面。他以布衣始，以布衣终，走完学术人生的全部历程。

胡宏著有《知言》，为在衡山治学、讲学之随笔、札记、语录、论学之汇编，是其学术思想标志性著作。另有《五峰集》，包括诗、文、书信、经义、时论等；《皇王大纪》，共八十卷，是其史学著作之最高成果;《叙古蒙求》,为一部上古历史学的蒙学教科书。

胡宏无意于仕途,但又极其关注国事,时刻以布衣之身心系社稷安危,其平生志在大道,以担当挽救道学颓风之大任。他的《知言》便是继承胡安国之说,重在匡世。其哲学观以性乃宇宙本体为特色,在性与理方面,强调有其"同",也有其"异";在性与心方面,从"性本体"出发,强调性为第一位,是内在的,是天地万物之本体,只有性才是理学最高范畴。同时,他又坚持性无善恶,但有好恶。他论证时,引孟子为同调,对其性善说加以解释,成为后人说经所本,如戴震《孟子字义疏证》明显是承接胡宏说经之余绪。胡宏是以区分圣、凡的视角来论证以善恶言性之为非。同时,提出"好恶为性"的命题,成为他人性学说不可或缺的环节。在理欲观上,他力倡"天理人性,同体异用",批评朱子离欲言理,视天理人欲势不两立的观点。所以,同代或后辈言理学者往往抹煞其"非正宗倾向",因为,胡宏学说预示着理学即将内部的分化。永康、永嘉两学派崛起,可能受到胡宏理学的启发。另外,在政见上,胡宏往往持批评视角。

四

胡寅(1099—1157),字明仲,系胡安国兄长之子,后被胡安国收为养子。胡寅少时极不安分,桀黠难治,常被其父禁闭斥责。被禁闭时,他往往将房中之杂木一一刻画为人像,显示其不同寻常的性格。胡安国视之有悟,"当有以移其心","别置书数千卷于其上",胡寅得书大喜,手不释卷,饱读经籍,经年竟读完千卷。由于胡安国的教育,胡寅学业大进,宣和进士甲科及第,为仕途奠定根基。他年少而志节豪迈,敢忤权奸。中书侍郎张邦昌欲以女妻之,因张氏为媚金领袖,胡寅轻其节操,未肯接受。靖康初年,胡寅被荐授秘书省校书郎，旋又迁司门员外郎。张邦昌僭位，他弃官归家。后于建炎三年（1129）擢起居郎，本奏高宗当纠合义师，北向迎请，以雪靖康之耻。绍兴二年（1132），起知永州，四年，复召为起居郎，迁中书舍人。其时，朝中议和派拟议派遣使者与金国讲和，胡寅上书疏言不可，为高宗所纳，召至都堂谕旨。然高宗旋即转而主和议，胡寅乞郡就养，出知邵、严、永三州。秦桧当权时，他又乞致仕，归衡山家居，誓不与秦氏为伍，秦桧死后才复官职。卒年59岁，谥文忠。《宋史》有传。其著述有《论语详说》、《崇正辩》、《读史管见》，辑有《斐然集》，人称"致堂先生"。

胡寅与胡宏在宋代理学史上并列，而《宋元学案·衡麓学案》列胡寅为首席。全祖望将二胡相提并论，谓"武夷诸子，致堂、五峰最著"，对他自成体系的学术赞许有加，"然当洛学陷入异端之日，致堂独翷然不染，亦已贤哉，故朱子亦多取焉"。

胡寅与胡宏不同处在于，胡寅非布衣，入仕后大多时段为朝廷命官；其相同处在于，他俩皆为愤世嫉俗、抨击时政、言忤权奸之人，虽然一为在朝者，一为在野者。这一特点，在胡寅上高宗万言书中反映得十分清晰。《上皇帝万言书》一文，洋洋洒洒，痛陈国失，历数弊政，慷慨陈辞，湖湘派学人之用世之心溢于言表。纵观全文，讨论的是收人心而图存，务实用而去虚文。胡寅生逢乱世，对时局痛感尤深，差不多以血和泪凝成的《万言书》直言国家积弱的成因，"既往之失"而造成"失人心"的局面，他期盼当政者接受历史教训，挽狂澜于既倒，力图中兴，表现出极其沉重的历史使命感。在《万言书》中，他提出一系列革除弊政之政见，其主旨为"拨乱反正，务实用而去虚文"，主抗战，罢和议，整顿朝纲，刷新政治，轻赋税，与民休养，强教化以善风俗。但是，胡寅的坦诚陈辞并未为当权者采纳，反而屡遭打击,乃至客死他乡,使一腔宏愿化为泡影。

《崇正辩》是胡寅的辟佛著作，是南宋反佛斗争中具有路碑作用的一篇理学文献。胡寅在文章开篇即言明用心："《崇正辩》为何而作欤？辟佛之邪说也。"《崇正辩》成稿后，又书长序《崇正辩序》，与正文内容互补，成为辟佛的巨文。他针对儒佛对纲常伦纪上分歧，力批佛学毁三纲，绝四端，背离人伦，斥为诡术左道。胡寅辟佛之说是为在国难中培养匡时济世之才以及敢与困难抗争的精神。由于佛教"倡说虚无"，引导信仰者出世回避困难，以图自我解脱，有违当时奋起抗战振兴华夏，所以被胡寅斥为"邪说"。胡寅的反佛论，并非一时之激愤，而是建立在理性分析批判的基础上，他以空幻、实有之辩为切人视角，对佛学立论支柱"空"、"幻"作了抨击，闪烁着物质转化（而非物质消灭）思想之辩证法光彩。

五

胡氏一门是文化大家族，除胡安国、胡宏、胡寅等里程碑式的人物外，周围尚有众多著名学者，众星捧月般地形成其庞大的家族文化星座。

胡实（1135—1173），字广仲，胡宏之从弟，15岁开始学习辞章。胡宏开导他："文章小技，所谓道者，人之所以生，而圣贤得之所以为圣贤也。"（《宋元学案·五峰学案》）于是，胡实转而师事胡宏，弃文就理，不事仕进，即使是因门荫补将仕郎，后又得钦州灵山主簿，皆不愿就职，以讲道为人生惟一追求。

胡大原，字伯逢，胡寅长子，亦主要从学胡宏于衡山。

胡宪，字原仲，胡安国从子，早年从胡安国学"河南程氏之说"，后"又学《易》于涪陵处士谯公天授"，一生主要研究《论语》，朱熹师事胡宪"为最久"（《朱文公文集·籍溪先生胡公行状》）。
朱熹曾在《籍溪先生胡公行状》中论胡宪：

"先生所与同志，唯白水刘先生（按：指刘勉之）。既与俱隐，
又得屏山刘公彦冲先生而与之游。更相切磋，以就其学。熹之先
君子，亦晚而定交焉，既病且没，遂因以属其子，故熹于三君子
之门，皆尝得供洒扫之役而事先生为最久。"

胡宪作为朱熹师，主要向其传授儒学经典和诗文杂学。

胡实、胡大愿、胡宪三人，未留下著作，但《南轩文集》中
有他们与张栻论辩之语，其学术特色，大致可归纳为"心性论"、
"仁论"、"为学工夫论"诸层面。

又有胡宏季子胡大时，字季随，也传胡氏家学。曾于碧泉书
院师事其父胡宏。《湘潭县志》卷三载："绍兴中朱震与安国禊
饮碧泉，必其胜概，比诸李愿之东盘谷。学者因大时曰盘谷先生。"
全望祖在《岳麓诸儒学案》称胡大时为"胡盘谷"。胡宏病危，
将其子托付张栻，所以为"岳麓巨子"，亦为"碧泉遗老"，为胡国、
胡宏父子的学术传人之一。

胡大时终身布衣，以研习理学为职志，他既承家学，也曾向
南宋诸多理学大家问学。朱熹《朱子语类》曰"季随主其家学，
说性不可以善言。本然之善，本自无对；才说善时，便与那恶对矣。
才说善恶，便非本然之性矣。本然之性是上面一个，其尊无比。"
胡大时在岳麓诸儒中有声望，为张栻高足。与胡氏其他成员不同，
他似乎从学更广，接纳程度高于其父、祖。如《湘潭县志》载他
在张栻去世后曾从朱学、陆学、事功学诸显派学，思想较为杂驳：
"然亦广博陈傅良，传永嘉经制之学，通判潭州，大时又从问焉。
朱、张游南岳，大时复数请益，书疏往来，屡有辩难。其后陆九
渊自谓其学易简不支离，大时契之，约为昏姻。自是宅心高明，
复类金溪之为陆学者，乃或授大时为九渊弟子。"

　　所以，该志指出大时"道学中类集家"——即兼取道学众家之长。朱熹又批评他，虽集诸家，但未有一己之立足处，"胸中自空空无主人"。但是，作为胡氏传人，又为张栻一传弟子，待张栻去世后，张门弟子皆以胡大时师事对象。《岳麓诸儒学案》纂辑《湖南问答》，是胡大时为湖湘弟子剖析各种见解不合的分析之言。胡大时是其父《知言》的权威解释人，他在学术见解上主要反映在给众弟子阐释《知言》方面，特点是力主人性论趋正宗和修养论趋折衷，可视作既承家学而对家学又作修正。

理学传家 藏书为业

——宋元·莆田方峻、方略家族

一

　　莆田方峻、方略家族在宋元时代系理学之家和藏书之家，代有理学家和藏书家名世，且与林光朝之家族为世交。

　　方峻，字景通，宋天圣八年（1030）进士。曾任秘书郎、建安县主簿。在乡里聚徒讲学，凿井舍旁，他对所凿之井祈祷说"愿子孙居官如此水"，盼家族后裔如泉涌般走向仕途，后官润州，结识程珦。卒后程颐为其作行状，述其生平。

　　方峻之子方元寀，为程颐同辈人，与程氏亦师亦友，后为程颐学侣，继其父开创"方氏家学"。方元寀与程颐交游，书信往来，积程氏书信数帖，其中有言："经，所以载道也，诵其言辞，解其训诂，而不及道，乃无用之糟粕耳。视足下由经以求道，勉之又勉。异日见卓尔有立于前，然后不知手之舞，足之蹈，不加勉而不能自止矣。"此外，对方元寀又有"足下非混俗之流，其志道之士"的高度评价。由于方元寀是较早理解程颐学问真义的人，所以朱熹将上两段话刻于白鹿书院，并在其后并书"伊川先生德盛言重，不轻与人，今其眷眷如此，则方公之贤可知也"。宋元祐三年，方元寀以特科出身，终威武军节度推官。

方元寀有孙方翥，字次云，为莆田林光朝门人，《宋元学案》列入"艾轩学案"，并曰"由施庭先以事王信伯，遂有所得"（《宋元学案·震泽学案》）。所以林光朝曾说方翥"先我闻道"。林光朝曾慕嵇康、阮籍一流人物，而方翥劝说他："当求一等人物，可以同出于舞雩之下者。若此等，恐立不定也。"这使林光朝"悚然"（《宋元学案·震泽学案》）。当时有著名的"隐君子"叫翁深父，方翥每往从之。后方翥以进士尉闽清，仅仅到官300日而辞职，又去风烟无人之处隐居求道。后被有识者荐，召除秘书省正字。可能方翥不习惯京都官场的约束，仅9月又请求外调。方翥是一位闪烁个性光彩之学者，他"吐弃一切章句，大略与艾轩（林光朝）等。亦不肯著书，有所啸咏，出于偶然，艾轩以为孟浩然一种诗也。周教授伯忱见之，亦以为豪杰之士"（《宋元学案·震泽学案》）。

方翥从子方耒，字耕道，曾与朱熹同讲学。南轩先生极重方耒人品，曾说："友朋之足与共死生祸福者，耕道也。"方耒有弟方禾，也为理学研究者。

方氏一家，祖孙数代皆为理学家，或从程门，或从朱门，为莆田的文化望族。

二

莆田方氏家族除是理学名门外，也为闽省藏书之家，其藏书代代相传，延绵甚远久。自北宋皇祐至南宋淳祐间，百余年中出有藏书家10多人，可谓是文献世家。其中较为著名的有方翥的从兄方略。方略字作谋，宋崇宁五年（1106）年进士，大观中（1107—1110），由崇德尉迁知琼州、潮州、官至广东转运副使。曾不涉仕途 18 年，以读书为职志，筑有"白杜万卷楼"。朱熹曾过莆田，拜谒方略，甚礼敬之。林竹溪《斋学记》曾记载方略自况："吾文如雨，有则流溢四壁，无时一点也无。"李俊甫《莆阳比事》曾说方略"宦达后，所至专访文籍，民间有奇书必捐金帛求之，家藏书至一千二百笥，作万卷楼储之"。

除上述万卷楼主方略外，方氏家族尚有以下几位藏书家亦颇有名：

北宋皇祐间的方子容，字南圭，登皇祐甲科。曾任惠州太守，苏轼贬惠州时，与之相处甚欢，其家藏书画，多经苏轼题品，与苏氏往还书简尤多。据刘克庄《后村先生大全集》载，"其家旧有万卷楼，所收坡公（苏轼）遗墨至四百余纸，后羽化略尽"。

南宋绍兴年间的方渐，政和八年（1118）进士，曾知梅州、潮州、南恩州，官至朝散郎，平生不置产，唯嗜搜书。藏书之所名曰"富文堂藏书楼"。郑樵在《通志》中记其"所至以书自随，积至数千卷，皆手自纂定。就寝不解衣衾。林光朝质之，答曰：'解衣拥衾，会有所检讨，则怀安就寝矣。'增四壁为阁以藏其书，榜曰'富文'。"其孙方于宝更增"有三余斋，聚书数万卷。绍兴十六年，应诏进《风骚大全集》一百卷"（《莆阳比事》）。叶昌炽《藏书纪事诗》有诗"书籍随身度岭遥，万梅花送一封韬，寒灯不照重衾卧，依旧鸡鸣警早朝"，记其事迹。

宋绍兴年间莆田方氏家族又有方万的斗车楼和一经堂藏书。方万，字盈之，以讲学为职业。方大琮《铁庵集》记其创设藏书机构事："辟全凤斋以教子，架斗车楼以藏书，创一经堂以垂训。诸公怜才，荐于庙堂，改授行在太平惠民和剂局，命下而卒。"《方氏仕谱录》又记其藏书数量，"和剂公以一经堂藏收万卷"。

南宋淳熙间有方崧卿的丛书堂。方崧卿，字季申，隆兴元年（1163）进士。历知上饶、通判明州，累官京西转运判官，为丞相叶颙之女婿。《莆田人物志》说其"平时接物和气，三十年安分有守始终。所得禄赐半为抄书之费"。周必大为他撰《墓志》，说他"筑丛书堂，聚书四万卷，手自校雠。尤喜韩昌黎文，奥篇隐帙，搜求殆遍，时时发明，为举正十卷，附录五卷，别成笺校十卷，另著有《续横浦集》，《补襄阳志》，《诗文家集》"。他不但为藏书家，还是著述颇丰之学者。

　　南宋嘉定间方氏又有方阜鸣，字子默。刘克庄在《后村先生大全集》中有《方子默墓志铭》，介绍方阜鸣的生平及藏书事，说他是"嘉定元年进士，官金书平海节度使判官厅公事兼南外宗簿，复金书镇南军节度使判官厅公事。父秉白以孝廉传宗，惟书数橱"。又说自己为建阳令时，"阜鸣自江右归，方留钱十万市坊书"。看来，方阜鸣秉承父方秉白之志，并将数橱书发展为颇具收藏规模的藏书机构。

　　南宋淳祐间又有方审权，字立之，号听蛙。刘克庄有《方隐君墓志铭》记其事，称方审权"少有奇志，家有善和之书、东岗之陂汾曲田。君曰：'吾读此、耕此，足了一生矣。'慨然罢举业，逍遥物外，有以自乐。君博古通今，父子皆能诗"。方审权为读书而罢举业，大有老庄风范。

　　莆田方氏家族在宋代计有学问家和藏书家方峻、方元寀、方翥、方略、方耒、方禾、方子容、方渐、方万、方崧卿、方阜鸣、方审权诸人，真是满门学者，书香四溢之文化世家。

闽学先声 二程嫡传

——宋·将乐杨时家族

一

宋代闽人杨时与游酢程门立雪的故事促使洛学南传，由此而确立了杨时在闽理学中创始人的学术地位。

杨时（1053—1135），字行可，又字中立，南剑州（今南平）将乐县人。因隐居于家乡龟山，人称"龟山先生"。清人黄百家说："二程得孟子不传之秘于遗经，以倡天下而升堂睹奥称高第者，游、杨、谢、吕为著。"（《宋元学案·龟山学案》）

杨时与游酢、谢良佐、吕大临并称为程门四大弟子，而杨时年寿高，活到83岁去世。他作为熙宁九年进士，调官不赴，以师礼见程颢。程氏喜得聪颖高弟，"每言杨君会得最容易"，所以成为二程"吾道南矣"的南传人之中坚。程颢去世，杨时又师事程颐。他读张载《西铭》，疑《西铭》近于墨家兼爱学说，便与程颐辩论往复，程氏导以"理一分殊"说，使杨时豁然无疑，于是对师说更为崇仰，浸淫于经书，探究于经理，以推广程子学说为己任。杨时曾在基层仕宦，历知浏阳县，改知余杭县。其时权贵蔡京势力日炽，蔡氏葬母余杭，"以日者言欲浚湖，先生（杨时）格之"，改知萧山县，"邑人重其名，多画像事之"，可见他能抗拒权贵，颇得民心，萧山一邑争挂其像以表达敬仰之情，这在封建时代颇为难得。杨时后又提点明道、国宁二观。宣和四年，他已70岁，罢祠禄，生活甚贫。郭慎求在朝时，关心他的生存状况，曾问其所欲，杨时答以"求一莞库，以为贫"。于是，派遣差监常州市易务。杨时回拒说："市易事，吾素不以为然，岂可就？"大概他是理学家，重农轻商，所以拒绝了这个管理"市易"之职。杨时晚年再被起用，当时有一则政治传闻，颇为有趣。说的是有一张某为蔡京塾客。一日令诸生疾走，诸生问先生长者，寻常令某等缓步，若疾行，非所闻命。"张某说："天下事被汝翁已坏（指蔡京），且晚贼发，先及汝家。苟能善走，或可逃死。"诸生告之蔡京，蔡京问计于张某，张某答蔡京问，"唯有收拾人才为第一义"，并竭力推荐杨时。后又有宋使傅国华出使高丽，高丽王竟询问："龟山先生今在何处？"在内外吁请之下，杨时召为秘书郎，迁著作郎，除武英殿说书，晚岁竟然一跃而为帝王师。说明杨时那时声名已远播海外，为高丽王所关注。他身处高位，屡屡以理学家之责任感向朝廷建议，甚至直言不讳，如说："近日蠲除租税，而广济军以放税降官，是诏令为虚文耳，安土之民不被惠泽，而流亡为盗者独免租税，百姓何惮而不为盗？"又曰"今之所急者，莫大于收人心"，体现了老年杨时的清醒和胆识。杨时屡屡上疏，后被除右谏议大夫兼侍讲。金兵入宋，议和气焰日炽，投降派以割地求和取媚于敌国，而杨时"极言其不可"。李纲被罢，太学生伏阙上书，军民集者达数万人。朝廷召杨时，杨时站在主战派一边，对皇上说"诸生伏阙纷纷，忠于国家，非有他意"。于是杨时又兼国子祭酒，成为南宋初思想文化界代言人。杨时最后官至龙图阁直学士。著《庄子解》、《史论》和《龟山集》等。

杨时有门人千余，知名者，闽人有罗从彦，刘勉之、胡寅、胡宏、陈渊等，使杨氏生前即大噪其名，龟山学派成为闽学初始期一大显学，席卷东南。杨时所谓得程门正宗，是将二程"天理"的宇宙论、格物致知的认识论、仁义礼智的道德论以及"存天理、灭人欲"的修养论，摘取而来，构成一己之闽学初始体系。杨时的《三经义辩》旨在"使邪说淫辞不为学者之惑"（《宋史·杨时传》），实质是专为反对王安石变法而撰写的。

就闽学初始流传而言，杨时之学先传崇安刘勉之，刘勉之是朱熹的启蒙老师和岳父。同时，杨时之学又传给沙县罗从彦。罗从彦师从杨时，大有相见恨晚之叹："不至是，几虚过一生矣！"（《宋史·罗从彦传》）后罗氏又至洛阳亲见程颐。史称杨时"弟子千余人，无及从彦者"（《宋元学案·罗从彦传》）。但全祖望说："豫章之在杨门，所学虽醇，所得实浅。"《宋元学案·豫章学案》）此说可能有所偏颇，纵观罗氏著述，可取处不少。罗从彦再将杨时之学传给李侗，李侗传至朱熹，所以，杨时、罗从彦、李侗、朱熹先后为二程一传、再传、三传、四传弟子。从杨时至朱熹的闽省理学家一脉相传之"指诀"是"未发而中"，其源出自《礼记·中庸》：

"喜怒哀乐之未发，谓之中；发而皆中节，谓之和；中也者，天下之大本也；和也者，天下之达道也。致中和，天地位焉，万物育焉。"

二

杨时有子五人，其中以杨迪、杨安止最有名。杨迪有子杨云，为杨时之孙。祖孙三代皆为闽省大儒，杨迪、杨安止和杨云相继传承父学。

　　杨时的长子杨迪，字遵道。据说其人早慧，"为髫儿已能力学，指物即赋，凛然如成人"。年长，其学益进，成为博古通今之学人，获得家族内外一致佳评。他"平居无喜愠色，至急人乏困而乐其为善，则矫然敢为，必极其意而后已"。杨迪继承父说，常与人辩论，纲振条析，发微诣极，冰解的破，使闻之者心服而钦慕。杨迪一生，为继杨时传播洛学，不遗余力，加上他清晰的思辨论说能力，为福建理学的拓展作出了贡献。他的私言私德口碑也极好，"察其私言，若不能出诸口，故贤、不肖皆爱敬之，盖度不身践，不苟言也"（《宋元学案·龟山学案》）。他的身体力行，践行道德，使他在邑中声望甚高，"里有货讼不决者连年，先生一言而两家为之平"，说明他在邑中一言九鼎，威信著于民间。后杨迪又游学京城太学，曾"抱经游于伊川之门，以邈然少年周旋群公之间，同门之士咸敛手以推先"。在伊川（程颐）门下，他是一位极为出色的学生，所以"伊川少然可，雅器许之"。杨迪于《易》、《春秋》尤有精湛造诣。

　　杨时另一个儿子杨安止，官判院。据《宋元学案·龟山学案》中《判院杨先生安止》一文载，杨安止"罢信幕赴调，韩南涧送之诗曰：'白头入幕府，始与夫子亲。夫子龟山裔，麏麚见祥麟。'"可知他入幕甚迟，早年大约一直从父学理。又据谢山跋《宋史·杨文靖传》云，杨安止"力学通经，亦尝师事程子"，说明杨时、杨迪、杨安止父子三人皆为程子后学。其跋又曰："胡和仲尝劝秦丞相（桧）以'相公当国日久，中外小康，宜请老以顺消息盈虚之理。秦曰：'我尚未取中原。'和仲曰：'若取中原，必须用兵。相公是主和议者。'曰：'敌自衰乱，不待用兵可取也。'其后安止遂有劄子劝之去位，秦大率如对和仲者，于是不乐，安止遂坐此去国。不然，安止亦须为从官。然则安止真不愧为文靖之子矣。"这是杨安止人生一大亮点，曾仿效胡宁劝诚议和派秦桧自动离职，遭到秦氏大忌而去职，可见其理学家品格在经世层面的体现。据胡安国撰《龟山墓志》文，说杨五子中，"迪早卒，迥、適、适、造已仕"，据此，似可推知安止为后四人之中的一个，安止当是其字，惜无史证。

杨云是杨时长孙，杨迪长子，据朱松《朱韦斋集》，知杨云与朱松友善，学业志操皆能传其家学。朱韦斋即朱松，为朱熹之父，如此看来，杨云在世时，不但友善朱松，必定早已认识朱熹，杨氏与朱氏两家族当为世交。

“奸恶”之家的文化传承

——宋·仙游以蔡京、蔡卞为核心的蔡氏家族

一

　　福建仙游蔡氏家族，在历史上是一个满门高官的文化世家，因为蔡京的缘故，论者对其贬低居多，往往视之为奸恶之家。其实，让这个家族来承担北宋灭亡的责任，并非公允。即使蔡京、蔡卞兄弟为政方面有遍植私党、祸国殃民之嫌，但在文化上亦有其可取之处。更何况，蔡氏后裔并非铁板一块，其中有与蔡京、蔡卞为敌者，更有对文化方面做出一己贡献者。因此对这一家族，应该不受传统观念所囿，是其所是，非其所非，给予恰如其分的历史评价，进而探讨家族文化的历史传承中某些规律性的东西。

　　蔡京（1047—1126），字元长，兴化军仙游（今属福建）人。熙宁三年（1070）进士，元丰三年（1080）知开封府，绍圣元年（1094）为户部尚书、翰林学士。宋徽宗即位后罢官居杭州，后得宦官童贯重用，于崇宁元年（1102）知大名府，迁为右仆射。崇宁二年，任左仆射。《宋元学案》列蔡京、蔡卞人“荆公新学略”，二人在学术上均为王安石门人。蔡京再执朝政后，曾以恢复王安石变法为名，加重对民众盘剥，提倡"丰亨豫大"之说，怂恿宋徽宗大兴土木，劳民伤财，使国家库储挥霍一空。从政时排斥守旧人士，诋毁元祐大臣司马光等人为"奸党"，刻"奸党碑"于文德殿门前，将元祐大臣贬窜远徙。又上书涉及熙宁、绍圣主新政者，列为邪等，计 309 人，皆禁锢其子孙。蔡京得到宋徽宗宠信，先后封为司空、太师、魏国公等，位极人臣，权倾朝野。因其执掌国政，劣迹太多，宋徽宗迫于舆论，曾罢其相位。然屡罢屡起，被清流号为"六贼"之首。金人南攻北宋，蔡京南逃，孙觌等人奏劾其恶，宋钦宗将他放逐岭南，行至长沙而死。

蔡卞（1048—1117）字元度，蔡京之弟。与京同年登进士第，翌年，被授江阴县主簿，后累官至尚书右丞、知枢密院事。作为文化人，《宋元学案》对蔡京、蔡卞贬之甚低，说蔡卞获悉"荆公且死，悔己所作《日录》，命从子蔡防焚烧"，并诡称为他人代撰。在兼国史修撰时，"文饰奸伪，尽改所修《实录》、《正史》"；在任尚书左丞时，"专托'绍述'之说，上欺天子，下胁同列"。所谓"绍述"，即指王安石新政之说。蔡卞后知大名府，擢知枢院。时其兄蔡京为相，兄弟不和，政见迥异，互相攻讦。但就二人对文化贡献而言，则常为艺术史所提及。兄弟二人所撰《宣和书谱》、《宣和画谱》是中国书画史上名著，为宋代福建艺术史增辉。《宣和书谱》二十卷，记宋徽宗时内府所藏书帖，首列帝王诸书为一卷，次列篆隶一卷、正书四卷、行书六卷、草书七卷、分书一卷，并附制诰所录之书法，终于蔡京、蔡卞、米芾，甚为精审。蔡京、蔡卞兄弟是有宋一代大书法家，当时与米芾齐名。《宣和画谱》体例严整，按 10 部门类收载历代画家共 231 人，依次为道释 49 人，人物 33 人，宫室 4 人，番族 5 人，龙鱼 8 人，山水 41 人，畜兽 27 人，花鸟 46 人，墨竹 12 人，蔬果 6 人。每门中俱先叙论，再记门类画理及源流，三评历代画家传承及优缺点。然后依年代分列画家，先评传，后详列画目。全书著录绘画6396轴。该书能广纳诸家之说，颇具集成之美，叙述言简意赅，反映了昌盛时期宋代画院之审美趣味，为体现北宋画坛成就的集大成之作。

二

蔡京有子8人，其中蔡攸、蔡儵、蔡翛、蔡絛及蔡攸之子蔡行均为显宦。蔡攸为长子，赐进士出身，由秘书郎晋升为枢密院直学士，加龙图阁学士兼侍续。他曾参与审定《九域图志》，修撰《六典》，看来是位地理学家。后与其父蔡京别立门户，反目为仇，历任开封仪同三司、镇海军节度使、少保，封燕国公。据载，他为宫禁中常客，以市井秽语蛊惑宋徽宗，大约与宋徽宗有同好。金兵南侵，他探知宋徽宗欲内禅皇位，并获得其亲书"传位东宫"四字，即转告给事中吴敏，草拟传位诏书，使钦宗即位。靖康之难随徽宗南逃，未及还都，即被钦宗下诏斥责，贬为大中大夫，安置永州。后又徙浔、雷二州。其父蔡京死后，钦宗遣诏杀之。

蔡京次子蔡儵，早卒。

蔡翛为蔡京三子，以父荫为新卫郎、秘书丞、保和殿学士，宣和年间为礼部尚书兼侍讲。因预见蔡京必败，与其兄蔡攸密议，要与其父区别，以求自保。为此，他引用吴敏、李纲等人入朝。宋钦宗即位时，他进献募兵及西幸之策，为钦宗采纳，使知京兆府。其兄蔡攸忌其有功，在宋徽宗南奔时，假传旨意，令蔡翛守镇江，改为资政殿大学士。流言传至京城，谓徽宗欲复辟于镇江，钦宗连忙迎徽宗入京，贬蔡翛为昭信节度副使，后将蔡翛、蔡攸一同杀害。

蔡絛为蔡京四子，官致徽猷阁侍制，为著名文士，自号百纳居士，别号无为子，系蔡京最爱怜之子。蔡京被任用为相，因年老体弱不能视事，将政务大权交给蔡绦。蔡京被流放岭南，子孙23人同行，蔡绦也在其中，并流放到白州（今广西博白），后终老在那儿。蔡绦在白州时，著有一重要笔记《铁围山丛谈》。该笔记上起宋乾德（963—968）年间，下及南宋绍兴（1131—1162）间，其中，二百年之轶事，无不详志备载。书中所记不少为他亲睹之事，所以，比其他笔记更为详实，其中许多成为后进学者所引征的史料。书中对有宋一代历史及典章制度记载极为可观，反映了宋代各个层面的许多问题，可补史传之失缺。宋陈振孙《直斋书录解题》，元马端临《文献通考》，明焦竑《国史经籍志》等书均有著录，为宋史研究的重要参考书，也为"说部中之佳作"。

蔡京五子蔡脩，娶宋徽宗的女儿茂德帝姬赵福金为妻，成为附马，官宣和殿待制。靖康元年（1126）与妻子首当其难被掳至金国，其妻德帝姬被迫改嫁完颜宗望。蔡脩著有《北狩行录》一卷。

蔡京长孙蔡行，官至保和殿大学士。

蔡氏家族还有蔡京之族子蔡崈，性矫妄，善说鬼神。宋徽宗召见时，他与泉州布衣吕注俱着道服前往，徽宗授以给事中兼侍读之职。蔡京罢相后，蔡崈为言者所攻，以显谟阁待制提举崇福宫。蔡京复相，又起用为集英殿修撰，旋复待制，提点洞霄宫。

立雪程门的闽学先导

——宋·建阳游氏家族

在福建理学史上，游酢与杨时一样，是闽省理学的先驱人物。

"程门立雪"是一则尊师求学的经典故事，其立雪之主人公便是游酢与杨时。同治《重纂福建通志》卷一八五有《游酢传》，其中有如下一段记载：

"先是建安（今福建建瓯）林志宁游文彦博门下求教，彦博令往见颢及颐。志宁归以语酢，酢遂偕将乐杨时执弟子礼见颢于颍昌，尽弃所学而学焉。闻颢微言奥旨，欣然有得。久之，谓时曰：'吾在春风和气中坐三月矣！'颢已前卒，酢与时事颐如事颢。颐瞑而坐，酢与时同侍侧，日且暮久立不去；颐觉，则门外雪深三尺矣！"

这则"程门立雪"传说在历史上树立了尊师重道的典范，为千余年来学者所征引和称道。其实，早在游酢二十岁在京城（开封）上太学时即偶遇程颐，程已称赞他"其资可以进道"。当年八月，程颢赴扶沟县任县令时，以传道授业为己任，特聘游酢为该县教谕。游酢一面任教职，一面又受业于程子，这是他师事二程接受理学的开始。宋元丰四年（1081），游酢会同杨时一起去颍昌就学程颢。程称赞游酢："德器粹然，向学日进"，"非昔日之游酢也"。又说："游酢读《西铭》，已能不逆于心，言语外立得个意思，便能道中庸矣。"足证其从师之收获。史载游酢、杨时学成归闽时，颢目送之曰："吾道南矣！"可见程氏对二人的器重和对他俩回南方传播其学说所寄予的厚望。程颢去世八年后，他俩又一起从河南清河县前往洛阳继续问学于程颐。"程门立雪"的故事即发生在此时。应该说，作为程氏理学最先的南传者，游、杨两人在闽学史具有同等的地位。直至今日，崇安武夷山五曲的高山上还遗存摩崖石刻"道南理窟"，这四字便缘于程颢目送游酢、杨时之所言。

游酢（1053—1123），字定夫，号广平，又号豸山，宋建州建阳人。人称鹰山先生、广平先生。酢天资聪颖，年少时即发奋读书，八岁善属文，十二岁研究《孝经》，钻研书法，熙宁二年（1068）十六岁的他与兄游醇受业于族叔游复（字执中），其才学便被宿儒们推许。后酢与杨时一起师从理学家程颢程颐兄弟，学业更非昔比。元丰六年（1083）游酢举进士，任越州萧山尉。侍臣荐为太学录，除太学博士。嗣后，"范忠宣纯仁判河南，待以国士，有疑辄咨之，忠宣移颍昌，辟自随，为学教授。及入相，复以为太学博士。"（《宋元学案·鹰山学案》）但游酢后来的宦途并不顺畅，"签判齐州"，又移泉州。徽宗年间，擢为监察御史，又因不满当时的士风，带着愤激之情上了一篇《论十风疏》，得罪了不少权贵，被外放出知和州，又知汉阳军，知舒州，再知濠州。最后罢归侨历阳，因家焉。其任职期间，清正刚直，不畏权贵，有治剧才，更数郡，处之裕如，民不劳而事集，深得人心。程颐尝对杨时称赞游酢曰："游君器德粹然，问道日进，政事亦绝人远甚。"可见对游酢之看重。

宣和五年（1123）酢卒，年 71。谥文肃。著有《易说》、《诗二南义》、《中庸义》、《论语孟子杂解》各一卷。除了自己的文集外，游酢还编有《伊川先生语录》。历代儒者对其为人和学问都有颇高的评价。公元 1165 年，朱熹 35 岁时，曾应建宁府之请，为新建的建宁府学游御史祠作记，对游酢多有赞语。清代左宰敬为游酢的文集作序时，也曾引朱熹的话说："朱子尝谓：'定夫事业不得大施，独有《中庸》、《语》、《孟》说垂于世。考其师友所称，味其话语所传，则夫造道之深，流风之远，有可得而推者。'"

或曰：游酢与杨时载道南归，两人同是开创闽学的先驱人物，作为闽省建州人的游酢，更是"创建州理学之始"，"闽道学之统，与濂、洛、关并称者，首推建郡，实游定夫开其先"（《游廌山先生之遗》）。何以当时一般人仅将杨时目为闽学开创人，称之为"道南第一人"，而游酢却少为人所知呢？这不免使后人感到不解甚到为其抱不平。出现这种情况，客观地说，可能与北宋末年南宋初年国家内忧外患的形势有关。因游酢卒于宣和五年（1123），而南宋建于 1127 年，其时中国处于极端混乱状态，人们难有馀裕来关注学术问题，不仅游酢本人为后人忽视，其弟子也多无人过问。而杨时卒于南宋建立后九年，其在世时，为了重兴国家，不同阶层的人们开始重视学术文化问题，使他因南传理学而知名，而未提及早年已去世的游酢。但就理学在闽省的传播而言，两人都具有开创性的页献，人们厚此而薄彼确是不公允的。在洛学与闽学的联系上，游酢也应占有同样的重要地位。

游酢讲友均为当时一代名彦，如胡安国、陈瓘等，门人有吕本中、曾开、江琦诸名儒。游酢还有一外甥名黄中，少年时尊母命从学舅父游酢，成为其弟子，深受器重，实得游酢的理学之传。黄中后来任端明殿学士、兵部尚书，朱熹 38 岁曾去拜访过他。朱熹继承孔孟道统，发掘二程理学的精微，集理学之大成，是闽学的代表人物，从某种程度上说，游酢与杨时同有承前启后之功。清初编成的《宋元学案》特设"廌山学案"，足见游酢及其家族在我国学术史上的地位。

福州岛上有"九贤祠"，奉祠着宋代历史上九位著名学者：游酢、杨时、胡安国、罗从彦、李侗、蔡元定、蔡沈、黄榦、真德秀。游酢便是九贤之首。

值得一提的是，游酢还是一位著名的书法家。他的书法艺术造诣极高，草书尤广为赞赏。他是宋代七草圣之一，被誉为中国理学书法第一人。

游氏理学世家，除游酢外，其兄游醇、族叔游复在理学上亦各有成就。

游醇，字质夫，曾与弟游酢师事私淑族叔游复，上下议论，参互考证。文章理学，为时所重。以文行知名于世，所交皆天下英豪。

游复，字执中，为游醇、游酢之族叔，杨时之讲友，《宋元学案》中"龟山讲友"称游复为杨时"忘年交"，并说游复"总角已知经学，既壮，学益富，行益修，乡里旁郡多遣子弟从之游。其学以中庸为宗，以诚意为主，以闭邪寡欲为入德之途"。长期居家，终身未曾出仕，年六十有五卒。杨时为游复作墓志铭，称其"德足以做人，学足以垂世"。可见游酢之学，也有家传的成份。

壮志刚肠悲愤词

——宋·永福张氏世家

一

福建永福县张氏家族因为诞生了南宋著名词人张元干（1191—1165?）而知名于世。张氏家族是仕宦之家。张元干的祖父张肩孟，字醇叟，皇祐五年与郑獬同榜进士，官至朝散郎、歙州通判。张肩孟早岁曾寓居福清县外舅姑刘氏家中，并与郑侠交往。郑侠是以《流民图》反对王安石新法而知名于时的政治家，张元干原来称郑侠是自己"儿时所愿见"之人（《芦川归来集》）。宣和元年（1119），张元干到福清，还特地去拜谒郑侠，时郑侠已届 80 岁，不久便去世了。张元干之所以心仪郑侠，儿时的情结一直追续至中年，这大约是张肩孟与郑侠的交谊有关。徐俯跋《幽岩尊祖事实》中称张元干"适闽越数千里，及见大父时客"，当指郑侠。张元干的伯父张励（深道）、张劢（臻道）、张劝（闳道）皆为当时显赫之人物，其中尤以张励最为知名。他是熙宁六年进士，曾以集贤殿修撰任职三山，旋移知广州，后又加集英殿修撰知洪州、建州，终中大夫。他是一位诗人，现在所见，有厉鹗《宋诗纪事》

卷二九载张励诗一首，卷三五载其弟张劝诗一首。李易跋《幽宕尊祖事实》有引张励诗断句"莫言伯道无儿嗣，看取千秋祀事存"。

张元干之父名张动，字安道。崇宁年间任职于邺，与欧阳懋同僚，后来在京城为官，与李纲友善。张元干，字仲宗，自号芦川居士、真隐山人，晚岁又自称芦川老人、芦川老隐。他早年丧母，大约十四五岁即随父至河北官邸，据说他此时已能诗，欧阳懋跋《幽岩尊祖事实》称张元干"往来屏间，每与座客赓唱，初若不经意，而辞藻可观，莫不骇其敏悟"。少年早熟，艺才焕然，当为家学家教所熏陶。后又随张父入朝，进太学，"有志痒序间籍甚"。张氏一门世系如下：

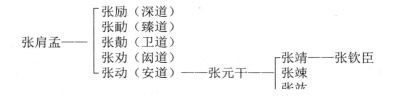

二

张元干少年时，据《归来集·跋了堂先生文集》记载，他"有志从前辈长者游，担簦竭蹶，不舍昼夜"。这是他广泛汲取文化知识阶段。20岁那年（1110），曾在豫章请益于徐俯；22岁在许州与苏辙面晤；30岁又在南康拜谒闽籍理学家陈瓘，交游极广。仅宣和年间，为之跋《幽岩尊祖事实》的即有洪刍、徐俯、陈瓘、刘路、欧阳懋、何栗、何桀、翁挺、吕本中、苏庠、杨时、汪藻、李纲、刘安世、王铚等，多为当时学界名彦。其中沙县陈瓘对其影响尤大。张元干65岁（1160）时，在所著《上平江陈侍郎十绝并序》中犹表示"遵守一家法，庶几流传不泯"。陈瓘以《尊尧集》

力拒王安石知名，在郑侠、陈瓘诸人影响下，张元干"故其学尊元祐而诋熙宁"（《四库全书总目》），所谓家法，当指陈瓘之思想。

周必大在《平园续稿》中"跋张仲宗送胡邦衡词"中称张元干"在宣和、政和间已能乐府声"，但善于写词并非张元干的追求，他一生不甘于以文士自居，而神往慷慨论政，金戈铁马的军旅生活，这一追求，在他的《陇头泉》词中表述的十分明确：

"少年时，壮怀谁与重论？视文章、真成小技，要知吾道称尊。奏公车、治安秘计，乐油幕、谈笑从军。……整顿乾坤，廓清宇宙，男儿此志会须伸。"

这确是他的夫子自道，其"道"在于"整顿乾坤，廓清宇宙"的经世之志。

在靖康国耻之前，他已与另一豪放词人陈与义为"澶渊归僚友"，且心心相印。靖康元年（1126），金兵渡河，徽宗出奔，钦宗命李纲为尚书右丞，坚守东京拒金。而钦宗正欲出奔襄汉时，李纲力谏，才作出固守东京的决策。这时，36岁的张元干自陈留来汴京，作为李纲的幕僚，参与了保卫东京之战。《苕溪渔隐丛话后集》二六引《诗说隽永》中说"李伯纪（纲）为行营使时，王仲时、张仲宗（元干）俱为属。王颀长，张短小"。《芦川归来集·自赞》中说"尔形侏儒"，说明张元干的身材极为短小。但在抗战抑或求和之间，张元干是坚决拥护李纲的主战派，读这一时期的张词，可见其报国之心和抨击钦宗等一批投降派的激愤之情。张元干一生最辉煌的时候，是与李纲捆绑在一起，因李纲被谪，致使张元干也因"罪"出京，此时，南宋政权完全为投降派所控制。而张元干离开汴京，沿淮水南下，经建业至镇口，辗转漂泊，寓于临安。张元干对于李纲的罢去，满腔忧愤，他在一系列诗篇中对李纲的义节由衷地赞叹，将李纲的进退，视作民族安危所系。读张元干的诗词犹如读一部南宋初年抗金史，其作品具有史料文献之价值。

张元干南渡后仕宦经历颇为暗淡，但读其词可知其人虽然挂冠，对国家民族之命运仍然念念不忘。晚岁时，胡铨上书反对和议，并请斩秦桧等投降派大员，结果被贬官。绍兴十二年，胡铨又被除名编管新州。胡途经福州时，张元干激于义愤，不顾个人安危，写了那首千古绝唱《贺新郎·送胡邦衡待制赴新州》相赠。秦桧得知此词和另一首赠李纲的《贺新郎·寄李伯纪丞相》为同一作者时，借故将他下狱。秦桧死后，张元干可能又复官入仕，惜事迹不详。张元干对自己这两首支持抗战派的词作颇为自豪，晚年自订作品集时，将其编在卷首，定为压卷之作，而将他北宋时所写"与秦观、周邦彦可以肩随"的婉丽之作置于后面。《四库全书总目》称赞这两首《贺新郎》"慷慨悲凉，数百年后，尚想其抑塞磊落之气"。

这两首词不但在张元干集子中，而且在南宋初年的爱国词中，都是很有代表性的"黄钟大吕"，更是张氏家族文化著作中最典型的代表佳作。

三

张元干是一位具有多方面才能的作家，诗、词、文俱出色，尤以词为高，是上继苏轼，下开辛弃疾的豪放派代表词人。《四库全书总目》称其"诗文亦有渊源"，又说"元干诗格颇道"，"其题跋诸篇，则具有苏、黄遗意"。他少年师从徐俯，徐俯称他"诗如云态度，人似柳风流"（《艇斋诗话》），这大概是对其诗作和人品的评价。后来与陈与义相酬唱，接受过江西诗派影响，风格近似黄庭坚，而后，经历民族大灾难时期，诗风更趋近杜甫。他在《亦乐居士集序》中说："前辈尝云：'诗句当法子美，其他述作无出退之。韩、杜门庭，风行水上，自然成文，俱名活法，金声玉振，如正吾夫子集大成。'盖确论也。"这成为他后期诗艺追求之鹄的。

张元干的词也类似其诗风，随时而转移。早年词作未脱"艳科"藩篱，而靖康世变，使他的词风转为"长于悲愤"之特点，上引《四库全书总目》之评价，当针对其靖康国耻之后的词作而言。

毛泽东极喜张元干词，尤其对其晚年之词作所表现的激昂奋发之精神和雄浑悲壮的风格，极其心仪，曾三次圈点过他的名作《贺新郎·送胡邦衡待制赴新州》一词。1975年4月，董必武逝世，毛泽东难过得一天都吃不下饭，他整天播放《贺新郎》唱片，时而躺下，时而击拍，还将词中"更南浦，送君去"改为"君且去，休回顾"以表达对英灵的慰问，足见张元干词在不同时空的异常感染作用。

从朱熹师到帝王师

——宋元明清·安溪李氏世家

福建安溪李氏家族从宋代李侗开始一直到清代李光地、李光坡兄弟，世代以文化相传承，成为福建著名的文化世家，其家族成员中里程碑式的人物如李侗、李光地、李光坡等是闽学史上举足轻重的人物。

一

李侗（1093—1163），字愿中，号延平，人称"延平先生"，南剑州剑浦（今福建南平市）人。是沙县罗从彦的高足，为朱子学创立之前闽学的代表人之一。《宋元学案》将他列入《豫章学案》，其生平治学经历《豫章学案》曾有如下综述：

"李侗年二十四，闻郡人罗仲素传河洛之学于龟山，遂往学焉。仲素不为世所知，先生冥心独契。于是退而屏居，谢绝世故余四十年，箪瓢屡空，怡然有以自适也。其始学也，默坐澄心以验夫喜怒哀乐未发之前气象为何如，久之而知天下之大本真在乎是也。既得其本，则凡出于是者，虽品节万殊，曲折万变，莫不该摄洞贯，以次融释，各有条理，如川流脉络之不可乱，大而天地之所以高厚，细而品汇之所以化育，以至经训之微言，日用之小物，玩之于此，无一不得其衷焉。由此操存益固，涵养益熟，泛用曲酬发必中节。"

从上述记载中，我们大略可知李侗一生行事治学之情形。他一生布衣，身居草野，是一个生活艰辛而又极注重道德修炼的道学先生。他曾自况："某村居兀坐，一无所为，亦以窘迫，遇事窒塞处，多每以古人贫甚极难堪处自体，即啜菽饮水，亦自有余矣，夫复何言！"（《宋元学案·豫章学案》）朱熹年青时曾师事李侗。李侗去世后，朱子曾在《挽延平先生》中概括其生平行宜："闻道无余事，穷居不计年；箪瓢浑漫与，风月自悠然。"（《朱文公集》卷六《诗》）一派道家虽贫而无挂碍之风度，即"圣人气象"。李侗是以修炼工夫来默识大义的，他认为，"太极"是至高的"理"，而"理"应该在"知"字上下功夫。因为"理""心"合一，知"理"即知"心"，而天之"理"与心之"理"的最高境界是"中"。他仿程颐所言"喜怒哀乐未发谓之中，只是言一个中字"（《程氏遗书》卷一八）去作思维。将"中"视为心之本体，即"大体"。要达至"中"的境界，必须通过静坐默识之工夫。朱子述先师意，谓"李先生意，只是要得学者静中有个主宰养存处"（《宋元学案·豫章学案》）。"主宰，心即与理相通，发于事理莫不一通互通。"为此，李侗认为"心与理为是思维法则"，心之理和物之理是融合贯通而成为一体的。李侗之认识论是以道德说教为主干，有其合理的因素，如：

"为学之初，且当常存此心，勿为他事所胜。凡遇一事，即当且就此事反复推寻以究其理，待此一事融释脱落，然后循序少进而别穷一事，如此既久，积累之多，胸中自当有洒然处。"（《宋

元学案·豫章学案》）

这是他认识事物的思维方式，如果扬弃其"顿悟"成份，取其"循序少进"观，对后学者有所启发。李侗本人未见其著作，在朱熹的著述中时见引征，他是因其弟子朱熹而得大名。朱熹早岁师从李侗，获益颇丰，后追思李侗传授之功说："李先生教人，大抵令人于静中体认大本，未发时气象分明，即处事应物自然中节。此乃龟山门下相传旨诀。然当时亲炙之时，贪听讲论，又方窃好章句训诂之习，不得尽心于此，至今若存若亡，无一的实见处，辜负教育之意。每一念此，未尝不愧汗沾衣也。"（《朱文公文集·答何京书》）可以看出，朱子少年专注章句训诂，而李侗教以"未发之中"，他未能领悟，这使朱子在李侗去世后感到"愧汗沾衣"。

《宋元学案》中有许多关于李侗的记载，可补李侗生平史料之不足。如：

"熹早从先生学，受《中庸》之书，求喜怒哀乐未发之旨，未达而先生没。"

"昔闻先生之言教，以为为学之初，且当常存此心，勿为他事所胜。"

"李先生不要人强行，须有见得处方行，所谓洒然处。"

"先生少年豪勇，夜醉，驰马数里而归。后来养成徐缓，虽行二三里路，常委蛇缓步，如从容室中也。"

"李先生不著书，不作文，颓然若一田夫野老矣。"

从这些细节描述处，当可窥见其治学行为之风范。

二

李侗之后，其家族情况未见史料记载，延及清代李光地、李光坡兄弟，李氏家族步入学术显赫之境，兄弟二人成为清代礼学领军人物。

李光地，字晋卿，号厚庵，别号榕村，人称"厚庵先生"，又称"榕村先生"，安溪人（其祖上自延平迁至安溪）。生于明崇祯十五年（1642），卒于清康熙五十七年（1718），终年77岁，谥文贞。他与陆陇其有同年之谊，皆为康熙九年进士。殿试拟第一，以制策一字舛误，置第五。试诏令第一，选吉常士，诏诸翰林各献所学。李光地进《河洛图说》，复拔第一。李光地一生官运亨通，历官翰林院庶吉士、乡试同考官、侍读学士、内阁学士、礼部侍郎、掌院学士、经筵讲官、方略馆总裁、通政司通政使、兵部侍郎、直隶巡抚、吏部尚书、文渊阁大学士、一统志馆总裁等。

过去学界对李光地私德评价极差，以全祖望《鲒埼亭集·李文贞遗事》为代表，说其出卖好友陈梦雷以求官，父亲去世后拒不奔丧，私生活极不检点等，有人据以斥责"光地实小人，富贵煊赫不足以掩其丑，全谢山称早年卖友，中年夺情，暮年则居然以外妇之子来归，史称三案"（《中国近三百年学术思想史》）。后经学界研究为之伸冤，似为误识之错案。卖友求官事，应为无中生有，"梦雷以附逆逮京师，下狱论斩。光地乃疏陈两次密约状，梦雷得减死戍奉天"（《清史稿·李光地传》）。贪恋官拒不守丧也不尽合事实。因其父死，已归奔丧；其母死，"请奔不许，在京守制"（《文贞公年谱》），后又"继请假九个月，过家治丧，不允"（《榕村谱录会考》），盖以国事为重，忠孝难以两全。生活不检，养姘妇似亦捕风捉影。《泉州府志》本传即称其生活检点、无声色之好。李光地一生高官，颇得皇帝青睐，助康熙平定耿精忠、郑经等人割据，收复台湾，应予以肯定。而李光地并非不学无术之官僚，他品学兼具，业绩显著。少年时衣食裁取粗给，经年不奏丝竹，门庭寂寥，无有私谒。为政十余年，秉公懋诚。

他在督学任上，考核旗籍，不徇私情。又曾据理疏劾云南布政使张霖假设诏旨，贩运私盐，从中贪污银百六十万两，朝廷据此论斩张氏，说明李光地实为廉洁之官。他关心民瘼，在任直隶巡抚时，为减轻民供，请宽减民捐以纾民力；参与漳河、子东河、永定河的水患治理，成效显著；又建议松宽海禁，使沿海民众获新生。作为学者，他扶掖善类，珍惜人才，其一生推举或奖掖人才众多，如朱轼、杨名时、陆陇其、区申乔、张伯行、刘炎、方苞、陈鹏年、文志鲸、冉观祖、徐元梦、陈璸、徐用锡、魏廷珍、蔡世远、梅文鼎、惠士奇、何焯、刘谦，皆为有清一代之名士。他重视闽地教育事业，如修复泉州学府、安溪考亭书院，兴设榕阴书堂。

作为学者，他一生精力过人，除有佳政外，学术业绩亦为闽省界碑式人物。他10岁能诗文，12岁读毕群经，18岁著《性理》，19岁著《四书解》，23岁著《洪范解》、《卜书补义》，24岁著《历象要义》。他虚心好学，不耻下问，曾问音学于顾炎武，问历算于梅文鼎，其学精且博，以朱子为依归又不拘门户，以究天人之际，悉经义性理为主旨，又旁及历算、图书、象数、乐律、韵谱、道术、兵符等，是那个时代知识渊博具有百科全书式的闽地一流大学者。

李光地为学一生大致可归纳为，20岁左右时作为一位科场角逐者，为士风所影响，以讲性理及《周易》为主，并受乡贤黄道周象数之学熏陶，为陆九渊、王守仁的著述所吸引，用了整整五年功夫攻读陆、王诸书，这一阶段为其兼收并蓄，多方师从的阶段。自康熙九年中进士进翰林院始，因接近清圣祖，使他"近不敢背于程朱，远不敢违于孔孟"（《榕村全集》），以崇尚程朱为学术取向，成为复兴朱子学的中坚人物。所以，《清学案小识》称其"谈经讲学，一以朱子为宗。其所以学朱子者，曰诚、曰志敬、曰知行"。正因为李光地之朱子学对康熙影响至深，1713年康熙曾先后谕敕他编纂《朱子全书》、《性理精义》，成为清初中国意识形态的代言人。有清一代儒臣中，倡经、礼之学者，李光地当为先驱者之一。他对《周礼》、《仪礼》、《礼记》"三礼学"皆论究，影响到其家族成员李光坡、李钟伦、李清植的礼学成果。李光地著作极其繁富，有《周易通论》、《尚书解义》、《洪范新旧说》、《礼记述注》、《榕村韵书》、《榕村语录》等数十种，后又编成《榕村全集》一百九十七卷，《榕村续集》七卷，《榕村别集》五卷，《李文贞公全集》一百五十卷等。其《音韵阐微》在音韵学上具有革新精绅，为音韵学一大著作。

三

李光坡（1651—1723），字耜卿，号茂夫，一号皋轩，为李光地四弟。李光坡幼承庭训，受学于父兄，"祖宋而祢汉，先经而后史"（《榕村谱录合考》），为研经治礼打下根基。李光坡一生淡泊名利，致力于"三礼"研习，数十年间，孜孜矻矻，埋首学问，于《三礼》之大义，阐幽抉微，为之述注，光大其兄李光地之绪论，又引导其从侄李钟伦、从孙李清植步人学坛。据史载，李光坡天资并不颖异，但肯下死功夫。其兄李光地在仕途上扶摇直上时，他却屡见屈抑，遂无意科场，立志"隐居不仕，潜心经学"（《榕城诗话》），并以"训励后生小子，使知敦学实学，为国家储人才"作为人生追求（《周礼述注后跋》）。从康熙二十五年（1686）始，李光坡一边讲学授徒，一边"沉潜注疏、博征诸家"（《皋轩文编》），步入数十年的三礼学研究旅途。到康熙六十一年（1722），完成了《周礼述注》、《礼记述注》、《仪礼述注》煌煌三部巨著。《周礼述注》自 1686 年始，至 1704 年竣工，其间用力之艰辛可见他致长兄李光地信："坡丙寅年集《周礼》注说，今将 20 年，修改者八九次。近《仪礼》稍熟，参校节文，颇少舛误，诸经讲解，随所见到亦多采摘。简帙烦重，未敢以上。但念年已垂老，智识短浅，无所取正，不自知其美恶。今年重加汇定，俑人缮写，欲呈尊览。"李光坡对历来有争议的《周礼》一书加以研究，对"肆其抵排，以为非圣之书"论不以为然，认为传统之"求其切实训诂，开解支条"之方法，使其"信于人"，是件已被证明的难事。他另辟治学途径，"坡昔者年及壮，始治《周礼》，患其难读，因求解于今人之所为注者，亦复惘然。后受注疏以卒业，略知诂释；而宏纲微言，则元兄先后是正。丙寅春，使类所闻以为编，于是本述注疏，搜索儒先，以相发明"。他以"本述注疏，搜索儒先"之视角，独辟新径地对《周礼》展开大规模研究，征引历代诸家之说，取汉代七家，唐代二家，宋代四十家，元代三家，明代四家，清代三家，又旁搜不详朝代名号者八，在六十七家前贤的研究基础上，使《周礼》学研究登上新台阶。其搜讨之广、检索之深、治学之勤，又以扎硬寨，打死仗的拼命三郎精神，成全了《周礼》学的另一高峰。《四库全书总目》评论曰："其书取注疏之文，删繁举要，以溯训诂之源；又旁采诸家，参以己意，以阐制作之义。虽于郑、贾名物、度数之文多所刊削，而析理明通，措词简要，颇足为初学之津梁。"又称："光坡此书，不及汉学之博奥，亦不至如宋学之蔓衍；平心静气，务求理明而词达。于说经之家，亦可谓适中之道矣。"这一评论，颇为公允。

1708 年，李光坡又完成另一书《礼记述注》。此书主旨在使《礼记》此书条理化，畅达其义。李光坡评骘过去的《礼记》研究，指出其缺陷为"朱子教学者看注看疏自好，然文字浩汗，班史谓说五字之文至二三万言者，盖汉唐讲师之体尔也。又与诸经连部合梓价重，匹士家不能皆有；即有而读之，亦何得于制举。故是书不讲，殆千年矣"。又指出："直至宋、明，虽有《集说》、《大全》之类《礼记》撰述，已病在'狼籍'"。所以他力矫前人之弊，又借鉴前人之优，于"陈氏杂合注疏、诸儒为文，或仍之，或以注疏增其未备，损其枝辞"，又"标集说曰，从其实也。凡诸篇皆妄为次第，为之条理。童而习，白首而修，尊所得于遗经者，以施于子弟，切磋究之，为就正之资"（《礼记述注》序），这成为他撰述《礼记述注》之大旨。李光坡对注疏的重视和崇重，对清以后学风产生影响，《四库全书总目》论其广纳诸家之言的学术胸襟时，评说曰："其论可谓持是非之公心，扫门户之私见。虽义取简明，不及郑、孔之赅博；至其精要，则亦略备矣。"此后光坡又再鼓余勇，倾力于《仪礼述注》的纂辑。较前二书，《仪礼》尤为难读，历来致力此书者甚少。清初，张尔岐《仪礼郑注句读》在中国北方倡其研究先声，继而姚继恒《仪礼通论》揭旗于南，但因其难攻而倡和应者甚微。李光坡善于攻坚，他继张、姚后再作努力。该作在《四库总目》的评论中也得到了肯定："然如《士冠礼》'母拜受，子拜送'，光坡谓：母拜受乃受脯而拜，非拜子也，其义最允"；"又如《丧服记》中'夫之所为兄弟服，妻降一等'，万斯同据以为嫂叔有服之证，光坡不取其说，亦深有决择……光坡此编，虽瑕瑜互见，然疏解简明，使学者不患于难读，亦足为说《礼》之初津矣。"这些，皆为"颇为可取"之处。

李光坡的三部著述，虽然只是历代经学家研究所得之汇编，编纂人并未提出重要的学术性创见，但是，他能力破汉、宋门户之藩篱，理明而词达，其疏理搜集之功是巨大的，为后继学人提供了"三礼"研究的完善资料。

李光坡倾心于注疏，与有清一代学术旨趣相合。作为李光坡个人而言，生前其著述未得刊行，不能不说是他的巨大遗憾，于是，他叮嘱侄子李钟伦："吾寒素，书成未能问世。善藏吾稿，或土苴可弃，抑或溲勃可收，则宣城梅公所云，存与不存，不关刻与不刻也。"可喜的是，李氏遗愿身后得以实现。乾隆初官修

《三礼义疏》，曾移文福建索取其著述，其稿亦由其侄子李钟伦
于 1743 年、1767 年先后刊行，其影响是在李光坡身后之事。"遗
经勤在抱，万卷读已破；澜翻辨'三礼'，独唱许谁和。"（张
玉书诗）此后其侄李钟伦、其孙李清植等人又撰《周礼纂训》、《仪
礼纂录》等著作，成为这一文化世家研究"三礼"的承继者。

四

　　李光地、李光坡一门族人先后相继，学有传人，尤其以对礼
学的发扬为特色。

　　李钟伦（1663—1706），字世得，李光地长子。康熙三十二
年（1693）举人。据载，李钟伦"天姿绝人，三四岁时于字无不识。
性至孝，自孩提以逮成人，朝夕侍文贞公左右，婉容愉色，无不
备至"（林令旭《周礼纂训序》）。在其父、叔的耳提面命下，"笃
志经学，以身体之，书《礼经》九容于壁间自警"。他的学问得
益于父亲的开启之功，后又师从叔父李光坡。因为李光地身居高
位，使他能亲炙那个朝代第一流学人如梅文鼎、何焯、陈万策等人，
后编纂成《周礼纂训》。书成后，李钟伦生前未得付梓，由其长
子李清藻所藏。及至次子李清馥北上赴选，曾嘱同里郑应庚录副
本携行。其兄弟李清植亦在京城，取出重新点订，欲节录出其中
所述李光地语录，补入《榕村语录》，为此就正于方苞。旋李清
馥补官盛京，李清植出督浙学，故此稿暂留方苞处三年。到 1742 年，
李清馥调任广平，再次与李清植商议付梓事，决定先刻李钟伦《三
礼仪制歌诀》，再刻《周礼纂训》。又因李清馥以病告假归田，
此事再度搁置。此后，李清馥与李清藻商议，又属其从弟李清浦
考校，其甥文广及亲友弟辈共同校雠，至 1751 年此书始以完书呈
现于学术界。李钟伦《周礼纂训》是其父李光地《周官笔记》，

其叔李光坡《周官述注》后又一礼学力作，与其父、其叔治学取向类同，以标举要旨为主，不以考证见长。李钟伦所著能绍述父、叔之意，所以，李氏另一族人李绂曾评说"世得兄独留意《周礼》，作《纂训》一书，列注疏于前，而以己意训之于后"（《周礼纂训序》），道出了父、叔、子的学术相承关系。

李清植是李氏家族又一著名后继人。

李清植（1690—1744），字立侯，号穆亭，李光地三子李钟佐子。他年幼失怙恃，常随祖父李光地宦居官邸，在李光地熏陶下，学业大进。1724年中进士，后以翰林院编修、侍读先后主持江南乡试，提督浙江学政。1736年，诏开三礼馆，李清植以侍读厕身纂修。李清植先受教于李光地，后受礼于叔祖父李光坡，再从朱轼订正冠、昏、丧、祭四礼以成书。他晚年尤以说礼为人生乐趣。曾在官邸设"礼会"，与同仁质疑辩难，纂成《仪礼纂录》一稿。他的孙子李维迪曾记该书的家族传承线索："先祖父幼失怙恃，日侍先文贞公坐隅，习闻经训。长受礼于先高祖叔父皋轩先生。登第后，复从高安朱文端公订正冠、昏、丧、祭四礼，辑成书。"（《敬镂仪礼纂录成书后》）陈寿祺也述其传承："洎乾隆初开三礼馆，公（李光地）元孙穆亭先生位卿贰，被命总裁。于是同邑官石溪洗马，王尚卿州倅，并预修纂。其著述咸有所发明，而先生于礼尤邃。寿祺尝阅志乘，载所为《仪礼纂录》。既观洗马《读仪礼》，州倅《仪礼铏解》，每援引其语，未尝不叹其辨析疑滞，非他经生所及也。"（《仪礼纂录序》）

李清植手记之《仪礼纂录》犹如李钟伦之《周礼纂训》一样，生前未能印梓，稿为其子李尔醇收集。到道光年间，后人李维迪搜刻李光地遗书，向陈寿祺请索序时，陈氏才告之李清植该稿下落。李维迪急询，遂于其兄李尔醇之子李志莱处得见原稿。李维迪缮写后寄陈寿祺订正，又命其子陈齐枞参与校订，终于1831年刻成。

　　李氏一门数代人对礼学皆有著述，家学传承，可谓奇观，对清代礼学复兴有重大贡献。值得一提的是，李氏一门对中国数学也有重要贡献。李光地之弟李光坡、次弟李鼎征以及李光地儿子李钟伦、李钟佐等人均为那个时代的数学家。中国数学与历法有关，李光地继承这一传统，在《记太初历》中将太初章、会、统、元之法阐述得十分清晰，并指出能得到三统一元之年数相近的结论，他推算不同的另一方法"四分术法"，还概括了"不可考"之古璇玑玉衡之法的大要。他不但向朝廷引荐梅文鼎，自己及其弟其子还经常与梅氏交流数学问题，并刊刻过数学书数种。

朱熹的畏友及岳丈

——宋·崇安刘氏世家

一

建阳刘氏家族因为其家族成员刘子翬是朱熹的老师，另一成员刘勉之既为朱熹的老师，又是他的岳丈，在理学入闽初始极有声望，被称为"汉代天潢派，宋朝理学家"，其文化传承延绵两宋。刘氏家族所谓"五忠八贤"，其祠堂世人称"五忠刘氏"，誉之为"五忠堂"，或"八贤祠"。

关于福建建阳刘氏的来历，一种主流说法认为，这一宗族来自长安，为唐代"刘氏七大房"中京兆武功刘文静（宰相）之后裔，唐末的光州大都督刘楚则为入闽始祖。自刘文静到刘楚的世系主干为：刘文静／刘稚／刘蕃／刘君复／刘庄／刘显／刘镟／刘荆／刘德明／刘籥／刘致道／刘于／刘沼／刘楚／刘翱、刘翔、刘翘、刘翊、刘丰、刘畐。刘氏入闽以后，又分为东西两族，崇安五夫里刘氏为东族，建阳麻沙、马伏刘氏为西族。

崇安五夫里刘氏以光州大都督刘楚之子刘翔为始迁祖。刘翔，字图南，北宋初期人，是一位儒学学者，对《易经》极有造诣，曾著有《经进易解》。他一生历任蕲春县尉，福州教授，潭州教授。刘翔生子刘庸，刘庸生子刘光位，刘光位生子刘玉，刘玉生子刘文广，刘文广有子刘太素。大约到北宋后期，刘翔的第六代孙刘太素，承接几代人努力，尤其教育族人"崇礼文、笃经术、谨游从、厚风化。是载是循，久而弗怠"。从而使崇安五夫里刘氏后来文风大盛，步入理学闽派开山人的行列。刘太素终身布衣，以儒学教授乡里族人，他后来以子孙而显贵，被朝廷追赠为朝议大夫。刘太素的儿子刘民先、刘民觉兄弟在其父的耳提面命下，已是北宋中期闽省知名儒学家。刘民先有三子：刘韐、刘韠、刘韫。长子刘韐是宋代著名忠臣，建州崇安之五夫里刘氏因此而闻名于域中。刘韐（1067—1127），字仲偃，宋哲宗绍圣元年（1094）进士，历任县令、知府，多次抗击金兵入犯，颇得宋钦宗的器重，升迁为资政殿学士。靖康国难（1126），金人南下，中原色变，刘韐在北宋危急之秋任京都四壁守御使，负责汴京防备事务。1127年，金兵俘虏宋徽宗、宋钦宗。刘韐奉高宗命出使金军大营议和。金军遣仆射韩正将刘韐置一寺庙中居住。韩正对刘韐说，金人极为赏识他，将会委以重任，并面告刘韐，金人正欲另立一异姓取代赵氏王朝，准备以刘韐为异姓政权的仆射。刘韐面对诱惑，坚定信念，决心不背叛赵姓王朝而事新主，对苟且偷生之事视为不忠不孝之举。他给家族留下遗书后，沐浴更衣，在寺院中自杀成仁。刘韐在遗书中申明，贞女不事二夫，忠臣不事两君。自古主忧臣辱，主辱臣死，他必须以死明志。为此宋高宗下诏追赠其为资政殿大学士、太师，尊谥"忠显"。刘韐生三子：长子刘子羽、次子刘子翼、三子刘子翚。刘氏一门在刘子羽三兄弟时代，一跃而为闽省文化望族。

刘子羽（1097—1146），字彦修。早岁随刘韐征战军中，南宋初年为秘阁修撰、池州知府。曾上书与宰相纵论南宋初年军事大事，认为朝廷必须以秦、陇地区作为国家根本。后受张浚青睐。张浚抚川陕时，他为参议军事。张浚军事失败，众多将领主张撤退，而刘子羽力主坚守蜀地，并单骑北上秦州，召集宋军旧部，重用吴玠，派遣他卫守大散关。此后，刘子羽以利州路经略使兼知兴元府的身份，驻守关中、汉中，部署协调各将领，与吴玠等抗战派人士力拒金兵。1134年，因富平之役与张浚一同免官，旋又复出，任提举江州太平观、知鄂州、权都督府参议军事，再度镇抚川陕。晚年受到秦桧排挤，再次免职罢官，去世后谥为"忠穆"，又改谥"忠定"，朱熹为其撰述神道碑。刘子羽不仅是个爱国将领，还是一位学识渊博的学者，与朱熹之父朱松友好，曾与其弟刘子翚一同担当朱熹的业师。

刘子羽二弟刘子翼，字彦礼，也为南宋初之学者兼官吏，曾任广东转运判官等职。

刘子羽三弟刘子翚（1101—1147），字彦冲，号屏山，又号病翁，人称"屏山先生"。刘子翚在《宋元学案》中名列《刘胡诸儒学案》，为南宋初的大理学家。他私淑洛学，主儒佛一致，其学术观可见《圣传论》，其学生知名者有朱熹、方耒、詹体仁、黄铢等。曾"以父任授承务郎"，又"通判兴化军。以执丧致羸疾，不堪吏事，辞归武夷山"（《宋元学案·刘胡诸儒学案》）。他与朱松极为友好，朱松临终时将己子朱熹托付于他，要求朱熹以父事之，"而唯其言之听"。朱熹对他十分钦佩，与之游，"尝得供洒扫之役"（《朱子文集·屏山先生刘公墓表》），"朝夕于之侧"学习三年《朱文公文集·屏山先生刘公墓表》）。朱熹师事刘氏，收获颇丰，对其理学观的形成，影响很大。刘子翚死后谥"文靖"，葬于崇安五夫里拱辰山南。刘子翚无子，以其兄刘子羽的幼子刘玶为子嗣。

刘子翚著有《屏山集》二十卷，为其子刘玶编印，朱熹作序。

刘玶（1138—1185），字平父，历任从事郎、修职郎、邵武军司法参军。后辞官居武夷山，筑"七者之寮"，自号"七者翁"，与朱熹等人相交唱和，有诗集若干卷，是一位具有老庄风范的隐逸学者。他娶范如圭之女为妻，生有六子：刘学古、刘学博、刘学圃、刘学正、刘学箕、刘学稼。其中刘学古曾随朱熹学习，娶朱熹女儿为妻，后任泉州同安县主簿等职。刘学箕，字习之，也为闽中学者。他恬于仕途，四十多岁便在南山隐居，自号"种春子"，又号"方是闲居士"，有《方是闲居士小稿》问世。因得家学熏陶，为文高爽闲雅，当时学人均以与其为伍而荣。刘学博曾任将仕郎。

刘子羽的长子刘珙（1122—1178），字共父，另字共甫，又作恭父，是一位名载《宋史》的知名人物。幼年师从叔父刘子翚，1142年中进士，历任王宫大小学教授、礼部郎官、中书舍人、直学士院、泉州知府、衢州知府、潭州知府、湖南安抚使，后迁翰林学士知制诰兼侍读，旋又迁中大夫、同知枢密院，成为副宰相。他坚持己见而冒犯宋孝宗，被降职处分，调离中枢机关而改任地方之职，最后又任观文殿大学士。1178年去世，谥为"忠肃"，追封鲁国公。

刘珙生子刘学裘。刘学裘以父荫补承奉郎，曾任中散大夫。他有子刘仁美，刘仁美又有三子：刘嘉公、刘义公、刘善公。

二

崇安五夫里刘翔后裔为东族，刘氏另一支为刘翔之弟刘豳的后人，因居白水而称白水刘氏。

刘豳为刘楚幼子，曾任将作监簿，唐僖宗乾符年间，随父兄入闽，生九子。刘豳这一支传至六世刘滋时，以文学崛起。刘滋，字润之，景德二年（1005）进士，曾做过9个郡的知府，后迁尚书职方郎中，去世后追赠开封府仪同三司、吏部尚书。他任职的

9处地方，因其兴利除害，多有惠政，为民众称道。刘滋有子刘照，由朝请郎归隐故乡。刘照的儿子刘元振，字君武，也为北宋闽省知名学者。而刘元振之子刘勉之，则一跃为南宋闽学开山人之一。刘勉之是朱熹的老师和岳丈，《宋史》有传。

刘勉之，字致中，号白水，又号草堂，为刘楚十世孙。早岁以乡员生入京太学，师从二程弟子涪陵人谯定，攻读伊洛学术，与另一理学大师胡宪为同学。他是一心治学之人，厌恶科举，离开汴京太学而乡居，在崇安躬耕自给，并继续学问研究。其间，与同族刘子翚及胡宪往还，切磋理艺，人称"草堂先生"。中书舍人吕本中极为赏识刘勉之，欲朝廷将其召到临安委以重任，但秦桧当政使刘勉之极不得志，以身体欠佳而辞职，从此杜门十年，潜心治学，成为当时具有全国影响力的大学者，后学者接踵而来。他虽未能以才干显扬于仕途，却以学识为人所敬仰。朱熹曾谈及刘勉之与胡宪关系时说："先生（胡宪）所与同志，唯刘白水先生。"（《朱文公文集·屏山先生刘公墓表》）所谓"二刘胡"指刘勉之、刘子翚、胡宪，而刘勉之与朱熹有翁婿关系，在朱氏思想形成阶段起着重要作用的，当以刘勉之为第一人。在《宋元学案·刘胡诸儒学案》中可见刘勉之学统传承人极为显目，有朱熹、吕祖谦、魏掞之、刘懋、方耒等人。而该学案中《刘白水先生勉之传》也介绍刘氏学术甚详，说刘勉之入太学时，正逢蔡京擅权，他"阴访伊洛程氏之书，藏于箧底，深夜下帷燃膏，潜钞而默诵之。学《易》于谯天授定"，因而铸就成大学问，所以史称"熹之得道，自勉之始"。由于朱熹后来成为一代大儒，而使刘勉之益加扬名于理学界中。刘勉之无子，以堂弟之子刘思温为后嗣。刘思温也无子，又以堂弟之子刘沨为后。

创新会通的郑氏学术

——宋·莆田郑氏世家

一

　　宋代著名的史学家、语言学家和文献博物学家郑樵，字渔仲，世称夹漈先生，于宋徽宗崇宁三年（1104）出生于福建莆田县。郑樵所著《通志·氏族略》曾追溯过郑氏历史。作为世代书香门第的郑氏，汉代聚居于河南荥阳，故郑姓往往以"系出荥阳，家传诗教"来揭示自己渊源流长的家族史。郑樵亦在绍兴八年（1138）秋对一部族谱作过考证，并于次年写出《荥阳谱序》，对自己祖先作过学术的梳理："吾祖自荥阳过江入闽，皆有源流。"郑贞文《重刻福建兴化县志序》曰："（郑氏）先世自河洛入闽，始迁莆田，后分支。……所载大姓中，首推梁、陈间之郑庄。《（县志）儒林传》亦然，谓'郑庄先出荥阳，过江入闽。至陈时，庄与兄露、弟淑，庐墓构书堂以修儒业，作篇章以训子弟，即夹漈先生亦庄之后也'"。据《郑氏族谱》，郑氏为当地望族，七世祖郑居泰为湖州安阳簿，高祖郑冲为监杭州酒税。郑樵家族上溯曾祖父郑子堂起，其世系可见下图：

```
                              ┌ 郑樵 ── ┌ 郑翁归（子）
                              │         └ 郑惠元
郑子堂 ── 郑宰 ── 郑国器 ┤
                              │ 郑厚 ── 郑侨 ── 郑惠
                              └ 郑橚
```

郑子堂补太学，中漕司举。郑宰为郑樵祖父，是熙宁三年（1070）进士；郑国器为其父亲，太学生，曾举贡元。由于祖、父皆为读书人，郑樵从小决心秉承家族文风并发扬光大。早年他给弟弟郑樗的诗中曾写到："家风留不坠，少贱自翱翔。"（《家园示弟樗八首》之一）他将祖父辈重学的家风视作人生最大的遗产，这为他奠定了扎实的学术根基。大约宣和元年（1119），郑国器从太学返乡，途中病故于苏州。年仅16岁的郑樵赶住苏州，徒步扶柩而归。《夹漈遗稿》曾记录他受郑庄兄弟庐墓构书堂修业的影响，也结庐越王峰下父亲的墓侧，闭门苦读，立下毕生治学的学术抱负："本山林之人，入山之初，结茅之日，其心苦矣，其志远矣。欲读古人之书，欲通百家之学，欲讨六艺之文而为羽翼，如此一生则无遗恨。"（《夹漈遗稿卷二》）可见，他少年雄心将其求知欲催生到极致。郑国器不但以博学感染他，其乐于公益事业的家风也熏陶郑樵终生。郑国器"尝捐资筑霞溪苏洋陂，灌田七百余亩"（《夹漈遗稿》），而郑樵也承袭乐善好施之家风，曾资助建桥。"永贵桥在飘湖下，宋绍兴十年，郑夹漈借县币建，后以施金偿之"（《莆田县志》卷四）。郑樵之子郑翁归、郑樵之侄郑侨亦有文名。陈振孙《直斋书录解题》卷七《夹漈家传一卷所著书目附》提要说："莆田郑翁归述其父樵（渔仲）事迹。"郑侨名列《宋元学案》中"玉山学案"，为玉山门人。玉山者乃宋儒汪应辰，字圣锡，信州玉山人。郑侨在汪应辰学侣中，与尤袤、吕祖谦、张杰、赵焯并立，而他又是汪应辰之婿。《宋元学案·玉山学案》载："郑侨，字惠叔，莆田人也。从父曰厚、曰樵，世所称溪东、溪西二先生者也。溪东、溪西二先生以稽古之学传其家，而先生又婿于玉山之门，故其践履醇如也。乾道五年，进士第一。……党禁起，高似孙作《右道学图》，以先生为巨首，谓其庇之也。出知福州，陛辞，请'平国论而无偏听，严边防而无轻信'。说者以为侂胄始于锢道学，终于用兵，先生两言，尽知其生平。以观文殿学士卒，赠太师，谥忠惠"。

郑樵的从孙郑寅是一藏书家，据《莆阳文献传》记："郑寅，字子敬，一作承敬，号肯亭。博习典故，以父任补官，历知吉州、左司郎兼权枢密院副都承旨。竟以执法守正出知漳州。藏书数万卷。著有《包蒙》七卷，《中兴纶言集》二十八卷。名贤真德秀、李燔、陈宓皆与友。"

二

父亲的早逝给郑樵造成物质生活的重厄，他在越王峰下郑国器庐墓侧苦读时，不得不承担必要的家务，孤独感油然而生：

"樵幼而孤苦，长而穷困，视屋漏以无愧，闻鸡鸣而不已。所赖闽中无兵火之厄，可以见天下之书，犹幸家无担石之储，可以绝人间之事。栖丘饮壑，映雪照萤，唯恋分阴，不图进取。"（《重刻福建兴化县志》卷六《撰述》）

所幸的是，寂寞中有弟弟郑樵相伴共学。1124年，郑樵偕弟又去南峰书院攻读，他保持着不为俗尘所染的心境和不肯随波逐流的人生品格，谢绝人事应酬，专注学问，曾赋诗曰："一泓澄澈照人间，明月团团落古湾。不向奔流随浪击，独特高洁伴云山。禅房夜静留清鉴，阆苑仙归坠碧环。每到轩前心转逸，了无纤翳可相关。"（《夹漈遗稿》卷一）

几年攻读，郑樵、郑樵兄弟学业上有了长足的进步。"天下轻黄宪，居邻敦戴良。"（《家园示弟樵八首》之一）郑樵此两句诗，借才华出众的东汉学者黄宪，得不到世人赏识，寄寓自己怀才不遇的落泊感，也兼有对自己学识才华的自信心。宋代学人绝大多数热衷于科举，因为有宋一代，科举制为士人从政开辟广阔道路，且科目繁多，有进士、九经、五经、三礼、三传、开元礼、三史、学究、明法、制科等等，录取名额众多，以郑樵之学识，不难在其中分得一杯羹。但是，众多士人趋之若鹜的举业，却为郑樵所拒绝。他以读古人之书，通百家之学为鹄的，将对知识的追求和传承作为志向。郑樵曾解释他的超常举动：

"班固有言：'自武帝立五经博士，开弟子员，设科射策，劝以官禄。讫于元始，百有余年，传业者浸盛，枝叶蕃滋。一经说至百万言，大师众至千余人，盖禄利之路然也。'且百年之间，其患如此；千载之后，弊将若何？况禄利之路，必由科目；科目之设，必由乎文辞。三百篇之《诗》，尽在声歌；自置《诗》博士以来，学者不闻一篇之《诗》。六十四卦之《易》，该于象数，自置《易》博士以来，学者不见一卦之《易》。"（《重刻福建兴化县志》卷四《儒林传》）

如此智睿而又清醒的认识，使他义无返顾地拒绝登科入第求干禄，毅然选择了艰辛的学术创新之途。

郑樵初登学坛是师事从兄郑厚。"郑厚，字景韦，庄之后。其先唐征远将军都统使茂先从居下溪之东堰上。自是别为溪东房，故谓公为溪东先生"。他长郑樵四岁，也是才华出众之人，"四岁闻人读书能默记，七八岁通解经旨，作诗文皆出人意表。稍长，下笔成章，援引古今，议论不为空言。"（《重刻福建兴化县志》卷四《儒林传》）他与郑樵在治学兴趣及方法上相似，且比郑樵早慧。作为从兄弟，同寓莆田广业里之霞溪，溪东为郑厚家，溪西为郑樵家，所以分别以"溪东"、"溪西"先生鸣于闽，在当地号称"二郑"。这一段趣味相投的读书生涯，后来在郑樵笔下演绎为情趣生动的文字：

"春风二三月间，弟兄二人，手挈饭囊酒瓮，贸贸深山中，遇奇泉、怪石、茂林、修竹，凡可以可人意向者，即释然坐卧。

一觞一咏，累月忘归；山村蓊荟，禽鸟不知人来，争食，挥之不退。牧子樵夫，泽薮相逢，呼而不就坐，即疑为神仙怪物，不问姓名，睥睨而去。或采松食橡，浇花种药，随渔狃猎，优游山谷间，自得名教中乐地。故夏不葛亦凉，冬不袍亦温，肠不饭亦饱。头发经月不栉，面目衣裳垢腻相重不洗，而贞粹之地，油然礼义充足。弟兄亲戚，乡党僚友，谓为痴、为愚、为妄，不相辈行也。"（《夹漈遗稿》卷三）

郑厚被誉为"闽中士子，一经指教，皆为当世闻人"，甚至有人认为"吾莆文字，以湘乡为开山祖。"（《莆阳比事》卷三《湘乡门人艾轩弟子》）郑樵在郑厚指引下步入文学创作之门。二人不同处是，郑樵志在修史而谢绝人事，郑厚志在从政而乐于交游，但二人皆在南北宋交替之年充满爱国热情。郑厚与郑樵曾多次拜访中书舍人宇文虚中、江常诸名人，交往中拓宽了视野。

后来，郑厚通过州学考试去太学读书，公元 1135 年举礼部奏赋第一，并在宋高宗关注下诏特循两资而升擢差遣，授左从事郎泉州观察推官。郑厚除文学外，学识渊博，有独创见识，且勇于怀疑，敢于批判。著有《艺圃折衷》、《存古易》、《通鉴分门类要》、《湘乡文集》等，是莆田郑氏世家中仅次于郑樵的文化名人。《重刻福建兴化县志》曾赞他："器识高远，诸子百家靡不淹贯，见理如破竹，迎刃而解，作文从肺腑流出，自然根本超脱，别成一家。"

郑厚步入仕途后，郑樵差不多有五六年时间另辟学术新途，关注天文地埋、草木虫鱼之学。这些学问，与科举皆无关系，历来不受俗儒青睐，而他却将注意力移于此，可见其识见高出传统士人。他曾对三国时董遇"好学"作分析，认为"董遇所谓'读百遍，理自见'也，乃若天文、地理、车舆、器服、草木、虫鱼、鸟兽之名，不学问，虽读千回万复，亦无由识也……纵有言者，亦不过引《尔雅》以为据耳，其实未曾识也"（《夹漈遗稿》卷二《寄方礼部书》），透彻针砭注家之疏漏。所以他研究自然科学时，尤注重观察、访谈，也即类似今人田野作业。郑樵研究天文注重仰观天象；研究地理注重实地考察，"游名山大川，搜奇访古"；学习生物学，注重向农夫请教并亲自观察，因为"农圃之人识田野之物，而不达《诗》、《书》之旨。儒生达《诗》《书》之旨，而不识田野之物"，所以可取之经是"广览动植、洞见幽潜，通鸟兽之情状，察草木之精神，然后参之载籍，明其品汇"（《通志总序》）。正因为治学方法上突破前贤，使他在众多领域取得重大成果。

约在公元 1142 年，郑樵开始对文献学作系统研究。起因是宋代政府数次广泛的征书活动。他在征书活动中所作《献皇帝书》，历述学术研究历程并提出文献之学、图谱之学、亡书之学，《群书会记》、《校雠备论》、《书目正讹》、《图谱有无记》、《求书阙记》、《集古系时录》、《集古系地录》等著作。作为藏书大家，"十年搜访图书、竹头木屑之积，亦云多矣"（《夹漈遗稿》卷三）。他丰富的藏书仍然不能满足其需求，于是，"莆中故家多书者，披览殆遍，犹以为未足，周游所至，遇有藏书之家，必留借读尽乃去"（《重刻福建兴化县志》儒林传）。广泛的藏书、搜书、借书使他具有文献学扎实根底，并在此基础上完成煌煌巨作《通志》。

靖康二年（1127），金人立张邦昌为伪帝，后赵构称帝于南京。国家兴亡之际，立志治学为终身职志的郑樵从书斋中走出，欲在更广的领域中报效祖国，他与郑厚油然而生捐躯殉国之志。郑樵在与宇文虚中的交往中，谈到自己与其从兄郑厚欲谋一职位以报效国家之志：

"厚也、樵也，何人也？沉寂之人也，仁勇之人也，古所谓能死义之士也。谓人生世间一死耳，得功而死，死无悔；得名而死，死无悔；得义而死，死无悔；得知己而死，死无悔。死因无难，恨未得死所耳。今天子蒙尘，苍生鼎沸，典午兴亡，卜在深源一人耳。厚兄弟用甘一死，以售功、售名、售义、售知己，故比见阁下，以求其所也。"（《夹漈遗稿》卷三）

但是，宇文虚中因议和罪遭放逐，未能满足"二郑"恳请。郑樵毕生治学，但也关注时政，他与许多政治家保持联系，其中赵鼎、张浚、李纲便是与其交往密切者。他将自己的学生和朋友向当局者推荐，希望他们将所学用于抗金大业。但是，他用世之志往往不能兑现。他给地方官吏上书求职，又献书皇帝，上书宰相，均未能求得实现自己大志的职位。直到绍兴二十七年（1157），郑樵 54 岁时，"以侍讲王纶、贺允中荐，得召对"（《宋史·郑樵传》）。但是，授右迪功郎，主管尚书礼兵部架阁文字后很快遭遇排斥，"以御史叶义问劾之，改监潭州南岳庙，归抄所著《通志》"（《宋史·郑樵传》）。经过三年努力，《通志》告竣，但作者生命也步入绝境。绍兴三十二年（1162），"春，高宗至自建康，命以《通志》缴进，会病卒"（《兴化府莆田县志》卷三十一《儒林传》）。郑樵的去世，使"海内之士知与不知，皆为痛惜。太学生三百人为文以祭。归正之人感先生之德，莫不惜器之。"（《重刻福建兴化县志》卷四《儒林传》）一代学术巨匠就这样在求索中走完人生旅途。

三

郑樵的学术贡献是多方面的。首先，作为史学大师的郑樵，其最大贡献是为中国撰写了一部史学巨著《通志》。

《通志》一书，"会通"为其史学创新点，作者以全面、发展的学术眼光看待历史，集天下之书为一书，会天下学说而又自成一家之说。郑樵认为，自班固断代为书后，遂失孔子、司马迁所掌握的"会通"之义，他分析了断代史数端缺陷：内容重复，前后不连贯，叙述主观。所以，他的《通志》既上承孔子、司马迁传统，又在体例、方法上多有发明。章学诚在《文史通义》中对以"会通"思想写作的《通志》多有佳评，归纳为"免重复"：《通志》一书，于人物事实可互见，文无重出；"均类例"：一改过去史书类例参差不齐，会通前后，例由义起，自成体系，自成家法；"便铨配"：使《通志》一书包罗诸史，制度相仍，人物相生，各随时世，人物能约略先后，以次相比，又子孙附于祖父，世家会聚宗友，一门血脉相承，可见时世盛衰；"平是非"：《通志》所记，事隔数代，能衡鉴公正，笔削平允；"去抵牾"：《通志》统合为编，通盘考虑，以免矛盾，克服断代为史，裁制各异，首尾交错，互有出入之弊病；"详邻事"：《通志》能南北统史，异代汇编，克服断代史各民族不能与代同其终始，致使中朝典故居全，而蕃属载记参半之毛病（详见《文史通义》）。郑樵史学真可谓"以博为根，以史为纪，以会通为极致。（《通志总序笺》）

《通志》体例完整，自成体系，其中以"二十略"最见特色，"百代之宪章，学者之能事，尽于此"（《通志》），揭示了《通志》的稽考作用，而详于事实，略于浮言又为郑氏治学之特点。又以序、论文、按语、提要、附注等发表作者史学、史实、史料诸方面见解。《通志》体例上继承《史记》列表的传统，撰有《年谱》四卷，强调"为书者不可以无图谱"，凡此种种，均为《通志》体例上过人之处。

郑樵依《通志》体例，对旧史中有关资料作了调整，采取"以类相从"（《十通》），使该书体例划一，避免重复；又博采众史，择善而从；且据撰述之需，对诸史旧文作增删。

如果说《通志》是郑樵最大的贡献，创造出一种新的史观来书写历史，以会通来归纳史实，那么，对文献学和语言学的贡献，是他另一座与史学贡献并峙的高峰。

郑樵将金石视作文献一个重要类型，竭力搜寻金石文献，除"搜尽东南遗书，搜尽古今图谱"，将"尽上代之鼎彝，与四海之铭碣"与之并重（《夹漈遗稿》卷二），且把金石文献编出目录，成《金石略》，按出处、时代、作者分别进行分类著录，款目有附注，注其时间、地点，并作考证。他在文献学上重视图谱作用，所撰《图谱略》中论其意义：图，经也，书，纬也。一经一纬相错而成文。"（《通志》）他还以自己治学中因重视图谱屡有发明的事实来论证图谱之重要。难怪姚名达说："自古提倡图画表谱，意识最清，出力最大，固未有逾于郑樵者。"（《中国目录学史》）在文献收集方法上，他以生动实例来说明秘府藏书不丰是因为求书之法欠妥，因而拈出收求图书之"八求"法：一曰即类以求，二曰旁类以求，三曰因地以求，四曰因家以求，五曰求之公，六曰求之私，七曰因人以求，八曰因代以求"（《通志》），并一一举例说明，对中国宋以后文化人在积累文献的方法上产生启迪作用。明人谢在杭说求书之法莫详于郑夹漈。"（《五杂俎》卷十三）而章学诚更进一层说，"求书三要，即郑樵所谓其道有八，无遗议矣"（《校雠通义》），清人潘祖荫还专刻书印"八求精舍"（《藏书纪事诗》）。

除"求书"之道外，郑樵在文献学上还对亡佚图书的辑佚法作过精到归纳，提出名虽亡而实不亡，书虽亡可从相应书中辑得等说，这些辑佚论影响到后来的祁承㸁、章学诚等辑佚理论。在文献编目方面，郑樵是首次全面系统地阐明图书分类意义，并作过建立分类体系尝试的人，其分类体系贯穿着按学科内容分类的思想，对刘歆《七略》、王俭《七志》、阮孝绪《七录》以及《隋书·经籍志》作过批评，突破了《七略》分类的框架。在具体操作中强调类目不患多而患无条理，在著录中对著录项目、方法也作过归纳。

在精研文献的同时，他又专注于语言学，在语言学中的文字学、音韵学、训诂学尤有成绩。在《夹漈遗稿》中，我们得知他有"三年为文字之学"经历，并写成《象类书》、《字始连环》、《续汗简》、《石鼓文字》、《梵书编》、《分音》等著作。郑樵在许慎文字学基础上，批判地继承其遗产，作出了自己的独到贡献，如在讨论六书之间的区别与联系，用六书来分析、统摄一切文字以及提高文字归类与检索的精确度等方面，均有突出贡献。沈兼士曾评说："许君（慎）未尝以六书部勒全书，六书分类之法，盖自郑氏之《六书略》始。"（《沈兼士学术论文集》）他又说，"在郑樵以前，没有以六书统释文字的"。

郑樵在音韵学方面主要硕果反映在《通志·七音略》中；在训诂学方面硕果主要反映在所撰《尔雅注》三卷。

除上述贡献外，他在经义学、礼乐学以及自然科学上也有诸多建树。特别是自然科学中天文、地理、生物诸方面贡献尤著，这在以重道轻器为文化特点的中国，尤其难能可贵。

四

郑樵的著述现存《尔雅注》三卷、《通志》二百卷、《夹漈遗稿》三卷，辑佚的诗文若干。

梁启超曾说："自有史学以来两千年间，得三人焉：在唐则刘知几，其学说在《史通》；在宋则郑樵，其学说在《通志·总序》及《艺文略》、《校雠略》、《图谱略》；在清则章学诚，其学说在《文史通义》。然刘、章惟有论史学之书，而未尝自著成一史，郑氏则既出所学以与吾人共见，而确信彼自有其不朽者存矣。"

（《中国历史研究法》）作为有宋一代学术大师，郑樵贡献之巨是无庸置疑的，所以，"郑樵是中国史上很可注意的人。他有极高的热诚，极锐的眼光，极广的志愿去从事学问。在谨守典型而又欠缺征实观念的中国学界，真是特出异样的人物。因为他特出异样，所以激起了无数的反响。"（顾颉刚《郑樵传》）其学说对后人影响重大，即使当今《中国通史》一类著述，其会通思想与郑樵的《通志》也有袭承关系。正如顾颉刚所评论的，"郑樵的学问，郑樵的著作，综括一句话，是富于科学的精神"。

纪事本末体的开创者

——宋·建安袁枢家族

一

袁枢，字机仲，宋建宁府建安（今福建建安）人，生于南宋高宗绍兴元年（1131），卒于宁宗开禧元年（1205）。他一生历高宗、孝宗、光宗、宁宗四朝，官至工部侍郎兼国子祭酒。其时宋、金对立，社会动荡，而袁枢的家乡闽省，幸免于中原战争的蹂躏，经济发展，文化发达，成为南宋王朝赖以图存的后方之一。他的故乡"建州为九闽上游，而建安又建州首邑，人文财赋，颇甲江南"（《重修建安县志序》）。藏书家尤多，印刷业极为繁荣，是当时刻书中心之一，被誉为"家有诗书、户藏法律"之地（《康熙建宁府志》）。这里的民风，崇文尚武，"其民之秀者，狎于文，负其厉气者，亦悍以劲"。种种文化氛围及社会习俗，对袁枢一生产生了深刻的影响。

袁枢的家族在地方上有很高的声望，至有振臂一呼、应者云集的召号力。建炎年间，范汝为在建安发动起义，队伍经过袁枢家乡时，袁枢的祖父袁胜之，"挺身往说，遂引去"（《福建通志》），使袁枢的家乡未受到扰乱和影响。

二

　　袁枢五岁入乡塾，七八岁时曾在屏间题诗云："泰山一叶轻，沧浪一滴水，我欣天地间，何啻犹一指。"（《尚友录》）众人见而称奇，诗所寓的物我合一之观念，也许是他一种初始的历史观的萌芽。青少年时期的袁枢，因喜吟诗而挚爱文学，常以吟咏来倾诉自己的人生抱负，如曾在故乡"南乡桥"上题诗："玉龙倒影挂寒潭，人在云霄天地间。借问是谁题柱去，茂陵词客到长安。"（《建安县志》）借此抒写从山乡走向京都的决心和欲在历史舞台上作贡献的抱负。他17岁去浙江临安太学攻读，在9年太学生涯中，结交俊士硕彦，学业长足进步。在南宋初期，临安正是文士云集之地，他深受士人青睐而为一生仕途奠定基础。孝宗隆兴元年（1163），袁枢"试礼部、词赋第一"（《宋史》本传），登进士第。他以"爱君忧国之心，愤世疾邪之志"，极欲报效国家。自及第后八九年间，他任过温州判官及兴化军教授。孝宗乾道七年（1171），迁礼部试官，除太学录，曾上奏朝廷，"一论开言路以养忠孝之气，二论规恢复当图万全，三论士大夫多虚诞、侥荣利"（《宋史》本传），这三奏疏均针对当时社会重大隐患而发，切中时弊。孝宗出于血缘宗法之制，任用皇亲张说，而张说为一佞臣。张说的任用问题，引来群臣竭力反对，袁是其中最强烈的一位。净谏无效，袁枢要求"外补"，出任严州教授。

　　在严州教授任上，因受环境限制，政治上难有作为，他只能过着"却怜广文官舍冷，只与文字相周旋"的寂寞生活。但由此，也给他提供了一个专注于中国历代治乱兴亡问题的时空。他希望对历史作规律性总结而达到安邦定国的人生抱负，这便是后来成就《通鉴纪事本末》的初衷。袁枢早岁熟诵《资治通鉴》，即感到由于它太浩博，人事交错，使阅者往往难以理出历史治乱规律。他在严州任上，"乃自出新意"，将《通鉴》一书"区别门目，以类排纂。每事各详起讫，自为标题，每篇各编年月，自为首尾"（《宋史》本传），编纂成《通鉴纪事本末》一书，将中国历代治乱兴衰变故更为集中且线索清晰地整理出来，成为中国历史编纂学上一大创举。当时参知政事龚茂良得知此事，认为该书"有补治道"，将书稿荐于宋孝宗，孝宗阅后极为叹服，分赐给皇太子和江上诸帅，说"治道尽在是矣"（《宋史》本传），要求他们熟读，并下诏严州纂印 10 部。朱熹、杨万里、吕祖谦等当时文化顶尖人物纷纷写序作跋，推崇备至。此时，袁枢的政治前途也因该书而好转，他从严州教授迁为大宗正簿，旋又任太府丞兼国史院编修官，得以更多地参与政界活动。袁枢秉承早年宫中为官的直谏风格，对民族国家兴亡大事仍然慷慨陈词，对皇帝的道德要求力倡"公正"，他指出，"人主有偏党之心，则臣下有朋党之患"，"愿可否惟听于国人，毁誉不私于左右"（《宋史》本传），企盼政治清明的推广。他在抗金问题上，提出积极、稳健的备战主张，与抗战派人士辛弃疾、陈亮一致，而对备战分外注重；他对民间疾苦、国计民生等问题尤为关注，视察真、扬、庐、和四郡，对"豪强之户，冒耕包占"之兼并现象向皇帝提出整治措施，并提出增强国力、安定流民的可行性政策。他兼国史院编修官分修国史列传时，那个曾位及人臣的闽省同乡章惇的后代，曾以同乡关系，要求在传中对章惇传加以文饰，而袁枢以"吾为史官，书法不隐，宁负乡人，不可负天下后世公议"（《宋史》本传）为修史鹄的，坚持"实录"精神，将章惇等人列入"奸臣传"，被人称为"良史"。宁宗庆元二年（1196），袁枢因与朱熹关系密切而牵连入"伪学党人"，列入党禁之中，被罢官归乡，在家闲居 10 年。乡居时由经史转治《易》，与朱熹、杨万里诸友好切磋《易》学，著为《易传解义》、《辨易》、《童子问》等。

三

　　袁枢的《通鉴纪事本末》共四十二卷，始于"三家分晋"，终于"世宗征淮南"，总括为二百三十九事，为中国首部纪事本末体的历史著作，他的贡献在于将重要史实按次序分别立目，独立成篇，从而补编年、纪传两体之不足。袁枢将浩繁的历史事件加以整理，弄清其来龙去脉、前因后果，将治乱兴亡的政治现象条理化、故事化，增加了读史的整体概念，其发凡起例，确有独创性，开创了中国历史编纂学除《春秋》编年体和《史记》纪传体之后又一范例，纪事本末与编年、纪传之体鼎足而立，互争雄长，对后世史学编纂学产生重大影响。自南宋开始到清为止，仿效者继起，著名的纪事本末体史书流传于世者有十数部之多，成为一个独立的历史叙述体系，如《皇宋通鉴长编纪事本末》、《宋史纪事本末》、《元史纪事本末》、《左传纪事本末》、《左传事纬》、《续通鉴纪事本末》、《辽史纪事本末》、《西夏纪事本末》、《明史纪事本末》等等，都是在袁枢的编纂思想及其成果启发下产生的。清代之章学诚对袁枢之编纂能补编年、纪传二体之不足极为肯定，称《通鉴纪事本末》"因事命篇，不为常格"，"文省于纪传，事豁于编年，决断去取，体圆用神"（《文史通义》），为了解史事提供了极大的方便。

朱学干城

——宋·建阳蔡氏文化世家

一

建阳蔡氏一门，数代为闽中理学大家，以捍卫朱子学为己任，
《宋元学案·九峰学案》称"蔡氏父子兄弟祖孙皆为朱学干城"，
从蔡发始，经蔡元定，又经蔡渊、蔡沉、蔡沈等一门数十人，世
代以巨大热情，投入到朱子学的研习、推广、实践中，可谓闽学
难得的个案。其家族世系为：

二

蔡发，字神与，是蔡元定的父亲，对理学造诣极深。朱熹有《跋
蔡神与绝笔》，简略记其生平及学术取向：

"既专，博学强记，高简廓落，不能与世俗相俯仰，因去游

四方，闻见益广，遂于易象、天文、地理三式之说无所不通，而皆能订其得失。中年乃归，买田筑室于武夷之阳。杜门扫轨，专以读书教子为事。子元定生十岁，即教使读《西铭》。稍长，则示以程氏《语录》、邵氏《经世》、张氏《正蒙》，而语之曰：'此孔孟正脉也。'"（《朱文公文集》）

从中可见蔡氏理学世家当起源于蔡发，亦可知其子蔡元定受父亲所教导"孔孟正脉"理学思想的影响。后蔡元定三个儿子蔡渊、蔡沆、蔡沈皆为朱熹门人，其中蔡沈对朱子学贡献尤大。

蔡渊、蔡沆在《宋元学案》中列名"西山蔡氏学案"，可视为蔡元定学术之传人。蔡渊未见设专文介绍，而对其子蔡格，则有如下记载：

"蔡格，字伯至，节斋先生（即蔡渊）长子，西山先生长孙也。号素轩，学者称曰素轩先生。行高而德厚，学足而望隆，性质冲淡，持身谨恪。教诸子侄，必遵先世礼义之训。与从弟觉轩、久轩、静轩等自相师友，由始至终，未尝少懈。时有以佛、老之教惑乱众听者，先生与学者讲明《孟子·尽心章》以力诋之，作《至书》以警之。又著《广仁说》以自励，其卫道何严哉！"

蔡格与从弟觉轩（蔡模）、久轩（蔡杭）、静轩（蔡权）等"自相师友"，这是蔡氏家族的一种文化传承模式，可见其家族以布衣自荣而志在学业的可贵文化遗风。

蔡沆为蔡元定二子，其学术贡献可能高于其兄蔡渊，其生平行宜大略为："蔡沆，字复之，号复斋居士，西山先生之次子也。西山怜外表兄虞英无子，与之为嗣，更名知方。从母命归宗。入则受教家庭，出则从文公学。承父《春秋》之属，先生爱著《春秋五论》、《春秋大义》、《春秋衍义》等书。苏天爵称其有功于《春秋》，有补于后学者也。又作《敬义大旨》、《复卦大要》二篇，以敬为入德之门户，义为一身之主宰，发明敬义以示人。

以《复》为学者迁善改过之机。与人讲明《复卦》，尝言人当以'不远复'为法，以'频复而厉'为戒，尤有功于世教云。"（《宋元学案·西山蔡氏学案》）

蔡沈之子蔡模、蔡杭、蔡权名列《宋元学案·九峰学案》中"家学"，为蔡沈学术之血缘传人。

"蔡模，字仲觉，九峰先生冢子也。淳祐四年，以丞相范钟荐，谢方叔亦乞表异之，诏补迪功郎，添差本府教授。尝辑文公所著书为《续近思录》及《易传集解》、《大学衍说》、《论孟集疏》、《河洛探颐》等书行世，学者称为'觉轩先生'。"

"蔡权，字仲平，九峰先生第三子也。聪明英毅，肄业于家庭，兄弟联席，自相师友。觉轩为《续近思录》、《易传集解》、《大学衍义》、《河洛探颐》、《论孟集疏》等书，皆与先生参考，以至成编。以兄恩补承务郎，教授乡间，讲明义理，独处静室幽轩，终日怡怡，学者称之曰'静轩先生'。"

"蔡杭，字仲节，觉轩之弟也。绍定进士，主管刑工架阁文字。召试馆职，迁秘书正字，升校书郎，兼枢密院编修、诸王宫大小学教授。疏权奸不可复用，国本亟宜早定，帝善其言。累官至端明殿学士同知枢密院事，拜参知政事。即乞骸，不俟报辄行，落职予祠。卒谥文简，以犯祖讳，更谥文肃。"（《宋元学案·九峰学案》）

上述蔡沈三子除二子蔡杭在朝中为官外，其余二子皆为专业学人，且著述颇多。

蔡氏家族的学术实绩当以蔡元定、蔡沈为最著，在闽学中地位甚高。

三

蔡元定（1135—1198），字季通，建阳人，为朱熹亲密的朋友与学生。蔡元定少时受学其父蔡发，博览二程、张载、邵雍之书。24 岁那年师从朱熹。初次见面，朱氏"扣其所学，大惊曰：'此吾老友也，不当在弟子列'"（《宋史·蔡元定传》）。蔡氏一生布衣，终其身与朱熹保持师友兼及的关系，被视作朱熹讲友及门人中的领军人物。《宋史》本传中说他与朱"遂与对榻讲论诸经奥义，每至夜分。四方来学者，熹必俾先从元定质正焉"。可见二人情义之深。宁宗庆元二年（1196），因伪学党禁，蔡元定以布衣编管湖南道州，朱熹及从游者送别，还与蔡元定讨论《参同契》。蔡氏临行时态度极其不平，朱熹劝说："友朋相爱之情，季通不挫之志，可谓两得之矣。"蔡元定到道州后，经常与朱熹书信往还，继续着友谊。他死于道州后，朱熹在祭文中说："呜呼季通，而至此耶！精诣之识，卓绝之才，不可屈之志，不可究之辨，不复可得而见矣。"（《朱文公文集》）这是朱熹对他人品和学问的高度评价。朱熹又在《与刘孟容书》中回忆与蔡交往，说："交游四十年，于学无所不讲，所赖以祛蒙蔽者为多。不谓晚年乃以无状之迹，株连及祸，遂至于此。闻之痛悼，不知涕泗之流落也。"其师友感情之深，在朱学同侣中首屈一指。

应该看到，蔡元定除向朱子问学外，还对朱子学起到过辅佐作用。蔡氏之门生翁易（崇安人）在 1247 年曾记载："晦庵疏释'四书'，因先生（蔡元定）论辩有所启发者非一。六经与《语》、《孟》、《学》、《庸》之书，先生与之讨论讲贯则并驰其功焉。《易学启蒙》一书，先生研精覃思，屡年而后就，晦庵复删润之，始克成书。"〔《蔡氏诸儒行实》）

可见朱熹《四书集注》与《易学启蒙》中，有蔡元定的功绩。连朱子自己也承认，"季通平生著述多谦让，寄寓于熹书集中"（《蔡氏诸儒行实》）。

蔡元定的学术指归为将程、邵两个取径不同的著述合在一起，又容纳张载之说，兼有义理和象数两个方面。其最著名的为《皇极经世指要》，是对邵雍学术明晰的概括之作。宋代黄瑞节评其著曰："西山先生始终以《易》疏其说，于是微显阐幽，其说大著。学者由蔡氏而知《经世》，由《经世》而知《易》，默而通之可也。"（《邵子全书》附录）清代王植更进一步说："《纂图指要》（《皇极经世指要》首章）所疏最为醒畅，较邵伯子之说更优。故各图说一以西山为主。"（《皇极经世全书解·例言》）

蔡元定的《律吕新书》是中国音乐史上的一部名著。该书之贡献在于提出十八律理论。所谓"十八律"，是指中国旧说律吕三分损益律为一种不平均律，其半音音程有大小之分，全音音程有大中小三种之分。且由于倍黄钟与黄钟本律不成倍数关系，造成旋宫上困难。蔡氏为解决律吕旧说的矛盾，创造十八律，该律在原十二律基础上加用变黄钟、变太簇、变姑洗、变林钟、变南吕六个新律而成，是中国音乐史上的一大创举。作为理学家的他，在十八律吕创新中反映了他的学术倾向，即以术数学作为理论切入视角，使用今人难以捉摸的术数家专设术语甚至迷信语言来论证。蔡元定的演算方法说明在十二世纪时，尽管讲论封建伦理道德的理学思维弥漫，但理学家中仍然有优秀人才具有一定科学的头脑。

四

蔡沈（1167—1230），字仲默，号九峰，是蔡元定三子。因蔡元定次子蔡沆出继元定表兄虞氏，所以蔡沈仍以仲字排行，人称"九峰先生"。蔡沈一生未应科举，也未做官，在庆元党案中，朱熹门人有许多怕受牵连而离去。但蔡沈始终以学习、阐发朱子学为己任。其父蔡元定被谪湖南道州时，蔡沈的兄长蔡渊在家奉母，而他随父去了道州。蔡元定死于道州，蔡沈护丧以还。蔡沈的友人真德秀在《九峰先生墓表》中称其不屈于压力，以理学家为道捐躯的精神，誓为朱学干城：

"庆元初，伪学之论兴，文公以党魁黜，聘君亦远谪春陵，君徒步数千里以从。九嶷之麓，最楚粤穷僻处，山川风物悲凉惨怆，居者率不能堪。君父子相对，以体义相怡悦……"

蔡沈自幼年师事朱熹，《宋史》本传称"熹晚欲著《书传》，未及为，遂以属沈"，可见朱子视蔡沈为学术承传人。关于蔡沈与朱熹之关系，可从蔡氏《梦奠记》中见其端倪。该文记载，1200 年，朱熹夜审阅蔡沈《书集传》，"说数十条，及时事甚悉，精舍诸生皆在"；初三"先生在楼下改《书传》两章，又贴修《稽古录》一段，是夜说《书》数十条"；初九，"令沈（蔡沈）至卧内，先生坐床上，沈侍立，先生以手挽沈衣令坐，若有所欲言而不言者"，可见蔡沈与朱熹情同父子。朱死后，蔡沈竭力护师道，在朱子学史上有其重要作用。另外，除维护朱学外，他还继承其父蔡元定的学说。《宋史》本传曰：

"《洪范》之数，学者久失其传，唯元定独心得之，然未及论著，故嘱子成书，曰：'成吾书者沈也。'沈受父师之托，沉潜反复者数十年，然后成书，发明先儒之所未及。"

蔡沈的学术思想颇为庞杂，其中融合朱子之理和邵雍、蔡元定之术数，以《书集传》和《洪范皇极》为代表。《书集传》六卷，是一部数百年来在传统学术文化中产生重大影响的书。该书是朱子临殁前委托蔡沈撰述，而朱子死后历经十年才成稿。元仁宗皇庆时，蔡沈此书与朱熹《周易本义》、《诗集传》，胡安国《春秋传》并列为官方学术代表著作，为科举所依据，是书遂为元、明、清三代士人必读之教科书。该书以浅近文字注释《书经》，纠正前人不少误读，阐释作者独出之新义。但因不偏重于汉、唐以来的考据成果，不为精研考据的汉学家所重视。另一著述《洪范皇极》，为一部理学象数之著作。该著中将理学最高范畴设定为"数"，并认为天地万物皆由"数"而创造；又将"数"视为天地万物之规律。在认识论上，蔡沈带有先验论特色，认为"道理"自在心中，认识不必接触外世事物，只向内心寻找即可。又继朱子秉承孟子性善论并由此认可天命论的历史观。该书在术数上构成八十一个洪范九畴数的体系，是宋代以前儒学所未见的。蔡沈承周、程、邵、朱子，又综合归纳出一个自然发展观，将周之太极、程之理结合，把朱子学的倾向趋之极致。时至今日，可将蔡沈之学视为中古社会思想演变、文化发展的一个侧面。

闽学的桥梁

——宋·长乐黄榦理学世家

一

福建长乐人黄榦，字直卿，号勉斋，人称"勉斋先生"。生于南宋高宗绍兴二十二年（1152），卒于宁宗嘉定十四年（1221），终年 70 岁。清世宗雍正二年（1624），从祀孔子庙庭，差不多成为偶像式学者。他不但是朱熹及门弟子，还是朱熹女婿。双重身份使他在闽省朱熹门人中居于领袖地位，黄震在《日钞》中说，"晦翁既没，门人如闽中则有潘谦之、杨志仁、林正卿、林子武、李守约、李公晦。门人号高第者，遍于闽、浙与江东，独勉斋先生强毅自力，足任负荷。同门有误解，勉斋一一辩明。"可见作为领袖，朱门的黄榦得师传最专，具有朱子学权威解释的地位。黄榦在《宋元学案》中作为"勉斋学案"，讲友众多，师承者也众多。黄氏一门世有大儒，为南宋时闽中显赫之文化大家族。黄榦家族世系为：

黄瑀—黄榦— 黄辂
黄辅

黄榦的父亲黄瑀官至监察御史，"以笃行直道著闻"（《宋元学案·勉斋学案》），是一位儒学研究者，但他的精力主要用于为官为政。黄榦长子黄辂，"字子木，勉斋长子也，为朱文公外孙。文公尝以陆探微所画狮子像遗之，真西山《跋画师帖》曰：'子木之幼也，晦庵已深期之。今其问学日进，而志气日强，盖庶乎不负先生之期许者。'又因以勉之。"（《宋元学案·勉斋学案·黄先生辂》）可见黄辂作为黄榦子、朱熹外孙，朱子曾寄以厚望，期盼他能成为学术继承人。黄榦对次子黄辅的教育也很重视，曾与胡伯量曰："辅年二十三，幸其静重，遣之趋受，望借一寺舍僧房近郡治者与之处，诲之以所当读之书'云。"（《宋元学案·勉斋学案·黄先生辂》）

二

黄榦一生为官从政，历任浙江嘉兴酒库、江西临川县令、新淦县令、湖北汉阳知州、安徽安庆知府等地方官吏，多有政绩。他对朝廷向金人退让求和持激烈批评态度，力主抗战收复失地。他在汉阳、安庆任内，召募壮勇、巡视防城，反击金兵的侵掠，颇得时人赞赏。尽管任上修城、赈灾、听讼诸事纷杂，但未能动摇他崇儒讲学的追求。《宋元学案》记载，他在安庆筑城时，早上五更坐堂布置本日筑城事，继而处理日常政务并与幕僚讨论边防利病，之后又出衙门督视城防修筑，晚上入书院讲经论史。这差不多成为黄榦在安庆任上每日的日程安排，一直到去任为止，可谓传统社会一位勤勉善政的学者式官员。黄榦是朱熹生前最亲密的学生，自 25 岁成朱熹弟子起，始终跟随朱熹学习、切磋，加上后来成为朱子女婿，在从学过程中自然具备他人难以企及的优势。张伯行在为《黄勉斋文集》作序时指出："晦翁倡道东南，士之游其门者无虑数百人，独勉斋先生从游最久，于师门最为亲切。"（《正谊堂文集》）《宋史·黄榦传》比较详细地记载了他师从朱子问学的经历：

"（父）瑀殁，榦往见清江刘清之。清之奇之，曰：'子乃远器，时学非所以处子也。'因命受业朱熹。时大雪既至，而熹它出，榦因留客邸，卧起一榻，不解衣者二月，而熹始归。榦自见熹，夜不设榻，不解带，少倦则微坐一椅，或至达曙。熹语人曰：'直卿志坚思苦，与之处甚有益。'尝诣东莱吕祖谦，以所闻于熹者相质正。及广汉张栻亡，熹与榦书曰：'吾道益孤矣，所望于贤者不轻。'后遂以其子（第三女）妻榦。宁宗即位，熹命榦奉表补将仕郎，铨中授迪功郎，监台州酒务。丁母忧，学者从之，讲学于墓庐甚众。熹作竹林精舍成，遗榦书，有'它时便可请直卿代即讲席'之语。及编《礼书》，独以《丧》《祭》二篇属榦，稿成，熹见而喜曰：'所立规模次第，缜密有条理，它日当取所编家乡、邦国、王朝礼悉仿此更定之。'病革，以深衣及所著书授榦，手书与诀曰：'吾道之托在此，吾无憾矣。'讣闻，榦持心丧三年毕，调监嘉兴府石门酒库。"黄榦师从朱子之行之心充溢本传字里行间，其"不解衣者二月"差不多书写了那个时代学者问学心切的一种"神话"。正因为有如此决心和定力师事朱子，使黄榦也"弟子日盛，巴蜀、江、湖之士皆来"（《宋史》本传），成为朱子学后继者之中坚。黄榦对朱熹之学说领悟最深，得师传最专，如张伯行的归纳："具体而微者"，对朱子学之著述"纂集考订之功居多"（《正谊堂文集》）。所以，黄榦在传播朱子学时往往自信称"具持师说"，如说己之理解《大学》，"且守师言，就本领上看，尤为有味也。明德只得如章句所说，然其间亦难看，更以格字、致字、诚字、正字、修字与明字相参，见得分晓，方理会得先生旨意"（《黄勉斋文集》）。

三

黄榦既然最守师说，他在传播朱子学中贡献最大，但发明则不多。朱子学视"太极"为主要哲理范畴，黄榦也将"太极"看成宇宙之本体，他的"体用"观中，将"理"降格为日常生活，并非用客观实际来改造"理"，而是以客观实际来就范"理"，对朱子学作了通俗化理解。又如黄榦之认识论、人性论无不对朱子学说作通俗化释读，使朱子学说能在民间得以深化。在宋代理学史上，他列出一个道统传授顺序：尧舜——禹——汤——文王——武王——周公——孔子——颜子——曾子——子思——孟子——周敦颐——张载——二程——朱熹，并将朱熹看成在传承道统中成就最大的人："自周以来，任传道之责、得道统之正者不过数人，而能使斯道章章较著者，一二人而止耳。由孔子而后，曾子、子思日继其微，至孟子而始著。由孟子而后，周、程、张子继其绝，至先生（朱子）而始著。先生出，而自周以来圣贤相传之道，一旦豁然，如大明中天，昭晰呈露。"《黄勉斋先生文集》）

在中国理学史上，将朱熹推置到如此崇高的地位，黄榦当为首发者。在黄榦的努力下，朱子学渐臻至尊的地位。朱熹死后，因其门人遍于中国南方，而对朱子学的阐释也议论纷呈。黄榦继其师说，以正统继承人的面貌出现。所以，那时众多门人畏于黄榦的解说权威，不敢将所记朱子语录传播出去，惟恐有违朱子师教，更恐错衍师说而得罪黄榦。上述那段关于朱子道统传承的语录因突出朱熹的地位，后被采入《宋史·朱熹传》，并作按语"识者以为知言"，成为理学家视朱学的"定论"。

黄榦是朱熹去世后传朱学的担当者，初传朱子学者大都出自黄榦之门。清人黄百家评曰："黄勉斋榦得朱子之正统，其门人一传于金华何北山基，次递传于王鲁斋伯、金仁山履祥、许白云谦，又于江右传饶双峰鲁，其后遂有吴草庐澄上接朱子之经学。"（《宋元学案·双峰学案》）这是叙述黄榦传朱学由宋而元的路线。何基曾随父何伯慧居江西，时何伯慧为临川县丞，黄榦为县令。何基受父命求学于黄榦门下。黄榦"首教以为学须先办得真心实地刻苦功夫，随事诱掖，始知伊洛之渊源；临别告之以但熟读《四书》，使胸次浃洽，道理自见。"《何北山遗集》卷四）何基自此经黄榦开导接受了朱子学。而后何基传授于王柏、金履祥，而许谦又师从于金履祥，遂为"北山四先生"之金华朱学，使朱学大盛于浙江。黄榦曾为江西新淦县令，此时饶鲁为黄榦高足，是朱熹再传弟子。黄榦门下有金华、江右二支，饶鲁为江右斗杓。饶鲁又传吴澄，使朱子学大盛于元代江西。又黄榦曾知德安（今湖北汉阳），窦默避元兵而匿居于此，师从黄榦攻理学朱子一支，由此朱子学流行于中国北方。所以，称黄榦是朱子盛行于元代全国各地的桥梁性人物当不为过。

黄榦的著述有《周易系辞传解》一卷、《续仪礼经传通解》二十九卷、《孝经本旨》一卷、《论语注语问答通释》（又名《论语通释》）十卷、《勉斋先生讲义》一卷、《朱侍讲行状》一卷、《勉斋诗钞》一卷、《黄勉斋先生文集》八卷、《晦庵先生语续录》四十六卷等。后又集为《勉斋集》四十卷，其中包括讲义、经说三卷，杂文三十六卷，诗一卷；宋刻本尚有附集、语录、年谱各一卷。其诗文质直为重，气体醇实，为理学家诗之代表作。其文不持门户之见，如林栗竭力攻击朱子学，而黄榦祭林栗之文独能不没泯其所长。文务实际，力排空言，体现了政治家为文之特点。

传承和捍卫朱子学的中坚

——宋·漳州陈淳家族

一

陈淳，字安卿，又字功夫，号北溪，人称北溪先生，福建龙溪（漳州）人。生于南宋高宗绍兴二十三年（1153），卒于宁宗嘉定十年（1217），享年64岁。子陈槃，也是学者，曾将其父著作编为五十卷。陈宓作陈淳墓志铭，提及其子陈槃。而戴禧所刊《北溪先生字义》卷末有传略，云陈淳有二子植、格，参加抗元斗争，陈格身殉，陈植宋亡后隐居，临终令葬海滨，南望厓山，与文天祥等均抱民族气节，同辉于史书。

陈淳未应科举，亦未任官，终生以讲学和学术活动为职志，晚岁被授予泉州安溪主簿，未到任。《宋史·陈淳传》述其生平甚详，称其"居乡不沽名徇俗，恬然退守，若无闻焉，然名播天下。世虽不用，而忧时论事，感慨动人。郡守以下皆礼重之，时造其庐而请焉"。他虽为布衣学者，但漳州郡官民都极敬重他，视为龙溪之地的文化名儒。他所过之处，往往得到隆重礼遇，如陈淳于"嘉定十年，待试中都，归过严陵，郡守郑之悌率僚属延讲郡庠"。陈淳治学，宗朱子，与其岳丈李唐咨，同为朱熹门人。他慨叹陆九渊之学说无甚渊源，全用禅宗宗旨，由是"发明吾道之体统，师友之渊源，用功之节目，读书之次序为四章"。所谓"四章"，即为陈淳理学四层面，他尤重学统和学宗，反对无宗之学，反对禅宗"顿悟"式的领会。

早在他居乡训蒙阶段时，初见朱熹，朱熹之开导和教诲，使他收获颇丰。他早年一直是位乡村训蒙塾师，因其大名而学子众多，成为龙溪一地学术泰斗。宁宗嘉定五年（1212），漳州知府赵汝谠闻陈氏大名，授予他宾师之位，泉州、莆田一带的学子，心仪神往，前来求学问道者踵至。嘉定九年（1216），陈淳待试于临安，因临安是南宋首都，全国学子云集，闻陈淳在此，远及川蜀学子也竞相争投谒师。其后又到泉州讲学，捍卫师门，直到病逝。在朱熹门人中，陈淳是晚出者。作为朱子晚期高足，陈淳一生两次师事朱熹，首次是1190年至1191年间，时朱熹任漳州知府。此前，陈淳已熟知朱子思想，《宋史》本传说他"少习举子业，林宗臣见而奇之，且曰'此非圣贤事业也'，因授以《近思录》"，于是，陈淳弃举子业而改"圣贤事业"，私淑朱子。后来朱熹来漳州任职，陈淳闻而请益于朱子。朱熹曾开导他："凡阅义理，心穷其原，如为人父何故止于慈，为人子何故止于孝，其他可类推也。"由此陈淳学力大进，他后来从事学术研究，讲究穷源竟委，讲究同类相推，大约源于此。朱熹见漳州有如此颖悟过人、高自期许、不同流俗的学生，心存欣喜，屡屡对人称许陈氏，曰"南来，吾道喜得陈淳"，将他视作门人中能传其学说的中坚人物。清人张伯行是位亦官亦学的闽地闻人，他认为陈淳"寻究根源"的学术方法，是他成为大学者的原由之一，并总结说："先生日求其所未至，而于下学上达，序人心道心之微，莫不从其根底而辨之详、讲之审。朱子尝称其善问，而以吾道得人为喜。是以学日进而道

益明，阐明正学，排斥异端。"（《正谊堂文集续集》）

陈淳首次拜谒朱子，因蒙学教务所绊，他仅在朱子身旁伴读请益 4 个月。第二次师事朱子是在宁宗庆元五年（1199），即朱熹临终前一年，此时朱熹身体已大不如前，但学说已臻高峰。陈淳与岳父李唐咨同行而赴建阳谒朱熹问学，前后大约 3 个月。

李唐咨也是朱子后学，字尧卿，龙溪人。他与州学正石洪庆、林易简、施允寿等人为友。朱子知漳州时，曾延于学，而李唐咨为"诸生楷式"，可见是漳州时朱子之高足。据谱牒称，"唐咨，或究索渊微，或持循雅饬，察其志行，久益可观"（《宋元学案·沧洲诸儒学案上》）。从中可知其与女婿陈淳在治学上有共同之处。朱熹曾贻书李唐咨，说及其婿陈淳时，兴奋地说："喜为吾道得此人尔！"这与程颢目送杨时说"吾道南矣"同一旨趣，大有将陈淳视为传人之意。翁婿同奔走于朱子门下，这也算闽中学界一大轶事了。《宋史·陈淳传》记陈淳二次师从朱熹情况：

"淳复往见熹，陈其所得，时熹已寝，疾语之曰：'如公所学，已见本原，所阙者下学之功尔。'自是所闻皆要切语，凡三月而熹卒。淳追思师训，痛自裁抑，无书不读，无物不格，日积月累，义理贯通，洞见条绪。其语学者曰：'道理初无玄妙，只在日用人事间，但循序用功，便自有见。'"

这一记载是说陈淳第二次师从朱子时，老病的朱子已处于人生最后时刻，陈淳向朱熹做一次问学收获的汇报。朱熹见其学问"已见本原"，即通过穷源竟委而达源头，能贯通道理，举一反三了，便训其应在"下学"中下功夫，即将理类推于日用人事间。陈淳可能是朱子临终前最后见到的学生之一，所以后人称他为朱门中最为晚出者，也是老年朱子学问精髓的见证人。全祖望对陈淳评价极高，说沧洲诸子，以北溪陈文安公为晚出。其卫师门甚力，多所发明。"（《宋元学案·序录》）

不过，陈淳门户之见极深，卫师门颇偏激，尊师也过了头，抨击他人往往言过其实，如认为陆学"只有尊德性的意思，而无道问学的功夫"，"近世儒者，乃有窃其形气之灵者以为道心，屏去道问学一节功夫"（《北溪全集》）。连对陈淳评价甚高的全祖望也认为"此数语太过"（《宋元学案》卷六全氏按语）。但是，在朱熹门人中，陈淳是对朱子学多有发明创见的一位，这得益于他的学术醇正，造诣精深，得朱子之真传，从而成为朱子身后的正宗传人之一。

二

作为治学方法论的穷源竟委当是值得提倡的。但是，陈淳之穷源竟委的"根源"论甚为奇特。陈淳初见朱子，朱氏授以"根源"二字，即"凡阅义理，必寻究其根源"。在朱熹开导下，陈淳撰述了一系列寻究"根源"之文，如《孝根源》、《君臣夫妇兄弟朋友根源》、《事物根源》等，阐述传统社会宗法道德及生活准则之由来，朱熹誉之为"看得甚精细"。但陈淳卫师门，寻根源之结果无非是根源在天命，而非人为可扭转。以今日之科学史观视之，其根源论之实质是"天命论"。

陈淳的《严陵讲义》是应郑之悌之邀，在严州以布衣学者身份讲学的讲义，其时朱熹已去世 17 年，而陈淳十多年"下学"功夫在该讲义中已臻成熟，另有《二辨》（《似道之辨》、《似学之辨》），都为力捍朱学之作，其述朱门道统尤为显目。在陈淳看来，朱学是从伏羲、神农、黄帝、尧、舜接讲而来，孟子而后，道统中绝，二程于一千四百年后又接孟子之传，而朱熹将二程理学向前推进，达群圣而统百家，是中国道统正宗传人，由此而突出朱子的道统地位。在《用功节目》中，陈淳提出致知与力行，"如车两轮，如鸟两翼，实相关系"。应该说，这一知行相关，交进而互相发明的观点是值得重视的。在《读书次第》中，他倡读《四书》，先读《大学》，因为其书"规模广大，而本末不遗；节目详明，而始终不紊。实群经之纲领，而学者所当最先讲明者也"。次读《论语》，"皆圣师言行之要所萃。于是而学焉，则有以识操存涵养之实"。再次读《孟子》，"皆醇醇乎王道仁义之谈。于是而学焉，则有以为体验充广之端"。最后读"圣门传授心法"之《中庸》。关于《四书》阅读次第，他着眼于内圣外王之学，开物成务之功，剔除其夸大之辞，当有一定意义。在陈淳著作中，有一定无鬼神思想，他用理气分合来释所谓"鬼神和生死"，用以批驳佛说三世轮回，颇近唯物论，在当时条件下阐发无鬼神思想，其进步作用不可低估。

陈淳著述颇多，较为流行的有《北溪全集》五十四卷（为其子陈槃所编辑），还有《中庸大学讲义》、《竹村精舍录》、《郡斋录》、《启蒙初通》、《训童雅言》等。另有《北溪字义》，在中国哲学史上颇有名气，为其晚年讲学之讲义，由弟子王隽整理而成。此书从《四书》中取性、命、道、理等25个范畴，逐一疏解涵义，发挥朱子学义理，为后来程朱学者所推崇，被今人称为中国哲学史上最早的范畴史研究专著。又，《北溪字义》一书对17世纪日本新儒学发展有较大影响，16世纪90年代，该书由朝鲜传入日本，日本学者罗林山将其译为日文，并撰成《性理学义谚解》，对日本早期哲学字典问世起到促进作用。后来日本的学者仁斋和徂徕都重复了陈淳对"道"的解释。

西山之望 直继晦翁

——宋·浦城真德秀父子

一

真德秀，字实夫，改字景元，更字希山，号西山，人称"西山先生"。福建浦城人。生于南宋孝宗淳熙五年（1178），卒于理宗端平二年（1235），年 58 岁，系朱熹私淑门人。

真德秀《宋史》有传。传说他 4 岁开始读经，"过目成诵"，为绝顶聪慧之人。可惜出身较贫，"十五而孤，母吴氏力贫教之。同郡杨圭见而异之，使归共诸子学，卒妻以女"。他是从贫困中通过自强不息的奋斗而步入学坛，又步入仕途的。真德秀弱冠之年举于乡，登宁宗庆元五年（1199）进士。历任江东转运副使、泉州知府、福州知府、潭州知府、中书舍人、礼部侍郎、参知政事、户部尚书、翰林学士等职，政声四播。《宋史》本传称他"立朝不满十年，奏疏无虑数十万言，皆切当世要务，直声震朝廷。四方人士诵其文，想见其风采。"可见传统史家对他评价极高。以至某次出游，"都城人时惊传倾洞，奔拥出关曰：'真直院至矣！'果至，则又填塞聚观不置"。如此观堵场景，南宋一代颇为难得。

除其"直声震朝廷"外，真德秀还是当时人人称羡的美男子："长身广额，容貌如玉，望之者无不以公辅期之。"看来，美男当政，又加上正直清廉，确为众人拥护和心仪，以一睹风采而为幸事。

真德秀为官 20 多年，基本上是仕途畅顺，但因其不与权贵同流合污，也曾遭受排挤。理宗即位之初，正值权臣史弥远擅政。史氏用爵禄诱惑名士，真德秀成为重点招纳对象。但真氏不为名利所惑而失节，对同僚说："吾徒须急引去，使庙堂知世亦有不肯为从官之人。"遂为请去朝官，而出任地方官，以免引来史弥远诸人纠缠。可见真氏品质之刚毅自好，以及不与奸臣为伍，秉承理学家洁身自好的追求。

真德秀力主国家修养生息，强兵足食以抗拒金人入侵，他认定，金人不足畏，不必向其求和而失节，只要君臣上下一心，必有取胜一天。为达此目的，他恳请朝廷修垦田之政以提高国家综合实力："臣自扬（州）之楚（州），自楚之盱眙，沃壤无际，陂湖相连，民皆坚悍强忍，此天赐吾国以屏障大江，使强兵足食为进取资。"（《宋史》本传）真德秀为官以"廉仁公勤"为训，并以此劝诫部属。他的老师詹体仁为朱熹一传弟子，曾告诫真氏"尽心平心而已，尽心则无愧，平心则无偏"，标举"尽心"、"平心"两鹄的，因而真德秀的民本色彩分外厚重。如他任江东转运副使时，正逢旱蝗两灾并起，所属州县尤甚。真德秀逢人便大讲荒政，亲至广德、太平救荒，并处置一批贪官。他知泉州时，洋人船舶畏惧税收过重，使舶于泉州之船锐减。于是他宽容税收，致使港船舶骤增，"输租令民自概，听讼惟揭示姓名，人自诣州。泉多大家，为闾里患，痛绳之。有讼田者，至焚其券不敢争"。真德秀的亲民近民举措，还表现在对付海贼作乱者方面，当海盗"将逼城，官军败衄，德秀祭兵死者，乃亲授方略"。总之，真氏为官，有荒救荒，无荒则督视农事，设立惠民仓、社仓、慈幼仓和义田，使民众在灾年获得生计。

二

真德秀之理学，源于朱熹，为朱子再传。处于庆元党禁时代，程朱学说被官方宣布为"伪学"，众多理学家受到迫害。一时间，朱熹门徒往往害怕株连而隐匿。真德秀之可贵在于，他以己之追求来师从朱学，不为时论所动，慨然以宣传朱子学为己任，讲理学，行理学，是未能亲炙朱子而私淑者，尤其显示出学者的高风亮节。闽中理学后劲张伯行评述曰："西山真先生去文公未远，其学一以文公为宗。自韩侂胄以伪学锢善类，禁绝近代大儒之书。先生独慨然以斯文自任，讲习而服行之，先生之学卓然有体有用，得孔孟之心传，可以继文公后而成一代大儒也。"（《西山文钞•序》）韩侂胄死后，真德秀提出解除学禁，力倡朱子学，正好适应封建统治者思想统治之需要，所以颇受朝廷推崇。时至明代，真德秀未因时代推进而名声寂然，反而更受重视。朱元璋曾向宋濂请教帝王之学何书最要，宋濂荐以《大学衍义》。于是，朱元璋命臣子将《大学衍义》书于庙堂两壁间，时时观读。明中期，思想家丘濬又补该书成《大学衍义补》，将真氏《大学衍义》所论的格物、致知、诚意、正心、修身、齐家诸义进一步发挥，博采群书补述治国、平天下之义，使此书成为中国历史上较有价值的法律思想著作。到明代英宗正统年间，真德秀从祀孔庙，成为闽中文化"圣人"之一。

真德秀的理学思想"直继晦翁"（《宋元学案•西山真氏学案》），清人雷鋐称他是"朱子之学私淑而得其宗者"，即朱学正宗传人。全祖望题《真西山集》说："乾淳诸老之后，百口交推，以为正学大宗者，莫如西山。"又说："党禁开而正学明，回狂澜于既倒，盖朱子之后一人也。"真氏尤重《大学》，他的《大学衍义》大旨在正君心，肃宫闱，抑权倖。所以进该书后，宋理宗十分赞赏，称道"《衍义》一书，备人君之轨范焉"（《明史·宋濂传》）。作为祖述朱子学者，他的学术观点反映在进一步阐释"德性天与"，认为人之形体与秉性皆为先天所有，人之所以为人，根本在于有仁义礼智之德性，这是"天与"之物。真氏所言"天"，其义近于人格神。真氏进一步认定，包括君主在内的任何人都必须服从天命。作为宋理宗的经筵侍读，他在劝君修德时，总以托天命以言之，这是他的言说策略和技巧。另一方面，真氏继朱子"穷理持敬"说，将认识方法（"穷理"）和涵养工夫（"持敬"）结合起来讨论，将"穷理"释义为"就事物上推求义理到极至处"，将"敬"释义为外表端庄、严肃，内心静一。认为"穷理"须与"持敬"相辅而行，相资而立。"穷理"而不"持敬"，于义理必无所得；"持敬"而不"穷理"，必流于佛释之虚静。他又阐释持敬先要对"理"有一种崇畏心理，收敛身心，不失尺寸，不踰法度。应该说真德秀认识论问题上，有可取之处，但亦有大量唯心说教成分。

真德秀的著述颇丰，有《四书集编》二十九卷、《西山仁政类编》十卷、《清源杂志》二十五卷、《经武要略》十卷、《文章正宗》三十卷、《西山文集》十一卷、《西山文钞》八卷、《西山题跋》三卷、《大学衍义》四十三卷、《心经》一卷、《政经》一卷、《读书记》六十一卷、《社仓本末》一卷、《心经附注》四卷、《西山先生诗集》三卷、《真西山先生教子斋规》等，后结集为《真西山全集》（又名《西山真文忠公全集》）一百八十三卷。

三

真德秀之子真志道，也为闽地之理学名人，为朱熹三传弟子。

真志道，字仁夫。关于他的生平史料罕见，《宋元学案·西山真氏学案》在"西山家学"中有简要介绍，说他"尝请益于袁蒙斋甫，蒙斋请以小字字先生曰'实之'，而因为之说以赠之。"（按：袁甫，字广微，袁燮之子，嘉定七年进士第一，累官权兵部尚书，卒后赠通奉大夫，谥正肃。他少年随袁燮读书，曾说"学者当师圣人，以自得为贵"，又师从杨简读经，自谓"吾观草木之发生，听禽鸟之和鸣，与我心契，其乐无涯"。著有《蒙斋中庸讲义》）真志道请益于袁甫，而袁甫又是杨简门人，真德秀曾有《真西山先生教子斋规》传世，想来他为使真志道成才费尽心血。真志道除师承其父真德秀外，又曾多门师从他人，其学较为杂驳。

以大德成《洗冤集录》

——宋·建阳宋氏家族

一

宋慈在南宋时期担任湖南提点刑狱之职时所撰的《洗冤集录》，是世界上最早的法医学著作，而他也由此成为对人类卓有贡献的法医学先驱人物。

宋慈，字惠父，福建建阳人。生于南宋淳熙十二年（1186），卒于淳祐九年（1249）。其父宋巩，字宜卿，在广东任过广州节度使。宋慈自幼聪慧好学，曾拜朱熹弟子吴雉为师，改习理学，因而结交杨方、黄榦、李方子等朱子门生，学业大进。青年时入京师太学，真德秀为其师，对他极为赞赏，称道他的文章"谓有源流出肺腑"。他也十分钦佩真氏，虚心求学逐步形成了尊儒、重德、守礼、求是、务实的人生理念。但是，宋慈是一位文韬武略双全之人，他一生事业起点在武功而非文才。嘉定十年（1217），宋慈中进士乙科，先任赣州信丰主簿这一文职官员。在任所，他与军帅郑性之友善，参与了郑性之所指挥的军事行动。在平定"三峒贼"的战役中，宋慈以先赈饥民，瓦解敌众，再攻敌首的方法，使攻石门寨、高平寨的军事行动大获全胜。于是，"幕府上功，特授舍人"（《宋史翼·宋慈》）。文人参与军务又建大功，使他人眼红生嫉，于是，"魏大有怒，劾至再三，慈遂罢归"（《宋史翼·宋慈》）。不久，闽省又逢乱事，真德秀向朝廷力荐宋慈，在招捕使陈韡手下任职。宋慈再度以武功建业，在攻取"老虎寨"时，他"提孤军从竹洲进，且行且战三百余里，卒如期会寨下"，又一次表现出卓越的军事才能，被主将王祖忠称为"忠勇过武将"，从而巩固了他在军中的地位，军事问题多咨访于他，而他亦往往"告计后战，所向克捷"（《宋史翼·宋慈》）。在陈韡的推荐下，他任职长汀，成为独当一面之官。端平二年（1235），枢密使曾从龙督师江淮，又聘宋慈为从属，但宋氏未至而曾氏已逝，朝廷改由荆襄督臣魏了翁兼曾氏之职，于是宋氏成为魏了翁的从属。南宋时魏了翁与真德秀在理学上堪为双峰并峙，二人是朱学的捍卫者，由于宋慈曾是真氏的及门弟子，所以又得魏氏提携。从此以后，宋慈差不多一直在军事职途中迁升，历任邵武军通判、提点广东刑狱，移任江西兼知赣州，除直秘阁、提点湖南刑狱，进直宝谟阁，擢直焕章阁，知广州兼广东经略安抚使，这些职务以军事为重，又兼有高级司法官吏的职能。宋慈为政福建、江西、湖南、广东，皆能恪守其职，施惠于民，体现了儒家的"民本"特色。如他知长汀时，见盐价昂贵，民生艰辛。他通过查询，了解到这是由于盐从福州经水陆运来，路途遥远的缘故，便让运盐者改道从广东潮州沿韩江、汀江直抵长汀，这样盐担往返大大少于水陆两途运输，节省运费又减少了沿途官商盘剥。此举使盐价降低，甚得民心。又如，浙江饥荒之年，宋慈应诏解决当时米万钱的困境。他按贫富分民于五等：赤贫者全济，稍好一等半济半卖，中等者自理，联名富者官买其粮，最富者官买其粮减半，另一半无偿济贫。此法称为"济粜之法"。由于他在执行中做到"礼致其人"，使该法得以顺利推行，收到"众皆奉令，民无饥者"之效果。

宋慈晚年以担任司法刑狱职务为主，升迁至提点广东刑狱后，躬身实践，发现官吏多有不守法奉法者，将许多囚犯关押多年又不审理。于是他制订条例，限期结案。仅仅8个月处理积案200多件。他以"雪冤禁暴"为己任，处置案件"审之又审，不敢萌一毫慢易心"，是传统社会司法官员中难能可贵的楷模，后人称宋慈"听讼清明，决事刚果，抚善良甚恩，临豪猾甚威"。在任提点湖南刑狱时，他总结前人刑侦断案的经验，又结合自己多年实践，撰写了千古名著《洗冤集录》。

宋慈是南宋儒学界以医经世的学者，他以"治世以大德，不以小惠"为宗旨，将法医学作为"治世"的一个层面，并在这个层面上作出了杰出贡献。他生前好友、诗人刘克庄曾描述他"博记览，善辞令，然不以浮文妨要，唯据案执笔，一扫千言，沉着痛快。不恃长傲物，虽晚生小技，寸长片善，提奖荐进。性无他嗜，唯善收异书名"，是典型的有经世品格的文人。宋慈总是极为慎重地审理重大疑难案件，他在《洗冤集录》序中说："狱事莫重于大辟，大辟莫重于初情，初情莫重于检验。"他对检验十分重视。某次在一件自杀案的复验中，宋慈发现死者手握刀不紧，伤口又是进刀时轻，出刀时重，情节可疑。由于前任验官受贿，将死者伪装成自杀，经宋慈复验，终于查明这是一起谋杀案。

二

《洗冤集录》一书包括了现代法医学在尸体外表检验方面的大部分内容，是一部比较全面、系统总结尸体外表检验经验、分析检验尸体与死因关系的著作。这部著作分为5卷，共53项，其中有现场检查、尸体现象、尸体检查、死伤鉴别等内容，广涉生理、解剖、病因、诊断、药物、内科、外科、妇科、儿科、伤科、骨科等方面医学知识。尤其对生前死后刃伤的鉴别记载极详尽，如对生死截头尸的检验时指出，活时斩下，筋缩入；死后截下，项长，并不缩短。他杀之特点是手上常有格斗伤，损伤部位多在死者自己无法触及的部位。宋慈对骨骼损伤的检验有创造性贡献，他不但正确描述人体骨骼名称及位置，还记载了生前死后骨折的特征。他提出迎日隔伞验尸法，用新油绢或明油纸伞验尸，利用光反射原理进行骨伤检验，这在宋代具有实际的可操作意义。

《洗冤集录》详细记载了孕妇难产胎儿不下致死，而入棺后胎儿却又娩出的现象，这在法医学史上属最早记载，对判断案情真相有重要价值。该著还详记"尸斑"（当时没有这一名词），并认为尸斑里由死者在仰卧停放过程中，血流下附而出现。又对缢死或勒死后绳索的形状、绞沟的颜色和溺水、由高处坠死、烫死、烧死等死亡情况的现场检验及死者特征均一一作详细、系统的描述。

三

中国古代没有明确的"法医学"概念，但从《洗冤集录》的内容及编写形式看，检验的主旨是明晰的，因此，可以说这是一部法医学著述，而非医书。宋慈所创设的具有中国传统特点的"法医学"体系，是以外表检验为主，隐含着对司法断案中"有罪推定"的修正倾向，它所产生的影响是巨大的。宋元间赵逸斋的《平冤录》、元代王与的《无冤录》等后继同类著作，均参考了《洗冤集录》，其中注明出处者甚多。清代曾编《校正洗冤录》，也是以《洗冤集录》为基础而增补宋慈以后诸家经验而成，可以说《洗冤集录》是中国法医学所遵循的一个范本。作为一部杰出的法医学著述，它曾被译成荷兰文、法文、德文、朝文、日文、英文和俄文等多种文字，它比欧洲意大利F·菲德里的《医生的报告》早350年，在世界法医学史上具有重要影响。

江湖诗派翘楚 辛派词坛中坚

——宋·莆田刘克庄家族

一

刘克庄，初名灼，字潜夫，号后村居士，宋兴化军莆田人（今属福建），生于孝宗淳熙十四年（1187），卒于度宗咸淳五年（1269），享年 83 岁。

刘克庄出身于一个世代官宦文化之家。他的祖父刘夙，字宾之，师事林光朝，绍兴二十一年（1151）进士，除著作佐郎，先后知浙江衢州、温州，被陆游誉称为"天下伟人"。叔祖刘朔（一作翔），字复之，绍兴三十年（1160）进士，为温州司户，知福清县，除正字。刘夙、刘朔两人，时称"二刘"，号隆兴、乾道间第一流人。父亲刘弥正，字退翁，淳熙进士，知临川县，历太常寺簿、寺丞、淮东提举，累迁左司郎中，直宝谟阁，出为两浙转运判官，迁转运副使，后入朝，累迁起居舍人，官至吏部侍郎。刘弥正为官清廉，以正直闻于朝野。叔父刘弥邵，字寿翁，是刘家的纯静学者。刘克庄生于如此显赫的文化家庭，幼年便受到良好的文化学术熏陶，这是他在后来成为江湖诗派领军人物的外在环境条件。

刘克庄一生可谓长寿，经历了孝宗、光孝、宁宗、理宗、度宗五朝，其主要活动在理宗时期。良好的家境，使他在宁宗嘉定二年（1209），正值23岁时步入仕途，以荫补将仕郎，后出任靖安县主簿。父亲去世，返乡守孝后又出任福州右理曹，嘉定十年调任真州录事参军，后又任江淮制置李珏的幕僚。因其才华出众，办事干练而遭同僚忌妒，33岁那年以奉祠南岳返乡闲居，其间曾经短暂去广西任胡槻的幕僚。嘉定十七年，改宣教郎，知建阳县，史载其庭无留讼，颇有政绩，得众人佳评。宁宗死后，权相史弥远矫诏立赵昀为帝，此后进入理宗年代。其时，理宗改封皇子赵竑为济王，出居湖州，以醴泉观使就第。宝庆元年（1225），湖州人潘壬等密谋拥立赵竑，赵竑思潘氏难以成事，竟遣人告上朝廷。理宗命人率兵讨伐。事件发生后，史弥远派人到湖州，威逼赵竑自缢。真德秀、魏了翁等上书申诉其事甚冤，史弥远的爪牙便罗织罪名，陷害赵竑的同情者。李知孝等无行文人从刘克庄《落梅》诗中摘取"东风谬掌花权柄，却忌孤高不主张"和《黄巢战场》诗中"未必朱三能跋扈，都缘郑五欠经纶"等诗句，诬刘克庄诽谤朝廷，致使他被押。后经郑清之力救，得以免罪。刘克庄经此人生大难，对世态炎凉看得更清了。后有诗《病后访梅九绝》，曾自我解嘲："梦得因桃数左迁，长源为柳忤当权。幸然不识桃并柳，却被梅花累十年。"在《贺新郎·宋庵访梅》一词中再次说"老子平生，无他过，为梅花受取风流罪。"其忧愤之情和孤傲之性格于此可见。其后他《题杨补之墨梅》中说得更为明白："予少时有《落梅》诗，为李定、舒亶辈笺注，几陷罪罟，后见梅花辄怕，见画梅花亦怕。"端平改元（1234），宋理宗亲政，真德秀帅闽，刘克庄参与真氏幕府。第二年，除枢密院编修官兼权侍右郎官，不久又被吴昌裔上疏罢免，主管玉局观。寻知漳州，嘉熙元年（1237）改知袁州。但又遭蒋岘弹劾，罢官返故里。嘉熙三年（1239），李宗勉任相职，刘克庄重新被起用，擢为江西提举，改广东提举。翌年升转运使，兼提举舶使。李宗勉去世后，刘克庄免职主管崇禧观。淳祐四年（1244），起用为江东提举，补信州。淳祐六年，应召入京，除太府少卿。理宗召对，他奏献三札，论朝政得失，得理宗赞赏，称刘氏"文名久著，史学尤精"，特赐同进士出身，除秘书少监，兼国史院编修官、实录院检讨官、御史兼崇政殿说书。该年，曾奏劾史嵩之，历数其"无父之罪四"，"无君之罪七"。后郑清之任相，刘克庄仕途颇畅达，一直擢升为龙图阁学士，去世后谥为文定。刘克庄一生著作甚巨，有《后村先生大全集》一百九十六卷。他有弟三人：刘克逊、刘克刚、刘克永；有子三人：刘强甫、刘明甫、刘山甫。

二

韩侂胄被杀后，朱熹及其学说被恢复名誉，朱子学占据了主流学术地位。刘克庄是朱氏再传弟子真德秀的门人，其文学主张也效仿真氏"明义理切世用"（《文章正宗纲目》）之主张，但对理学的文学观并不完全赞同。《后村诗话》是他文学理论集大成者，该书通过对历代文学现象和南宋文学创作实际来探讨其规律，直指理学对文学发展的不良弊病，如《竹溪诗序》说：

"唐文人皆能诗，柳尤高，韩尚非本色。迨本朝，则文人多，诗人少。三百年间，虽人各有集，集各有诗，诗各自为体，或尚理致，或负材力，或逞辨博，少者千篇，多至万首，要皆经义策论之有韵者尔，非诗也。自二三巨儒及十数大作家，俱未免此病。"这番话与道学者论诗全然不同。他除同意道学所认为诗应"发挥理义"、"有补于世"的识见外，更强调诗人真性情在诗中的作用。这与福建严羽论诗有相通之处。他在评论当代诗人上绝少门户之见，力倡"融液众格，自为一家"，不愧为宋代一大诗评家。

刘克庄在诗、词、文方面的成就十分杰出。他早年与永嘉四灵翁卷、赵师秀等诗人交往，诗作受到他们影响，后又与江湖诗人戴复古、敖陶孙往来，成为江湖派领军人物。但他对"四灵"及一般江湖诗人的诗风又有所不满，致力于另辟蹊径，以诗歌反映现实。就诗歌创作实绩而论，他的创作超越"四灵"，其成就在江湖派诗人群体中亦首屈一指。刘诗融铸晚唐姚合、贾岛、许浑等名家为一体，亦有部分诗作专学李贺而致精妙。魏庆之《诗人玉屑》举刘克庄古乐府《齐人少翁招魂歌》等篇，以为即使李长吉集中也少见，足见对他唐代名家的多方师承。在宋代诗人中他最推崇杨万里、陆游，效仿诚斋体之跳脱和放翁诗之忧时。他的律诗喜用典，然信手拈来，游刃有余。更令人关注的是，《后村诗集》中有很多痛恨赋敛之急、征役之繁和反映民生多艰之作，如乐府诗《运粮行》、《开粮行》、《苦寒行》、《筑城行》等，可见其不满权贵的亲民诗风。晚年曾与权臣贾似道结交，有关作品多谄媚之辞，如《贺贾相启》等，为此有人以为其而晚节有亏，《四库总目》即说他"晚节颓唐，诗亦渐趋潦倒"。但也有人以当时贾似道祸国殃民之面目未完全暴露而为刘辩白。

刘克庄论词推崇辛弃疾和陆游，对辛词的忧世爱国之作和豪放悲慨风格尤为崇敬。辛派词人"三刘"——刘过、刘克庄、刘辰翁当以刘克庄为首，冯煦《宋六十一家词选例言》甚至认为他"与放翁、稼轩，犹鼎三足"。刘氏之词不屑于剪红刻翠，"总不涉闺情春怨"，以抒写报国斗志为主题。当然，刘氏之豪放词也往往流于议论、散文化，有"直致近俗"之病。

就其学术思想而言，《宋元学案》将刘克庄列入真德秀门人（真氏门人还有王埜、马光祖、吕良才、江埙、刘炎、陈均、王迈等），又将刘克庄宗族中的刘夙、刘朔、刘弥正、刘弥邵、刘克庄及刘克逊列人"艾轩学案"。艾轩学说之创始人为林光朝。刘克庄虽然曾师事多位理学大师，但他的主要贡献仍在诗词创作和诗论，他被认为是南宋后期一位具有重要影响的杰出作家。

几代诗名 诸严并辉

——宋·以严羽为中心的邵武严氏世家

一

南宋后期杰出的文艺理论家严羽,字仪卿,一字丹邱,出生于福建邵武。邵武严氏家族的世系极为显赫,《严沧浪先生吟卷》卷二中有《送主簿兄之德化任》,表达了严羽在上溯其祖先时一种自豪之情:

"唐世诸严盛西蜀,郑公勋业开吾族。后来避地居南闽,几代诗名不乏人。叔孙伯子俱成集,我兄下笔追唐及。"

严羽此诗为今人追踪严氏文化世家提供了一条线索。所谓"郑公",即唐代曾任剑南节度使、封郑国公的严武。《旧唐书·文苑传》有云:"黄门侍郎、郑国公严武镇成都,奏(杜甫)为节度参谋、检校尚书工部员外郎。"文中的"郑国公"便是杜甫诗中多次歌咏的"严郑公"。严武镇剑南,聚族而居,人称"诸严"。据史载,严武为华州(今陕西华县)人,其后裔"后来避地居南闽",朱霞《严丹丘先生传》也称严氏"五代时远祖闿远使者随王潮入闽"。闿远随王潮入闽事未见文献记载,想是闿远或严氏其他先祖其时地位较低，故文献记载缺失。大约闾远入闽先居福州，后为避开政治斗争，寻觅一平静有利家族生衍发展的地域而定居邵武。

诗中所谓"几代诗名不乏人"，应指严氏一门代有诗人，如其祖先严武即是与杜甫同代之诗人，这可从严武《寄题杜拾遗锦江野亭》以及杜甫《奉酬严公寄题野亭之作》、《严公厅宴同咏蜀道画图得空字》、《奉和严中丞西城晚眺十韵》、《中丞严公重寄奉答二绝》等诗可以得到证明。严武的从侄严绶也是"诸严"之一，严绶举进士第，封郑国公，也较有诗名。所谓"叔孙伯子"，当指严氏宗族"三严"、"九严"等同辈前后辈的诗人。

严羽、严参、严仁是同宗兄弟，称"三严"。关于严参，黄公绍《严沧浪先生吟卷序》有云："参字少鲁，志则涯岸，外无廉棱。论议之间，微见其标。若曰'不充贡大廷，当拜诏衡宇'，或劝广交延誉，则掩耳不答。高卧中林，瞪视一世。自号三休居士。"可见严参是一性格鲜明，独行特立之人。他青年时自视甚高，认为自己可以凭才干有用于朝廷，不愿结交权贵，不欲以攀附权贵来实现青云之志。后则寄情于山水之间，为隐逸诗人。《宋诗纪事》卷六十三载有其诗《梅》、《看雪》，《全宋词》载有其《沁园春》，诗风类似其人品，如《梅》：

衣染龙涎与麝脐，裁云剪月作冰肌。

小瓶雪水无多子，只替横斜一两枝。

清新雅淡，诗意幽深，着眼于境界，而无雕琢词句刻意用典之江西派倾向。

严仁，字次山，号樵溪。他好古博雅，诗词俱佳。据《严氏家集·吴陵序》说，蜀吴曦叛变，杨巨源诛曦，安丙又嫉恨而杀杨巨源。严仁闻之极愤慨，撰述《长愤歌》，曾为时人传诵。《文献通考》著录其有《欸乃集》，惜已失传。《诗家鼎脔》载其《平远楼》：

湘中病客思归日，域上高楼独倚时。

半树夕阳鸦集早，一江秋色雁来迟。

诗风自然、旷远、恬淡。也有词《水龙吟》、《水调歌头》存世。

"三严"之外严氏家族中还有严粲，字坦叔，号华谷，早年师从谢梦得，有诗存《诗集》，可见其师承脉络。其诗集前冠有小序说："余昔从岭庵谢先生梦得游。先生，于湖（按：指张孝祥）畏友也，豪于诗，悦军山之峭拔，畅其吟怀，自邵武徙家于是山，筑室曰'西窗'，以朝夕对焉，尝命余记之。余时从西窗尊酒论文为乐。如是者十载。今先生已矣，感而赋诗。"诗入江湖派。据洪迈《容斋随笔》，说严粲有句云"风池行落叶"，为郑安晚称赏。他又是江湖诗派代表诗人戴复古的好友，戴复古《送吴伯成归建昌二首》云："吾友严华谷，实为君里人。多年入诗社，锦囊贮清新。昨者袁蒙斋，招为入幕宾。"从中还可见严粲曾入袁甫（蒙斋）幕府。只是严粲仕途较顺，与严羽周围的人既有联系又保持距离。

严粲是诗人，也是学者。著有《诗辑》，研究《诗经》诸义，以吕祖谦《吕氏家塾读诗记》为参考，杂取诸说以发明之。明人盛传其书，有评其说诗在"欧、苏、王、刘、东莱诸巨儒之上"（《全闽诗话》）。严粲有诗集《华谷集》一卷，清代王渔洋《居易录》对其评价不佳，说其诗"气格卑弱，类晚唐之靡靡者"，并认为其诗不及同族之严羽，"华谷与沧浪盖有家族之谊，诗派相似，而差不及"。严粲诗确实不及严羽，但王渔洋统而言之地说其诗"气格卑弱"，则不免缺乏具体分析，有点偏颇。

"九严"之说，多为严羽子侄辈、孙儿辈，难以一一理清。《闽中理学渊源考》卷三十九载，严羽诗派中有严羽之子严凤山，名肃，字伯复，号凤山。《宋诗纪事》卷六十三曾引其《落花》诗："片片落花飞，随风去不归。如何临欲别，不得傍君衣。"诗颇有寄托，不事雕琢，可见其幼承家学，是严羽诗论的主要传承者之一。

严凤山之子严子野、严半山，其生平事迹均不详。

二

要描述严羽生平及行迹，因史料欠缺颇有难度，连严氏生年也争议颇大。约有四说：一为孝宗淳熙年间（1174—1189）；二为光宗绍熙三年（1192）；三为宁宗庆元元年（1195）；四为宁宗庆元三年（1197）。此处我们姑且以1192年为其生年，并据严羽诗文及有关资料粗略对其生平作一概述。

总体而言，严羽一生曾三次长时间地客游江湖，首次是客寓湘赣一些地区，第二次是为躲避家乡的农民造反，到江淮、湘江等地客游；第三次是赴吴越、江西远游。到了晚年，因体弱多病，遂在家乡过隐居生活。

宋宁宗嘉定六年（1213），严羽22岁，他到闽省北部著名学者包扬处拜谒求学。包扬其时虽已70岁，但精力旺盛，接纳了远道而来的严羽。包扬传授的是以儒学为中心的学术文化，同时，指点严羽对诗词创作做一些理论探讨。包扬以讲学终其身，门生遍及江西、湖南，这为严羽走向社会开启一扇门户。严羽依靠师生情谊和同门受业这一纽带广结天下英才。嘉定九年（1216）春夏之际，严羽在包家学习三年后，因包扬去世而离开。严羽自觉羽翼丰满，坚信自己已具备超乎常人的才能，不愿通过科举之途谋一官半职，而欲另择一条清高的人生之路，以发挥人生更大的潜力。戴复古曾赞严羽"羽也天姿高，不肯事科举"。不事科举又得以晋升而取得事业成就，甚至青史留名，进入幕府是一条途径。就这样，严羽开始寻找通过进幕府来发展自己的人生之途。

于是严羽到了庐陵。在那里写有《梦中作》和《刘荆州答》等诗。前诗是献给梦中所见的刘荆州，希望君主对自己礼遇，听他陈述有关兴亡的高论。梦幻中的交往总是美好的，但是，现实与梦境差距甚大，在庐陵他始终未能得到梦境中所期盼的尊敬与重视，使他的失落感油然而生。好在他遇到了从钟陵来庐陵的杜耒，略补他心头的遗憾。据说，杜耒是杜甫后裔，是很清高之人，与严羽以"奇节"著称相似。除了与杜耒等朋友聚首外，严羽只能在幕府文牍中消磨时光。两年后，他由江西进入湖南，由于缺少举荐自己的伯乐，依然陷入了"万里江湖何处极，孤舟鸿雁自相依"的苦涩境地。生活的飘零受冷遇使他对自己过去的理想作了修正。嘉定十三年秋，他由衡州去洞庭，低吟着"孤舟万里潇湘客，一夜归心满洞庭"，思乡之情，跃然纸上。第二年冬天，他由洞庭到江西临川。从这一时期吟唱中，可知他交结了赖竹庄、冯熙之诸诗友。赖氏是邵武同乡，冯熙之则是福建延平人。在临川他小住二年，虽然生活境况略有好转，但官场始终未能垂青于他，十年飘泊无所成就，使他仍然陷于痛苦的泥坑中，"天涯十载无穷恨"，只有细读这时期他的诗作，方能领悟他此时失落的心情。他终于在 1223 年从江西返回故乡，结束了十年飘零的幕府生涯。

　　还乡后，他与旧时的诗友重新聚首谈诗作文论道，无拘无束地交游，痛快淋漓地饮酒，甚至脱巾袒跣搬倒酒瓮，饮尽最后一滴，这在异乡是难以这样尽兴的。在家乡，他结交了上官良史。上官氏与他是同乡人，也曾在外地飘泊，写有《河梁值雨有怀严羽》，其中"遥怜君亦苦，不共故园秋"，共同的经历使两人同病相怜，具有共通的语言，畅谈得格外投机。除此之外，"三严"也时时聚首，严仁勇于维护道义，而严参是隐士，"三严"互相间切磋道义，评诗论词，其乐无穷。但是，故乡犹如一潭浅水，且较闭塞，严仁于 1224 年为理想远赴岭南去拼搏，上官良史欲去临安投笔从戎，严羽也动摇了他久居乡间的打算，壮志未酬的苦恼又袭上心头。公元 1228 年，晏彪率汀州民众起事，并波及邵武。为避战乱，他于这一年去江西浔阳，"一身避乱辞乡国，千里相思隔弟兄"，心情的恶劣与农民战争的波及，促成他第二次远游。

严羽二次离乡在九江短暂逗留后，转道去南昌。这次远游，因为有十余年人生经历的积淀和知识积累，名气大增。他想起萧何、曹参等历史人物所建立的英雄业绩，不由得神往心仪，以至发出"安得凌风翰，为君指寥泬"那样的报效朝廷的心声。但他虽满腹经论，而在现实中却依然无用武之地，空负一腔报国之心。面对布满荆棘的前途，他有时甚至对自己的理想和才能不由自主地产生怀疑。一方面在江西飘泊，一方面家乡的动荡讯息也时时传入耳中，他弃家出走后，晏彪部很快攻下邵武，而邵武守将率士卒五百人战死城中。朝廷命陈韡领兵三万五千人赶来收复失地，镇压义军，结果晏彪败北而被诛。消息传来，严羽急急回乡看望战乱中的亲人，故乡破败景象令他心寒。邵武经一年整治后略有恢复，此时江湖派著名诗人戴复古正在邵武游历，严羽以极其喜悦的心情迎接这位知交。严羽在邵武支持同邑诗社，并成为诗社的主要骨干，加上戴复古的到来，使诗社力量日益壮大，且声名远播。他们在邵武景区聚会，饮酒赋诗。严羽此时已是太守王埜的座上客，常与王埜、戴复古谈诗论艺，涉及范围包括唐、宋两朝以及本朝诸公，讨论的主旨差不多奠定了《沧浪诗话》的基础。经过锤炼改铸，形成自己独特的诗艺体系。当然，严、戴二人关于诗艺见识不尽相同，如戴氏认为严羽诗论"伤于太高"，但这并不影响两人的诗友情谊。此后，随着戴复古离开邵武，王埜也调离别处任职，这个文学群体的活动逐渐止歇了。严羽人生观也出现逆转，由早年积极入世，有所作为的兼济之志，转为超然世外，寻访名山，归隐山林的隐逸之趣。

嘉熙二年（1238）春，严羽先后到过吴中、临安、钱塘、桐庐，一年后又寻觅陶潜故居游览庐山。大约在1240年，严羽返乡，三年来的名山游历和寻访故友以及几十年的人生经历，使他站在更高层面观照人生和社会，终于在心灵深处产生了彻底的转折，由以"奇节"著称的他，一变而为清高澹泊之人，他将许多问题淡化处理，对世事很少关心，山林之气充溢身心，开始了归隐的晚年生活，大约在淳祐八年（1248）离世。其子严凤山、其孙严子野、严半山均是严诗传人，但知名度不及严羽。

<h2 style="text-align:center">三</h2>

严羽是诗人，更是诗歌理论家，在中国诗坛上他以其诗论《沧浪诗话》而独标一格。

严羽的诗论将批评视角对准苏轼、黄庭坚"以诗为文"的倾向。苏轼才高学赡，于诗文皆阔步文坛，其诗重内容、重抒情言志，甚至喜欢发议论，而黄庭坚则倡规模古人，以多用事去纠西昆之弊，视诗之优劣，决定于读书多寡和学问深浅，结果流风所及，摹似抄袭，堆砌典故，过于注重法度。而严羽论诗标榜汉魏，提出自己独特的见解，成一家之言，"其间说江西诗病，真取心肝刽子手"（《答出继叔临安吴景仙书》），往往切中要害。另外，严羽诗论以禅喻诗，认为如此往往能收至精至妙的效果。他用佛家参禅的理论，说明诗人学习写诗，掌握创作规律的过程；用"妙悟"来比喻诗人对诗歌创作规律的理解和掌握程度；用镜花水月之类比喻境界。这些议论，都是中国诗论中独标一格的，严羽重视诗歌之美学特征，其"妙悟"说、"别材""别趣"说、"兴趣"说支撑了他的诗艺理论大厦。

除诗歌理论贡献外，他的诗歌批评也极有过人之处。往往与审美视角联系在一起，认为风格应该多样化，一个时代有一个时代的风格，流派有流派风格，而个体诗人又有个体风格，在《诗体》

中，归纳历代诗风，"以时而论，则有建安体、黄初体、正始体、太康体、元嘉体、永明体、齐梁体、南北朝体、唐初体、盛唐体、大历体、元和体、晚唐体、本朝体、元祐体、江西宗派体"，这在中国文学史上分体论诗中贡献甚大。又论个人风格，举例李、杜后详说："子美不能为太白之飘逸，太白不能为子美之沉郁。太白《梦游天姥吟》《远离别》等，子美不能道；子美《北征》《兵车行》《垂老别》等，太白不能作。论诗以李、杜为准，挟天子以令诸侯也。"从风格差异性入手，倡二美兼得，这是十分具有说服力的，远胜于偏执地论李杜优劣。又如，他提倡"以汉魏晋盛唐为师，不作开元天宝以下人"，因为汉魏古诗自然真切，没有"以议论为诗，以学问为诗"之毛病。

严羽本人也是宋代著名诗人，其作品忧国伤时之作占有相当比例，其中多有摹汉拟魏乐府古辞，抒发理想抱怨，风格激昂。也有许多怀旧惜别，抒情言志之作，情真意切，其五七言近体诗情景交融，意境优美，俱可一读。

严羽诗论的价值和影响在其去世后显现出来，宋代末年和元代诗人如黄公绍、严斗岩、黄镇成、陈士元诸人，是在严羽的诗论和诗作直接熏陶下活跃于福建文坛的佼佼者。由于黄公绍的推许，严羽在诗论史上的贡献引起了后人的高度重视。而严斗岩是严羽之孙严子野同辈人，得严羽亲传，他通过讲学授业将严羽诗论传给下一代人。严斗岩又有门生黄清志，是严羽再传弟子，与黄公绍同宗。黄清志曾为湖广行省儒学提举，奖掖后进，为人学识受到当时学界推崇，在严羽后学中，黄清志以盛唐为指归的创作颇得其先师学说之三昧。黄镇成与诗友陈士元也是在羽诗论熏陶下而活跃于诗坛的邵武后学。降至明代，严羽诗论差不多荫庇了明代文坛，如李梦阳、何景明为代表的"前七子"，他们从严羽遗产中获得灵感，公然一反台阁体流弊，大倡"汉后无文，唐后无诗"、"古诗必汉魏，必三谢；今体诗初唐，必杜，舍是无诗焉"。这种论说视角明显是上承严羽的。而李梦阳之"复古论"、"格调说"，虽不始于严羽，但受严羽诗论的影响是显而易见的。以李攀龙、王世贞为首的"后七子"也如"前七子"一样，都不同程度地借鉴了严羽诗论。另外，胡应麟之"主格调"说，王士桢之"神韵说"、袁枚之"性灵"说，都与严羽诗论有一脉相承之关系。直到近代王国维，其力倡"境界"说并构成其核心理论，亦与严羽诗论有内在渊源关系，可见严羽诗论影响之大。

书林门阀——诸余

——宋元·建安余氏刻书世家

宋元时代，闽省建安刻书业闻名中国，誉为图书之府，其中以世代刻书为业的建安余氏家族最具代表性。叶昌炽《藏书纪事诗》序中曰："叶石林谓福建本遍天下。考今时所传闽本，以建安余氏为最著。宋有余仁仲、余恭礼、余唐卿、余彦国，元有余志安勤有堂及双桂书堂。然元之勤有堂刻书虽多，不逮仁仲万卷堂远甚。"世代刻书为业，在建安宋元时有十数家，但余氏家族事实上应称"诸余"，即同一祖宗而分开经营，从《余氏宗谱》或《增修余氏宗谱总序》得知，建安余氏远祖为余珍成，在东晋元帝永昌年间，由下邳渡江。梁中大通二年（530），余青为建阳令，避侯景之乱，在闽省落籍。传十四世徙书林，以刻书为业。可知余氏家族是由官宦之家转业为刻书之家。诸余所设书铺极多，仅以堂为名号者即有万卷堂、勤有堂、双桂堂、广勤堂、勤德堂诸铺号，或堂号兼标名字，如靖安、清庵、唐卿、志安、恭礼等名。

余氏所刻之书叫"坊刻本"。书坊刻书作为商品流传，以营利为目的。他们自拥有写工、刻工、印工。宋代建安余仁仲是余氏一族刻书史上的代表人物。传世的宋刻本中，有绍熙二年（1191）余氏所刻汉代何休《春秋公羊经传解诂》十二卷，半叶十一行，行十九字，细黑口，左右双边。序后有"绍熙二年建安余仁仲刻书"广告六行。卷一、二、四、七、十一后有"余氏刊于万有堂"、"余仁仲刊于家塾"、"仁仲比较讫"各一行。建安余氏以刻书递传子孙。清代乾隆四十年（1775）正月丙寅谕敕军机大臣的一段话和钟音的复奏文字，可略知其源流。乾隆的敕文曰：

"近日阅米芾墨迹，其纸幅有'勤有'二字印记，未能悉其来历。及阅内府所藏旧板《千家注杜诗》，向称为宋椠者，卷后有'皇庆壬子余氏刊于勤有堂'数字。皇庆为元仁宗年号，则其板是元非宋，经阅宋板《古列女传》，书末亦有'建安余氏靖安刊于勤有堂'字样，则宋时已有此堂。因考之宋岳珂相台家塾论书板之精者，称建安余仁仲。虽未有堂名，可见闽中余板在南宋久已著名，但未知北宋时即有勤有堂否？又他书所载，明季余氏建板犹盛行，是其世业流传甚久。近日是否相沿，并其家刊书始自何年，及勤有堂所自？询之闽人之官于朝者，罕知其详。若在本处查考，尚非难事。着传谕钟音，于建安府所属，访查余氏子孙，见在是否尚习刊书之业？并建安余氏自宋以来刊印板书源流，及勤有堂建于何代何年，今尚存否。或遗迹已无可考，仅存其名；并其家在宋曾否造纸，有无印记之处，或考之志乘，或征之传闻，逐一查明，遇便复奏。此系考订文墨旧闻，无关政治。钟音宜选派诚妥之员，善为询访，不得稍涉张皇，尤不得令胥役等借端滋扰，将此随该督奏折之便，谕令知之，寻据复奏。"

乾隆的敕文，促使钟音当即派员去闽作考查，并复奏，其奏文大致情况，在《书林清话》中有记录：余氏后人余廷襄等呈出族谱，载其"先世自北宋建阳县之书林，即以刻书为业。彼时外省板少，余氏独于他处购选纸料，印记'勤有'二字。纸板俱佳，是以建安书籍盛行。至勤有堂名，相沿已久，宋理宗（1225—1264）时，有余文兴，号勤有居士，亦系袭旧有堂名为号。今余姓见行绍庆堂书集，据称即勤有堂故址，其年代已不可考"云云。这是记载余氏书刻最直接的史料。余氏宋代所刻书，大致有万卷堂刻黄伦《尚书精义》五十卷、《春秋公羊经传解诂》十二卷、《春秋谷梁经传》十二卷、《事物记原》二十六卷、《纂图互注重言重意周礼》十二卷等多种，大致为书院教科书。元代所刻仍多，但牌记多有改更。如清代孙星衍仿刻《唐律疏义》，释文序言有"至正辛卯十一年（1531）重刊"一行，又有"崇化余志安刊于勤有堂"长方木记，卷终有"考亭书院学生余资编校"一行。到了明代末年，余氏刻印犹盛行，如余象斗、余文台自己编刻之书至今多有流传，尤以图文并茂之小说、杂家、酬世大全之类为多。元代勤有堂还有元统三年（1335）刻苏天爵《国朝名臣事略》十五卷，此书在1956 年 5 月为北京隆福寺大雅书店店主李拔元从山东源记古玩铺访得，售归北京图书馆。明代时，建安书坊中仍以余氏勤有堂为最，有余志安刻《杜诗》转版印行以传世，并以刻印演义小说为赚钱工具。如万历年间双峰堂主余文台刻《新刊京本编辑二十四帝通俗演义西汉志传》，是余文台自己编纂刻印。该书刻两节版，上节刻批语，下节刻正文，为当时图书出版一大创新。到了清代，余氏刻书业与建安刻书业一样呈衰败之势，究其原因，一为火灾。明中叶时，建阳一带屡起火患，对刻书业打击甚大。二为内乱。清代建安，屡遭兵灾，书林诸余，"因耿精忠乱"而纷纷迁避。据《余氏族谱》载，"余有腹偕族人挈家迁芝城"，"余国清偕两子流寓浦城县毛洋"，又有余家齐偕四弟余家升和族人余国积、余国联、余国清、余家玄流落崇安县五里夫里。兵灾是余氏刻书业衰败之根本原因，即使是已刻告竣待售之书，也无法保存，甚至流于酒肆、饼师之手，作燃料或包饼之用。《沙县志》曾说，"邑经兵燹，刻书一事，空谷足音"，动乱使书坊经营濒临绝境。

建安余氏作为刻书世家，被后人屡屡称道。卡德《中国印刷术的发明和它的西传》称余氏一门世代刻书，历数百年不衰，为文化史之奇观。余氏所编著和刻印刊行之通俗演义小说，鲁迅《中国小说史略》给予了很高的评价。

一门二丞相 九代八太师

——宋元·莆田陈氏世家

一

福建莆田涵江镇有"陈文龙纪念馆"，馆中堂楹多幅，其中有一幅曰"一门二丞相，九代八太师；文章魁天下，节义愧当时"，概括了陈氏家族的显赫历史和文化品格。而宋元之交的陈文龙更以其宁死不屈的民族气节而彪炳于世。

宋代庆历元年（1041），陈文龙祖辈陈仁，以莆田白沙村环境优美，且一衣带水，有池为伴，遂居家于此，且名居地为"玉湖"，成为玉湖陈氏始迁祖。延及南宋，陈氏家族出了一位丞相陈俊卿，因其为官清正，有功于宋，故深得朝廷倚重，除本人去世后受谥为太师魏国公，又追赠其三代先祖、玉湖始祖陈仁为太师沂国公，第二世祖陈贵谥太师蜀国公，第三世组陈铣谥太师冀国公；其后陈文龙精忠报国，功及先祖，又追封陈氏宗族第五世祖陈钦绍为太师永国公，第六代世祖陈衮谥太师安国公，第七世祖陈粢谥太师荣国公，加上陈文龙谥忠肃公丞相。一门陈俊卿、陈文龙为相，而九代人有八位赠谥太师，这在闽省历史上是罕见的。

二

陈文龙是南宋一位可以与文天祥并驾齐驱的爱国主义者和民族英雄。他献身报国的高风亮节，诚如宋末文人郑思肖所评价的"如水行地，如日在空"，万古长存。

陈文龙（1232—1277），初名子龙，字德刚，别号如心。兴化军（今福建莆田市）人，丞相陈俊卿之后。度宗咸淳四年（1268）状元及第，度宗御笔赐名"文龙"，因字"君贵"。历仕度宗、恭宗、端宗，累官至参知政事兼枢密院事、闽广宣抚使等职。

陈文龙出身于名宦世家。他的前辈如南宋宰相陈俊卿等，都是富有正义感和民族感的官僚。在家庭的严格教育下，陈文龙从小就"濡染先训"，志存高远。

陈文龙踏入仕途的时候，正是南宋度宗统治年代。此时的南宋王朝，国势屡弱，内忧外患，危机四伏，处在风雨飘摇朝不保夕之中。由于度宗重用了奸臣贾似道，更使朝政黑暗，人心离散，国事日非，加深了民族危机。

咸淳四年（1268），蒙古军队形成对南宋的战略包围后，开始围攻襄阳和樊城。襄、樊两城是南宋在汉江上的国防战略重镇，两城夹汉水东西对峙，借浮桥往来，相互声援，上通秦陇，下控荆楚，两城的得失，对南宋有着生死攸关的作用。为此两地爱国军民严防死守了数年，击退了元军的多次围攻。元军加强了对襄、樊两城的包围，形势更为危急。而贾似道却不以为意，欺上瞒下，依然日恣淫乐，表面上说要去襄阳前线督师，暗中却指使其党羽向朝廷要求留其在京师，致使襄阳陷落。时任监察御史的陈文龙上疏极言贾似道之罪行，贾似道怒而黜贬其为抚州知州，不久，又暗地里以官爵收买监察御史李可，指使他以"催科峻急"的莫须有罪名诬陷陈文龙，将他劾罢。直至贾似道罢官，在途中被杀后，陈文龙才复出受任御史；但又因受陈宜中的掣肘而"报国无门"，请求归养。临安陷落，文天祥、陆秀夫、张世杰等拥立益王赵昰在福州称帝，陈文龙又被起用，委以参知政事的重任。从景炎元年至二年（1276—1277）陈文龙主演了坚守兴化城一幕威武悲壮的史剧。

三

陈瓒（1232—1277），字瑟玉，莆田玉湖阔口村人，是南宋孝宗年间"清忠亮直抗金良相"陈俊卿的曾孙。他与南宋"节义文章扶宋名臣"陈文龙为从叔侄关系。他们两人同年生，同年殉国。

陈瓒深受中国古代传统文化熏陶和闽省"重义轻利"纯朴民风的影响，常以大节自励。南宋末年，奸臣贾似道权倾朝野，政治黑暗腐败，加上元军侵扰，民不聊生。陈瓒"仗义疏财"，关心民众疾苦，倾家资散发钱米，以济饥寒百姓。他说，"吾家世受国恩，当为国收民心耳。"

恭帝德祐元年（1275），元军东下，大兵压境，南宋政权岌岌可危。这年12月初，朝廷又起用陈文龙为参知政事，委以救国重任。临行前，陈瓒向陈文龙献策说："今天下之势已危，列郡皆拥兵自守，此不足讨贼明矣。为今之计莫若劝上尽召天下之兵，屯聚沿江要害，择贤王与文武才干之臣，分督之。敌若来战，拼力齐奋，则国犹可为也。"陈文龙自感回天乏术，欲罢不能地回答说："叔父之策固善，然柄国非人，恐不能用。是行也，某必死之。"

翌年正月，临安城陷。恭帝与谢太后决意降元。陈文龙见和议已决，报国无门，请求归养，回老家兴化。5月，益王赵昰在福州称帝，是为端宗，改元景炎。复召陈文龙为参知政事、闽广宣抚使，兼知兴化军。这时，建州、邵武军、南剑州及福州相继陷落。张世杰、陆秀夫等护送端宗逃往泉州、潮州。陈瓒散尽家财，集300万缗作为抗元的军饷，持资渡海到广东，献给张世杰做军费。世杰嘉其忠义，欲授以官职。陈瓒说："吾为忠义所激而来，岂买爵耶？"景炎元年（1276）十二月，因兴化军守将林华、陈渊叛变，勾结通判曹澄孙降元。待陈瓒折回兴化时，陈文龙已被俘北去。陈瓒说："侄不负国，吾当不负侄。"他趁元军主力调离兴化之机，暗中招募宾客、丁壮约500余人，坚决抗元。

景炎二年（1277）二月三十日，陈瓒率义军反攻，擒杀叛将林华，并把其首级献于朝廷，收复了兴化城。端宗嘉奖陈瓒的忠义，授以通判之权，镇守兴化军；同时，令乘胜与张世杰军互为犄角，收复福州、泉州。九月，元将唆都率兵丁万人，再度攻打兴化城。陈瓒每巡城，必向南恸哭，士皆感奋。元将唆都亲临城下劝降，说："若归顺，不杀一人；若抗拒，城破之日，鸡犬不留。"陈瓒回答曰："我家世代忠义。前次守城不降者，吾侄也。这次是我，哪有向胡狗求活之理！"十月十五日，元军蜂拥登城，陈瓒率家僮及丁壮500余人巷战，元军死者千余。然因寡不敌众，陈瓒力尽被擒。唆都再次劝降，瓒骂不绝口，唆都大怒，把他"车裂"于五门。

莆田陈氏一门著作颇多。陈俊卿有文集二十卷，奏议二十卷，均佚，也能诗，《全宋诗》录其诗九首。李清馥《闽中理学渊源考》有《莆阳陈氏家世学派》记其家世事略。而陈文龙"濡染先训，厉志殖学，工文词，负气节"，有遗文、书信、文诰多篇留世。

《心史》道出爱国声

——宋元·连江郑起郑思肖父子

一

宋元之交，进步文人往往以民族英雄和爱国作家双重身份出现，其作品中充满爱国思想和民族气节。闽省文人以爱国著称者当推郑思肖。

郑思肖（1241—1318），字忆翁，号所南，"思肖"之名字当在宋元之际而改，寓怀念故国，不事北朝之意。他的原籍是连江透乡，出生于南宋京都临安，为"世世袭以读书传家"之儒学大家庭。其父郑起（初名震），字叔起，号菊山。一生鄙视做官，从事教读业，为人正直，是一位"人物昂然，气节挺然"之人。郑思肖自幼受郑起志行节操的熏陶，并凭借郑起在当时学术界的卓然声望而"与四方伟人交游"（《自序》），视野极为开阔。他14岁开始游学泮宫，结交四方名士，后为太学上舍生，应聘博学宏词科。由于自幼便目睹元蒙军队抢掠暴行和南宋朝廷投降派丧权辱国之丑态，郑思肖的诗作与父亲郑起不但在民族之情感上相似，诗风也受其父影响。鲁迅在《摩罗诗力说》中说："人文之留遗后世者，最有力莫如心声"，"诗人者，撄人心者也。"
郑思肖的诗文集《心史》当为宋元之交知识阶层一部心灵痛史。

郑思肖的诗歌创作历程屡起高潮。景定元年到咸淳五年中所
作极多，只可惜处于兵荒马乱之动荡年代，其呕心沥血之作差不
多丧失殆尽，后来他仅凭记忆编成《心史》中《咸淳集》。在元
蒙南侵时，作为太学生，他曾向最高统治者屡屡冒死上书，而投
降派人士却欲加害于他。郑思肖只得作韬光养晦之举。到35岁时，
才继续作诗撰文，所作编为《大义集》、《中兴集》、《久久书》、
《杂文》、《大义略叙》等，后收录入《心史》。南宋灭亡后，
他隐于吴下林中，以菊咏志，"宁可枝头抱香死，何曾吹落北风中"
（《寒菊》），表现了中国古代进步知识分子的坚贞节操。元代
初年，南宋遗民文化人中消沉者甚多，郑思肖为使精神有所托附，
对宗教产生兴趣，年迈的他再度提笔书写心灵痛史。为防文稿《心
史》不测，郑思肖将手稿密封藏于一只铁函内，沉于苏州承天寺
某古井中。这部手稿在356年后才被偶然发掘，成为中国文化史
上一部千古绝佳之妙文奇书。

郑思肖一生未娶，其人生经历有"二十二岁无父，三十五岁
无君，三十六岁无母，又三十八岁无子"（《后臣子盟檄》）之说。
所谓"无父"指父亲去世，"无君"指南宋皇帝被元蒙掳去，而
"无母"则指母逝，"无子"则终生未娶，也未有嫡嗣，但郑氏
裔孙却后继有人。最早《心史》刻本中，有裔孙郑敷教题跋。后
赵诒深等人编印《甲戌丛编》、《乙亥丛编》、《丙子丛编》、《丁
丑丛编》以及《峭帆楼丛书》中屡见郑敷教作品。郑敷教，号桐庵，
有《桐庵年谱》，此乃他的学生所纂撰，本人过目，部分自订之
年谱。其中关于《心史》出井、刊印、建祠未果诸事，《桐庵年谱》
中有具体的记载：

"夏大旱，自此吴中旱蝗相仍，先生（郑敷文）从官师绅襟

徒步祈祷，承天寺狼山睿井得铁函所南先生《心史》，外书'大宋铁函经'、'德祐九年佛生日封'，内书'大宋孤臣郑思肖百拜封'。先生与文从简、陆嘉颖等闻于中丞张国维，梓而行之。诸生张邵领其事，以原本归先生，将建祠守藏，以升任未果。"

《心史》刊行后，几乎给郑氏后人带来杀身之祸。至近代，郑思肖及其《心史》在革命党人反清宣传中发挥了有力的宣传鼓动作用。

二

郑思肖是一位诗画并佳的爱国文人。他擅长画兰花，宋亡后他隐居乡村，躬耕自食，不问政事，内心痛苦难以排解，便以画兰花自遣亡国遗恨。元初显贵闻其画兰绝佳，派员索画。他出于民族气节，不愿折节事敌，愤然辞拒，誓言"头可断，兰不可得！"元代显贵极不甘心，屡屡派人上门纠缠索画。郑肖思画一兰离地露根，含苞而未放，寄寓失去故国，誓不为亡国奴之意，表现了高尚的气节。当然，《心史》中的诗歌更为感人，不少诗篇显示了其抗元复国，抱节而终的决心和志向。如《送友人归》："年高雪满簪，唤渡浙江浔。花落一杯酒，月明千里心。凤凰身宇宙，麋鹿性山林。别后空回首，冥冥烟树深。"其中"凤凰"句典出于杜甫《凤凰台》"我能剖心血，饮啄慰孤愁。心以当竹实，炯然无外求。血以当醴泉，岂徒比清流"，与杜诗同具哺乳凤雏以象征复国之寄托。又如《咏制置李公蒂》："举家自杀尽忠臣，仰面青天哭断户。听得北人歌里唱：'潭州城是铁州城'！"对抗元斗争充满自信与期盼。

声泪俱下 恸哭西台

——宋·浦城谢氏家族

一

　　谢翱（1249—1295）是南宋末年爱国遗民诗人，字皋羽，一字皋父，晚号晞发子，原籍福州长溪（今福建霞浦），后迁徙居建宁浦城（今福建浦城）。谢翱出生于书生世家，他的父亲谢钥，字君毅，号草堂。宋濂《宋文宪公集·谢翱传》中说谢钥"性至孝，居母丧，哀毁庐墓，终身不仕"，是一位民间布衣学者，一生精研《春秋》、《左传》，著有《春秋衍义》、《左传辨证》等理学著作。而谢翱的母亲缪氏，是秘书省正字缪烈的女儿。宋濂在传中称谢翱"世其学"，即师承其父谢钥之学。

　　谢翱的青少年时代在故乡浦城度过，据邓牧《伯牙琴·谢皋父传》说，谢翱幼年好读古书，所作文章"必欲中古人绳墨乃已"。这显然是受父亲谢钥的影响。他年幼时便对《左传》兴趣甚浓，后来撰述的《左氏传续辨》即是子承父业，继承父亲撰《左传辨证》之余绪。17岁那年（1265），谢翱随父去临安，准备参加进士考试，途经桐庐，父子一同登上严子陵钓鱼台，凭吊仰慕至极的东汉高士严子陵。一个偶然的人生足迹使他终身铭记，直到1267年撰述《西台恸哭记》，当年初登钓台之情景仍然历历在目。度宗咸淳二年（1267），谢翱应科举未中。但他这一年做了人生旅途中一件重要事情。他如姜夔上《大乐议》论雅乐并作《圣宋饶歌曲》一样，撰述了《宋饶歌鼓吹曲》十二篇和《宋骑吹曲》十篇。皇宫中的乐工们演出后，"论者谓其文句炫煌，音韵雄壮，与唐柳宗元相并"（吴莱《宋饶歌骑曲序》）。可惜，鼓吹曲获得巨大的声誉，并未使他受到重用。谢翱一直落魄于漳、泉之间，过着游历、读书的生活，直至"丙子之难"（1276）。谢翱青少年时，南宋王朝的外表一片歌舞升平，骨子里已到了山穷水尽的地步。《晞发集》附录浙东吴莱《宋饶歌骑曲序》说，当时"国愈蹙，财愈匮，山林原隰陂泽之所出，一切毫计而缕数之，至不足自给。东南民物之凋敝，极矣！"蒙古兴起，对南宋政权威胁更甚。公元1274年，元军南下，大举攻宋。"丙子之难"后，文天祥举勤王之师，于1276年7月13日开府南剑州（今福建南平）。28岁那年，谢翱尽倾家产，募集乡兵数百人，投奔文天祥，"遂署咨事参军"（《谢翱传》），开启了永载史册的人生一页，与文天祥结交也正始于此年。同年十月，谢翱随文天祥军驻汀州。次年，又移师漳州龙岩，三月，进兵攻取梅州。五月，出梅岭，入赣州，在会昌、雩都一带随军行动。可是，旋即兵败赣州。当与文天祥诀别时，文氏以家藏端砚"玉带记生"（砚名）相赠，并有至情至义的嘱语。谢翱后在《西台恸哭记》中云："独别时语，每一动念，即于梦寻之。"景炎三年（1278），文天祥被俘。谢翱隐姓匿名于民间，辗转返归故乡浦城。到祥兴二年（1279），南宋灭亡，31岁的谢氏成为遗民，这是他后期生活的开始。谢翱遗民生涯的17年，是他人生最痛苦的时候。他返回故乡，家室散亡。凭勤俭生活勉强自给，但家乡徭役繁多，于是离乡出走，开始飘泊流浪，在永嘉、乐清、括苍、缙云等浙东大地上颠簸，结识当地许多有志者。后又往来于鄞、越间，前后大约近十年之久。鄞、越是春秋勾践之地，人尚节操，处处弥漫着报仇复国的气氛。王英孙是绍兴知名士人，他以宋之遗臣身份招收有志之士，谢翱曾依附于王英孙，诗咏相娱，涉足四明诸胜景，其间有很多诗作问世。在越地逗留时，他又与绍兴唐珏、永嘉林德、郑朴翁等名士，共谋收护宋代会稽陵骨，以防元代统治者盗掘皇陵，他的诗作《冬青树引》、《古钗叹》曾记其事。大约在丙戌丁亥（1286—1287）间，谢氏到浦江，与宋元之交时的浙东大儒吴渭、方凤、吴思齐等结成"月泉吟社"，联络四方遗民，以图恢复祖宗之业。"月泉吟社"仿科举法，曾以"春日田园杂兴"为题征诗，在丁亥三日上巳评定名次，榜示应征人，诗监是吴渭，主考为谢翱。到期征得士人来诗 2755 卷，每人一卷，参与活动者达 2755 人，这实际上是谢翱等人在民间代亡宋举行的一次科举，以表达其亡国不失志的民族意识。继而，谢翱又与方凤、吴思齐、吴渭、吴谦等在浦江筹建"江源讲经社"，因谢翱精家学《春秋》，浦江吴、方两个宗族子弟纷纷来从学。他在浦江大约 4 年，以吴溪江源为中心，讲学授经，四周游历，间或慕屈原披发佯狂，行吟田野，曾到金华、严州等地结交士人。其时，他诗交甚夥，对振兴浦江诗文风气起到重大作用，使"浦阳之诗，为之一变"（《方凤传》）。谢翱最后 4 年是在频繁的流浪中度过的。他以建德翁氏兄弟子为落脚点，穿梭于金华—严州间。吴谦《谢君皋羽圹志》曾记录此间行状。严子陵钓台南有唐代方干隐居处，谢翱再游严子陵钓台时，慕严子陵与方干之高节，遂有终老隐居此地之志，以表明自己誓不辱志降元的决心。他对随行弟子说："死必葬我于此"，因作《许剑录》，"思集同好名氏，筑亭立石，期衰暮无忘吴季子意。且将度台南为文冢，异日并玄英（方干）旧居隐老焉。"谢翱的举动，寄托了他对宋

室的怀念。最后 4 年,他的生计维艰。邓牧《谢皋父传》说他"性
耿介,不以贫累人,所居产薪若炭,率秋暮载至杭,易米卒岁,
少裕则资游江海,访前代故实"。在其去世前一年,他由邓牧介绍,
至杭州访问寓杭诸逸民,以求同道者同抗元,还娶杭州遗民刘氏
之女,与能文辞者相往还。1295 年夏,他因患肺病去世,葬于严
子陵钓台南。

<h2 style="text-align:center">二</h2>

谢翱在宋代仅一布衣,在其 17 年遗民生涯中不变故国衣冠,
白青衫,麻布绳履,终身未曾使用元代年号。文天祥殉身忌日,
往往召集同好登高哭祭,由此产生一系列自励其节的遗民诗文,
如《哭所知》、《西台哭所思》、《哭邴州》、《书文山卷后》、
《西台恸哭记》等,表达了对故国江河无限眷恋之思。谢翱的著作,
据方凤《谢君皋羽行状》记,有手抄诗六卷,杂文五卷、《唐补
传》一卷、《南忠赞》一卷、《楚辞芳草图谱》一卷、《宋饶歌
鼓吹曲》、《骑吹曲》各一卷、《睦州山水人物古迹记》一卷、《浦
阳先民传》一卷、《东坡夜雨句图》一卷,《浙东西游录》九卷、《春
秋左氏续辨》,其《历代诗谱》未及脱稿。又据邓牧《谢皋父传》,
尚有《近世隐逸传》数篇。

谢氏早年代表作当以《宋饶歌鼓吹曲》十二首和《宋骑吹曲》
十首为代表。作为军旅之乐歌,用以建威扬德,励士讽敌。而谢
翱献歌,意在鼓励武备精神,以防敌国入侵,提醒宋王室勿忘创
业艰难之"祖先功德",从而振作军心民气。这样威武之歌曲,
在有宋一代尚属罕见。而早期作品以《晞发集》为主,古体学韩
愈、李贺、孟郊,表达了亡国之痛,因而谢之诗文备受后人赞誉。
如其《书文山卷后》:

魂飞万里程，天地隔幽明。

死不从公死，生亦无此生。

丹心浑未化，碧血已先成。

无处堪挥泪，吾今变姓名。

论诗者皆认为，谢氏这类血和泪凝结而成的文字，应与文天祥《指南录》并重天地间而不朽。又如《西台恸哭记》一文，呼天抢地，极尽悲痛，散韵交融，情文并茂，其文献价值也堪称一流。谢翱之人品、文品皆为遗民诗人中翘楚，后世心仪者颇多，如元代任士林、张丁，明初胡翰、宋濂，清初黄宗羲诸人皆对谢之诗赞赏有加，并对它们作了有益于光大传播的探索。《四库全书总目》也说："南宋之末，文体卑弱，独谢翱诗文桀骜有奇气，而节概亦卓然可观。"足见其诗文艺术价值之高。

集理学、刻书、医学于一族

——元明清·建阳熊氏文化世家

一

建阳熊氏家族，自元代熊禾起，代有人才，辉映于闽省元、明、清三代，其成员大多为从事理学研究者或医药学家，他们的著述往往是本家族刻坊所刊行。该家族在建阳地区向以刻书传世，对中国古代刻书业贡献甚大。

在这一家族中，首先应该提及的是元代著名理学大家熊禾。熊禾，字位辛，又字去非、退斋，号勿庵、勿轩，人称"勿轩先生"。生于南宋理宗淳祐七年（1247），卒于元仁宗皇庆元年（1312）。为南宋度宗咸淳十年（1274）进士。其祖上熊节，为庆元五年（1199）进士，官至县丞，与同宗熊以宁为朱熹及门弟子。熊禾是朱熹三传弟子，其学术传承脉络为朱熹传辅广，辅广传刘敬堂，刘敬堂传熊禾。在南宋末年，熊禾曾官至汀州司户参军，多具政绩。入元后，他不仕宦于元朝，长期在闽乡从事朱子学研究，以授徒为职业，表现出十分浓烈的民族气节。熊禾在元代生活了33年，始终以"批元颂宋"的宋儒面目出现，自诩为"宋之义士元之顽民"。他隐居于武夷山，筑洪源书堂、武夷书堂，晚岁主持鳌峰书院，以讲学传授朱学、著述阐发理学、刻书传播闽学为职志。他所述、所著、所刻的理学著述，对元初理学界产生重大影响。至明代宪宗成化年间，政府在建宁府鳌峰书院设祠祭熊禾。后人称其为朱子正宗传人。清人陈祚康称其"学有德行、经述、文艺之殊，为真儒者"，认为"合德行、经术、艺术而一者，唯熊去非一人而已"（《全闽道学总纂》）。这样的评价虽有过誉之嫌，但可以看出对熊禾一生品学兼优之肯定。

熊禾是中国最早揭橥孔子、朱子并立地位的人。他在一系列释朱文章中，极为推崇朱熹，在理学史上首次从学理上将孔、朱二人并立而论，对元以后确立朱子学地位具有开创性的路碑作用。他赞扬朱熹：

"微夫子'六经'，则五帝三王之道不传；微文公'四书'，则夫子之道不著，人心无所于主。"（《考亭书院记》）

"孔孟后千五百余载，道未有如文公之尊。朱子倡明斯道，《四书》（按：指朱熹《四书章句集注》）衍洙泗之传，《纲目》（按：指朱熹《资治通鉴纲目》）接《春秋》之笔。当今环海数州内，何人不读其书！"（《重修武夷书院疏》）

"朱文公，百世之师，即今夫子。徽国公（即朱子）千年之墓视为孔林。公之文，如日丽天；公之神，如水行地。"（《重修朱文公神道门疏》）

熊禾以如此热情来宣扬朱熹，将其注《四书》与孔子编"六经"并列，视朱熹为孔子而后第一人，这为元初之后朱熹在儒学史上的正统地位奠定了根基。熊禾借助设于山中之洪源书堂，不遗余力地推崇朱子之说，他与胡庭芳论学时，谈及朱熹注《四书》之意义在于恢复儒家正统，认为因朱熹出而接续了孔学之源："秦汉以来天下所以无善治者，由于儒者无正学。儒者所以无正学，由六经无完书也。"（《建阳县志》）他在《考亭书院记》中又加以发挥，曰"周东迁而夫子出，宋南渡而文公生"，认为孔、朱媲美，朱学有关国家之兴衰，后世王者应取朱子学为主流意识形态。熊禾在元初为宣扬朱学，立志如朱子之高足黄榦一般，捍卫朱子学，并寄希望于鳌峰书院的从学者。他对胡庭芳说："君当分任此责，以毕吾志。"（《送胡庭芳后序》）熊禾一生撰述甚多，有《勿轩集》八卷、《熊勿轩集》六卷等。其《易学图传》、《易经讲义》、《周易集疏》、《勿轩易学启蒙图传通义》、《春秋通义》、《三礼学略》等当为阐释发明朱子学之重头之作。正因如此，后来吴澄叹谓"江南有人"（《建阳县志》）。

熊禾在朱子学阐述史上具有重要地位，首先在于在闽省朱子学者中，他是最具唯物主义因素者，吸取张载"大虚即气"的命题，发挥为"天地间一气而已"，并阐释了关于世界变化发展的理路，认为"天道循环，无往不复"，没有静止不动的东西。其次是在认识论上认为，客观事物是可以认识的，不是上天赐予或圣人空想而出的。又将朱子学理解为致用之学，为道德事功之学。熊禾反对空谈，抨击科举之士为不关心世事之"儒生下士"。他还引进周敦颐"纯心"论来充实朱熹的天理观。更难能可贵的是，作为元代政权的不合作者，他注意到新起的元政权对人才的埋没和豪强对土地的兼并，主张以孟子"制民之产"的办法来解决。

二

熊禾家族在宋元时代已开始经营图书刊刻事业。而建阳是宋、元、明中国刻印书刊之重镇，刊刻业极为发达，所刊印之书也称为"建本"。南宋时，闽地许多学者家族如刘子翚、刘勉之家族，黄榦家族，蔡元定家族，叶味道家族，魏掞之、魏庆之家族均参与书刊刻印。熊禾家族是建阳坊刻业之最有名望的大家，除熊禾参与刻印业，尚有熊秘、熊节等人。到明代，建阳熊氏已是建阳书坊刊刻业大户，其中最为著名的是熊大木、熊龙峰之忠正堂、熊清波之诚德堂、熊冲宇之种德堂。种德堂以刻印医书，为民间医生提供参考读物而知名于世，所刻《新刊太医院校正图注指南》、《王叔和脉诀》、《八十难经》最为著名。这些坊刻本有注释也有附图，形成明末建阳坊本的一种印刻风尚，质朴古拙，有别于徽、苏刻本之工丽秀逸。熊氏所刻，系用本地产竹纸印刷，纸质洁白光滑，版式有大字本和小字本，大字本有古卷遗风，而小字本便于携带。所用字体介于欧颜之间，印书用墨也极有讲究。

熊氏家族印刻业的代表可推明代熊龙峰、熊大木及熊宗立。明万历年有《熊龙峰四种小说》问世于建阳熊氏刻坊，由熊龙峰刊行。熊龙峰刻印坊曰"忠正"，现有日本东京内阁文库本存世，四种小说为《张生彩鸾灯传》、《苏长公章台柳传》、《冯伯玉风月相思小传》、《孙淑芳双鱼坠传》。熊龙峰既是四种小说刻印人，可能也是小说作者或编纂者。

熊大木系明中期编写刻印历代演义小说的著名人物，他不仅是演义小说作家，还是小说刻印者和出版人。熊大木，字钟谷，《唐书志传通俗演义》嘉靖癸丑李大年序称"书林熊钟谷"，他自署"书林熊大木"，为建阳书坊主人，嘉靖本《唐书志传通俗演义》题"鳌峰熊钟谷编集"（鳌峰是鳌峰书院所在地域名）。熊大木祖上多显贵，唐代熊秘、熊衮登台阁，宋代熊克文名甚著，熊节、熊禾为理学大家，熊大木以鳌峰标示籍贯，显示本人为鳌峰书院熊禾之后。他编刊小说有《南北两宋志传》二十卷、《唐书志传通俗演义》八卷、《大宋演义中兴英烈传》八卷等。《唐书志传通俗演义》最为著名，叙唐代开国事，从隋炀帝大业十三年（617）起，至贞观十九年（645）止，述李渊首义，扫荡群雄而一统天下，秦王李世民玄武门之变后定四夷、伐高丽等几十年间历史风云，故有"秦王演义"之称。小说情节糅杂史书与传说，大体从朱熹

《通鉴纲目》中抄录联缀而成。《南北两宋志传》卷一至卷十为"南宋志传"，卷十一至二十为"北宋志传"，其"南宋"按其故事情节实为叙五代历史，故与"南宋"之称内容不符，为张冠李戴之作。有论者疑其与《残唐五代史演义》为同一书。而《北宋志传》述杨家将故事，艺术水平略胜"南宋志传"。《大宋演义中兴英烈传》八卷叙李纲、宗泽、韩世忠、岳飞等故事，此书又名《武穆王演义》，小说依据《宋史·岳飞传》和朱熹《通鉴纲目》，兼收民间传说。应该看到，熊大木的演义小说以史书为主，兼采话本、戏曲、民间传说，从小说发展历史看，熊大木之小说向史传靠拢，又通俗简要有故事性，很受社会欢迎。其民间传说部分文学价值较高，人物个性鲜明，后来许多小说据此改编、加工。可以说，熊大木的小说是小说演变史上由史趋于小说不可或缺的一个环节。

三

熊氏家族的刻书业，还与中国医学极有关系。熊宗立一生专职刻印医书。熊宗立（1409—1482），一作中立，字道宗，号道轩，又号勿听子，兼具刻书业主和医学家双重身份。他早年师从刘剡习医，后以毕生精力整理研究传统中医学，编刻医书二十余种，其中以《名方类证医书大全》二十四卷、《伤寒运气全书》十卷、《俗解八十一难经》六卷最为知名。他整理、刻印医书，通俗易懂，配以图录，又能兼融百家，去粗存精，驭繁不乱，条理清晰。据说，日本医学人士曾远渡重洋来建阳师从其习医。1528 年，日本医学家阿佐井野宗瑞曾在日本刊行《名方类证医书大全》，日本版即为熊宗立初刻之书。他的《俗解八十一难经》是《难经》学习入门书。又有《山居便宜方》为民间单方、验方之搜集。熊宗立是闽省医学史上首位自编自刻医书之人，其影响远播海外。

红雨楼中藏书万卷

——明·闽县徐氏红雨楼藏书世家

明代万历年间，福建频出大藏书家，其中闽县徐家族祖孙三代共建藏书世家，颇为显目。

徐㭿，字子瞻，闽县人，曾官永宁令。其长子徐熥，字惟和，万历四十六年（1618）举人，负才淹蹇，肆力诗文，以词采著称于闽，有《幔亭诗集》问世。次子徐𤊟，字惟起，号兴公，终身布衣，以搜罗经籍、探讨艺文、潜心著述为乐，其家族在他手中，将原有藏书发展为七万余卷。著有《红雨楼集》、《榕阴新检》、《笔精》、《鳌峰集》及《红雨楼藏书目》。其子徐延寿亦为子承父业之藏书家。但到清康熙年间耿精忠王闽，徐氏家族之藏书在迁徙中散失不少，部分为郑杰所觅购。

徐熥、徐𤊟兄弟是闽省明代兴公诗派代表人物，对闽省文学起到促进作用。但他们孜孜不倦收藏祖国典籍文献及各类图书的精神和贡献更是值得称道。以下摘录徐𤊟《红雨楼藏书目》中《叙言》等资料，以窥其藏书经过：

"予少也贱，性喜博览，间尝取父书读之，觉津津有味，然未知载籍无尽，而学却耳目难周也。既长，稍费编摩，始知访辑，然室如悬磬，又不能力举群有也。会壬辰（1592）、乙未（1595）、辛丑（1601）为吴越之游，庚子（1600）年又有书林之役，乃撮其要者购之。更有罕睹难得之书，或即类以求，或因人而乞，或有朋旧见贻，或借故家抄录。积之十年，合先君子，先伯兄所储，可盈五万三千余卷，存之小楼，推床充栋。铅椠暇日，遂仿郑氏《艺文略》、马氏《经籍考》之例，分经史子集四部，著为书目四卷，以备稽览。客有讥予者曰：'子之储书，拮据劳瘁，书愈富而囊愈穷，不几成癖成瘾乎？好书之劳，不若不好之为逸也。'予曰：'否否！昔宋尤延之积书数万卷，尝自谓饥读之以当肉，寒读之以当裘，孤寂读之以当友朋，幽忧读之以当金石琴瑟。予生平无他嗜，所嗜惟书。虽未能效古人，下帷穿榻，闭户杜门之苦，然四体不勤，此心难恕，岂敢安于逸豫，怠于钻研者耶！至于发书籝之诮，蒙武库之誉，非予之所可几也，亦非予之所敢望也。'客曰：'美哉，徐仲子之言！'唯唯而退。万历壬寅（1602）初秋，三山徐燉兴公书。"

又，《藏书屋铭》云：

"少弄词章，遇书则喜。家乏良田，但存经史。先人手泽，连篇累纸。珍惜装潢，不忍残毁。补缺拾遗，访售肆市。五典三坟，六经诸子。诗词集说总兼，乐府稗官咸备。藏蓄匪称汗牛，考核颇精亥豕。虽破万卷之有余，不博人间之青紫。茗碗香炉，明窗净几。开卷朗吟，古人在此。名士见而叹嘉，俗夫闻而窃鄙。淫嗜生应不休，痴癖死而后已。此乐何假南面百城，岂曰夸多而斗靡者也。万历甲辰六月望日，徐兴公书。"

又，《题儿陆书轩》云：

"菲饮食，恶衣服。减自奉，习书读。积廿年，堆满屋。手有校，编有目。无牙签，无玉轴。置小斋，名汗竹。博非橱，记非簏。

将老矣，竟不熟。青箱业，教儿陆。继书香，尔当勖。万历丁未（1607）
秋日，徐兴公书。"

徐氏藏书处有红雨楼、宛羽楼、汗竹巢、绿玉斋等。

红雨楼位于徐家寝室后，有三间房，收藏着徐𤊟从各种渠道
收集来的书。其中有向别人借回家抄的，有朋友赠送的，也有朋
友代他抄的。一次，徐从谢伯元家借了一部《姬侍类稿》，翻阅
一遍，觉得未尽意，欲抄录备览，一时偷懒，没有去做。他的朋
友叶振父偶尔相过，知道了他的心愿，表示愿替他抄写。叶回家后，
用了不足 10 天，就抄订成册送给他。徐𤊟有时也爱用藏书与别人
交换。林志尹曾送给谢肇淛一部《解颐新语》。谢肇淛平生好洁，
不喜欢用笔在书上校勘书写。而这部书经张幼于批点，笔迹纵横。
张是徐𤊟的朋友，徐𤊟非常喜爱张幼于的笔迹，就用其所藏善本
换了这部书。不过，红雨楼的藏书大部分是花钱买的。徐𤊟年稍长，
就自己拿钱买书。他于万历年间三次游历吴越，挑重要的书籍购买，
尤其是罕见难得的书，更是即类以求。为了购买图书，他节衣缩食，
花费了大量财力和心血。28 岁的那年，他生病卧床不起。一天，
觉得病稍好，下床活动。这时，听到门外有人叫卖图书，赶紧让
家人把卖书人请进屋，原来那人手里有一部《西鹤年诗》。当时
他家中已有一部，是三卷，刻于永乐。但书商手中是元刻本，他
就不顾家人反对，用买药的钱换了这部书。经过几十年的穷搜苦求，
加上父伯兄弟所集，红雨楼共收藏图书五万三千多卷，以后又逐
步发展至七万余卷。内容涉及广泛，经、史、子、集各类无所不有，
而尤为齐全的是艺文类书籍。其中又以明代艺文最为齐全，仅次
于黄虞稷千顷堂之藏。红雨楼中还收有许多宋元刻本和抄本等十
分珍贵的善本书。这是其藏书的一大特点。徐𤊟曾说过："我的
朋友参知邓原岳、方伯谢肇淛、观察曹学佺三个都有喜书的嗜好。
邓原岳的书装潢齐整，触手如新；谢肇淛则锐意搜罗，不加批点；

曹学佺的书满卷都是题校，爱枕着书酣睡。三君癖好各不相同，但多得秘本，三人皆不如我。"

徐𤊹对善本的识别具有独到之处。他认为：有异人家，必有异书；欲求异书，先求异人；不遇异人，勿求异书。同时，异处也常是他发现秘本的地方。万历三十七年（1609），他客游衢州，住在祥符寺。空闲时参拜佛殿，见佛座后有几个破箱，十分惊讶。寺中鹤松禅师解释说：这是古藏经，多已遗失，只剩这些了。徐𤊹让人打开一看，都是宋嘉祐间所印佛经，纸墨精良。约几百轴，大部分被鼠啃虫蛀。他选了数十轴完整的。又在箱中捡得一部《性理群书句解》一卷，卷首有画有赞，字画异于当时风格，为元刻本。后募工装潢，宝若拱璧。

毛晋在《存悔斋诗跋》中说：我家藏元人集不到百家。曾想选择善本刻印，闽县徐兴公𤊹答应寄给我秘本 50 种。无奈鱼雁杳然，没有了音讯。这从另一侧面反映了徐𤊹收藏善本之多。

宛羽楼，或作宛雨楼，是徐𤊹另一藏书楼。徐𤊹与徐熥弟兄皆善谈好客，风流豪放。徐𤊹少年时见唱名拥挤，毅然放弃科举，随其兄徐熥努力作诗。起先跟赵世显、邓原岳、谢肇淛、王宇、陈价夫、陈荐夫等人结社芝山，后与曹学佺同主闽中词坛，人称兴公诗派。故四方文人墨客皆喜与之交结。此楼即其友曹学佺为他购置的。新楼落成之时，曹学佺专门作诗二首。

其一为《徐兴公新楼落成问名》诗：

> 草堂赀寄漫嗔余，结构凌云类子虚。
> 巢父何曾买山隐，仙人原自有楼居。
> 曝衣岂必夸南阮，题额依然问晋书。
> 从此鳌峰日相对，出门应懒叹无舆。
> 群玉为山非是宝，千箱充栋始称奇。
> 多闻取友成三溢，漫说还书当一瓻。

老景偷闲犹未遂，人生乐此不为疲。

羽陵宛委寻真遍，待副名山子墨期。

其二为《人日兴公宛羽楼小集》诗：

新楼已落待樽开，诗句先题客后来。

人日倚楼频眺望，阊风吹袂向蓬莱。

神仙孰跨云间鲤，士女同游石上台。

若就此中借书读，宁论尘世首低回。

从此二诗中，可以想见当时这批诗人聚会读书吟诗之盛景。

汗竹巢，有时称汗竹轩或汗竹斋，也是徐𤊹的书室。

今所知藏于汗竹斋的书有：

《桧亭稿》九卷，元刻本，封面有徐𤊹手写"《丁桧亭集》，徐氏汗竹巢珍藏本"12 字；《薛涛诗》，《皇明传信录》，两书之题跋末题：汗竹巢；《演繁露》，题跋末题：汗竹轩。叶昌炽《藏书纪事诗》卷三曾称赞汗竹巢曰：

武夷神君不可见，幔亭仙乐秦云鲍。

欲寻三岛人间世，无恙鳌峰汗竹巢。

徐氏还有一处著名的书斋，名绿玉斋，也作绿玉山房。位于红雨楼南。四周是园林，约半亩地。原是其父造的小屋，仅用以遮风挡雨。因不便起卧，也不放置笔砚书画。万历十七年（1589），其兄徐𤊹下第还家，重新翻建了小屋。从园中入屋，有石阶数十级，石阶旁列种筼竹，逶迤曲折。房前空地围以矮墙，墙下栽几株兰花，放些观赏石。另置一张石凳，二张石床。四周灌木环抱。夏日坐在阴凉下，鸟语花香，蝉声上下，十分惬意。小斋有三间屋，前后向背。中间一间用以会客，左右二间只能容膝，就做了书房，藏有数千卷书籍。徐氏兄弟在此读书，乐而不疲。这里地势较高，往窗外望去，山中树木繁茂，满目绿竹，掩映得屋中枕席皆绿。故以"绿玉"名此小斋。徐𤊹也替自己起了别号，叫"绿玉斋主人"，又叫"竹窗病叟"。

徐氏兄弟二人皆有文记此。徐熥有《赋绿玉斋》，中有"生平无长物，满壁琴书"之语。徐𤏡作《绿玉斋记》，言"焚香煮茗，摊书搦管，则丘壑之怀，于焉而寄。即有轩冕，吾不与易矣"。可见他们对此书斋极为中意。

徐熥因体弱多病，在世只39年。当他离世数年后，其友陈荐夫来绿玉斋，题《重过惟和绿玉斋感赋》诗以纪念：

> 昔我来山中，高谈彻昏旦。
> 诗书闭广橱，恣意随所玩。
> 滔滔逝水流，霭霭停云散。
> 星霜八九移，重来值秋晏。
> 落叶蝉屡哀，陈根草初蔓。
> 曲榭为我开，凝尘使之暗。
> 欲接魂梦遥，神理良已诞。
> 怀哉邻笛音，山阳有余叹。

自万历至崇祯，徐氏的藏书楼名声远播。到了清初，由于战乱，田园尽失，徐氏移家湖南。乾隆时期绿玉斋尚存，已沦为尼庵。但其藏书，经过其子徐延寿（字存永）、其孙徐钟震（字器之）的精心保存，清代人时见之。

徐氏藏书都钤盖藏书印章。有"徐𤏡字惟起，一字兴公"、"兴公氏"、"晋安徐兴公家藏"、"徐氏惟起"、"徐𤏡之印"、"闽中徐惟起藏书印"、"徐氏兴公"、"徐印惟起"、"宛羽楼"、"绿玉斋"、"汗竹巢"等。

万历三十年（1602），徐𤏡仿郑樵《艺文略》及马端临《经籍考》的体例，将所藏书按经、史、子、集四部归类，著书目四卷。后又陆续有附加，一直到南明为止。书目名称及卷数在流传过程中有差异。黄虞稷《千顷堂书目》簿录类著：徐氏家藏书目七卷；

清道光七年（1827），刘燕费庭味经书屋抄本，题名《红雨楼书目》七卷；《注韩居藏书目总录汇抄》子部儒家类，作五卷，抄本；《左海文集·红雨楼文稿跋》称《汗竹巢书目》二卷。

书目卷首有徐氏自序、《藏书屋铭》及《题儿陆书轩》。卷一为经部，分13类；卷二为史部，分正史、旁史、本朝世史汇、人物传4类，其中人物传最多；第三卷子部共18类，其中传奇类著录了140种小说和戏曲，是研究明代戏曲小说的重要史料；第四卷为集部，15类，所收明集目录较多。在"明诗选姓氏"部分详注作者的履历，提供了研究明人的宝贵资料。

书目的旧藏本已不多，北京图书馆及南京图书馆藏有胶卷复制的明抄本。1957年古典文学出版社据此整理，附于《晁氏宝文堂书目》后，题《徐氏红雨楼书目》4卷，铅印出版，成为通行本。

除了《红雨楼书目》以外，《红雨楼题跋》是记载徐氏藏书楼藏书旧事的另一重要文献。

徐氏不仅爱收秘本，而且精校勘，喜题跋。朱彝尊《静志居诗话》中记载："予尝见其遗籍，大半点墨施铅，或题其端，或跋其尾。"清顺治十六年（1659）林佶从未刻的《红雨楼集》稿中，抄出题跋140余条，辑为一卷，装成四大册。嘉庆三年（1798），侯官（今属福建福州）人郑杰潜心寻觅，得到了徐氏汗竹巢、绿玉斋、宛羽楼、红雨楼藏本十二三部，欣喜若狂。录题跋87条，刻入《注韩居丛书二集》中。至清末，缪荃孙先抄录林佶所辑，载于书斋30年，奉为导师，后得郑刻一册，将两书分经籍与碑帖书画，以类相从，合编成《重编红雨楼题跋》二卷，共220条。每条末有年月，起万历十三年（1585），迄崇祯十五年（1642），前后计58年，此书宣统三年（1911）刻入《峭帆楼丛书》。据《红雨楼序跋》等文献统计，徐氏所作序跋有264篇之多。

有人把藏书分为读书者之藏书与藏书者之藏书两大类。徐𤊹氏正属于前者，他爱藏书，爱校书，更爱读书。他在《笔精》卷六中曾说"余尝谓人生之乐，莫过于闭户读书，得一僻书，识一奇字，遇一异事，见一佳句，不觉踊跃，虽丝竹满前，绮罗盈目，不足喻其快也。六一公有云：'至哉天下乐，终日在几案。'余友陈履吉曰：'居常无事，饱暖读古人书，即人间仙岛。'皆旨哉言也。"可知他读书之勤。

由"卖油佣"到理学家

——明·漳浦陈真晟家族

一

陈真晟，字晦德，又字晦夫，号剩夫，又自号布衣，人称"陈布衣"或"剩夫先生"，福建镇海卫（今漳浦）人。生于明成祖永乐九年（1411），卒于宪宗成化十年（1474），曾任漳平县学教谕。

陈氏家族有理学传统，陈真晟祖上陈宓在南宋末是黄榦之高足，是漳浦一带著名的朱子学家，高祖陈址幼是元代朱子学家。可是，到了明初陈真晟之时，其家族又沦为社会下层，漳浦一带称他为"卖油佣"。清代李颙《二曲集》记载："陈真晟，父为打银匠，携之执业，主人密为防。真晟年十一，语父曰：'何业而蒙盗贼之防乎？'劝父舍之。问卖油有所得？曰：'日余二壶。'喜曰：'此足备养矣。'货油至书舍。闻讲有子孝悌章，大悦；明日又闻'弟子入则孝，出则悌'，益喜。入请其师曰：'小人愿受学，日以余油为贽。'师曰：'诺。'复告曰：'我本已卖油代父之业，备日养耳；专一于学，则累我父，须每旦受讲，日仍卖油。'师从之。逾年学大进。"

李颙此书，记叙了一位贫贱起家，自学成才的民间朱子学者师从书舍业师的情况，可能带有"传奇"成份。从陈真晟自号布衣，而人又称其"陈布衣"看来，他当是一位出身贫贱的学者。他少年时作为卖油郎而业余师从书舍业师，为家庭生计，仅能"每旦受讲"。青年时，又师从长泰人著名朱子学家唐泰专攻《易》学。唐泰精于《易》，亦通"五经"，曾有《思诚斋易学》问世，使陈真晟学业提高极快。此外，他又私淑明初理学家胡居仁，得胡氏之易理方法。周瑛在《周翠渠诗文集·祭布衣陈先生文》中说："先生之学无师承，自读《中庸》、《大学》始。初读《中庸》，做存养省察功夫，继读《大学》，专从事于主敬易理。先生本原征澈，义理清明，有所本也。先生学不自足，闻江西吴聘君名，欲往质之。"陈真晟既"无师承"，又"有所本"。无师承实则多方师承而无专一及门，是其经济拮据而造成；"有所本"是指其"本原征澈"，实指其据有学人之悟性以及自学《中庸》、《大学》时，培育了理学所推崇的存养省察功夫。这就使他既学术视野开阔，又理学信念坚定。明人陈琐《陈布衣行实》一文对陈真晟学道、思道、成道之经历有详细记载：

"剩夫先生大本端正……其时泉（州）、漳（州）人多习于老氏之学。先生厌老氏之学而思欲以出之。自后妖妄之说不入于耳。一日疾炙不自知，巫者投之以符。先生强嘬曰：'生死有命'。却之尝请命而习攻金，尽得其金。复自悔曰：'此非君子养心之术也。'遂废。先生不顾自家，惟以保宗恤族为务。宗戚贫者不能学，必教其子孙使成材，不论邻里贫富贵贱，必教其子弟之有德，未尝计以私焉。先生平生勤无休息，虽一饭之倾，霜雪之役，未尝释卷。先生学业积力久，大有了悟。读《论语》则悟圣道一贯之旨；读《易通》则悟天地万物之本；读《西铭》则悟理一分殊之原。得存养于《中庸》，得扩充于《孟子》，得圣学始终之要于《大学》，乃以知行二字为用功之纲，以‘敬’之一字为用功之要。静以此敬，涵养其心，动以此敬，持守其身；以此敬而立体，以此敬而致用。”

由此记载可看出这位布衣学者对理学之追觅足迹，可见其理学之特征在于躬行实践。因是布衣学者，其生平资料较少，但可从他私淑的胡居仁言行作为透视他的一个角度。胡居仁是江西余干县人，曾师从大儒吴与弼，“绝意仕进”，并“筑室山中，四方来学者众。”胡氏有《进学箴》述其对从学者要求：“诚敬既立，本心自存。力行既久，全体皆仁，举而措之，家齐国治。”对照《陈布衣行实》所说陈真晟言行，似有一脉相承之关系。更何况，陈氏私淑的胡居仁也是“闇修自守，布衣终身”，与其一生经历近似。《明史》本传称“陈真晟学无师承，独得于遗经之中”。在明代，读书人热衷于科举求仕的习尚中，而陈氏“不以科举为事”（《陈布衣行实》）的行为，将“示人以朱学之梯航”（《漳平县学朱子祠记》）的著述生涯视作乐趣，实在是难能可贵之举，可谓是明代朱子学营垒中一位另类学者。

二

陈真晟对朱子和其他理学家已经讨论过的一些关于“本源”的范畴曾作过进一步的概括，并在日用生活的层面作了阐释，如他在讨论“一”为太极时，曾说“一生二，而二生四，四分为八。一者，本也；八者，末也”（《自题九骨扇》）。其意为太极生两仪，两仪生四象，四象生八卦，而“一”为本原，“八”是事物具体形态。陈氏一生用功于“本源”问题，讨论理、气、心、性诸范畴关系，对朱子学的致用层面作为严密的体系构建。他认为，理学之奥义在治心之学，道统即为心学。据说，这是明初理学的发掘之功。

他在讨论《程氏遗书》时说：

"伊川生前，门人尹和靖以是书而奉质。先生曰：'某在何必读是书，若不得某之心，所记者徒彼意耳。'岂不以学者未知传心之要而滞于言语之间。不可不先得朱子之心；欲求朱子之心，岂有外于《大学或问》所详居敬穷理之功夫乎！"（《陈剩夫集》）

"居敬穷理"即为治心之学，陈真晟著《心学图说》等著述，多言心学。但陈之心学与心学派言心学有所异。心学派将"心"视为本体，即根源，而陈氏认为，天命之理具于人心，要以存心致知笃行。张伯行曾分析二者区别：二者字句同而质异，如孔、老皆言道德，含义各异；子思、陆九渊皆言尊德性而质异；韩愈朱熹皆言道统而取径异（《正谊堂文集》），而程朱为修养论，心学派为本体论。明人郑普《布衣陈先生传》曾把陈真晟之理学以"治心修身"四字加以总结，当是得陈氏要义之说。

由其心学特征而引申在社会政治思想方面，陈真晟某些学说是有一定的布衣眼光和实践基础的。如他强调学校对于社会之重要：

"三代所以盛者，学校兴。师道立而心学正，教明于天下也。后世虽有学校之设，然专以科举俗学为教，殊不知俗学益盛，则心学益废，此自然之理。"（《陈剩夫集》）

他对"专以科举俗学为教"的宋、元、明教育，以正心学为出发点，指陈其弊："正学其道，必本于人伦，明乎物理。其要在于择善修身至于化成天下，自乡人而可至于圣人之道。科举虽曰考理学以取贤才，而其实累贤才而妨正学，使后生晚进奔竞浮薄而士风大坏者，科举实为之也。"（《陈剩夫集》）

以民间学者视角看到"后生晚进奔竞浮薄而士风大坏"的士林风气，弥漫于教育空间，这是陈真晟尖锐之处，其穿透性的眼光无疑是犀利的。他还看到了士风影响民风，以致整个社会披上一层阴影——"士习不正，民风不淳"。他认为"圣贤之道"自孟子后千年晦而不明，自周、程、张、朱出才上续道统而由此复明。由此他建议要参以程氏学制、吕氏乡约、朱氏贡举私议，将考文与考德结合，并认为考德重于考文。陈氏将考德分为六品来判定（即上上、上中、中上、中中、下上、下中），将考文分为三品（上、中、下），对每一"品"给予具体要求，由此可见，陈真晟重德高于重文，这正是朱熹思想的精髓。只是其所指的"德"系带有封建性之"德"，具有鲜明的封建阶级烙印和时代局限，这是我们不能不看到的。

陈真晟作为布衣学者，在那个时代却获得超过亦官亦学的学者的社会评价。明人陈琐在《布衣陈先生行实》中引陈白沙等人语评陈真晟说："陈白沙以天下第一品流人物目之，周畏斋以灵芝醴泉目之，程御史以世间出真儒目之。"可见对其评价之高。更有陈祚康在《全闽道学总纂》中将陈真晟视为闽省明代初年朱子学第一人。明代许多著名学者如张元桢、黄宗羲、蓝鼎元、郑纪、刘宗周、林雍等人竞相赞其"以子朱子为宗"、"务为圣贤践履之学"、"学问纯粹"、"学有本领"、"一世之高士""闽之后生小子得以觉进而归正学者，先生之赐也"等。可知在同时代学者中，他有着很大的影响。

陈真晟著作大约因其布衣身份，经济拮据等原因，生前未能如愿刊印。身后其同邑或后学继其遗志，纷纷刊刻问世。其中有由乡人林淇编、张伯行巡抚闽省时作序的《陈剩夫集》十五卷，《正谊堂全书》中《布衣陈先生集》以及《陈剩夫粹言》等。

开民族主义史学先河

——明·莆田柯氏世家

一

　　明代史学家柯维骐（1497—1574），字奇纯，出生于莆田仕宦之家。其高祖曰柯替，字孟时，号竹岩，为翰林学士，精于诗文之道，著有《竹岩诗文集》；其父亲柯英，也秉承柯氏家学文风，是那个时代的学者型官员，曾任徽州知府。由于柯氏家族世代为读书仕进之家，其家学渊源，为柯维骐后来成为具有创新意识的史学家奠定了基础。据《宋史新编》后序作者康大和说，柯维骐"力承竹岩公家学之传"，"思远而志弘，识高而才敏"，是一位在学术上极有前程的后起之秀。他于明世宗嘉靖二年中进士。当时明代内政外交已经陷入泥潭，皇帝昏庸，宦官弄权，民变屡起，而北部鞑靼虎视眈眈，南方沿海倭寇侵扰，农业社会早已显现出衰颓之势。柯维骐以进士身份被授予南京户部主事职。面对国势危急之秋，他并不企望为官，大概是他觉得凭一己之力已难以挽回颓势，于是称病隐居乡间林下以研究学问，将研究历史作为人生寄托，同时也想从中寻觅历史规律，使自己看见历史必然的发展方向。嘉靖年间朝中张孚敬用事，新设职官制度，规定朝廷之官员凡病假 3 年者皆罢免。柯维骐称病归隐 3 年后，自然也在罢免之列。罢免之后，他反而觉得无官一身轻，更利于"莽高林壑，覃思博考"（《宋史新编序》），"杜门劬书，浮云声利"（《宋史新编后序》）。由于他专注于学问，史业大进，使他成为闽省明代一大学问家，闽省后学负笈其门下者达 400 多人。柯维骐精研史学，并非仅仅是网罗史料文献。他在研究宋代众多史学文献后看到，明代到嘉靖朝时，几乎重蹈宋代之复辙，亡国之危逼近眼前，极应使国家以宋为鉴，唤醒民众和在朝人士，共图力挽狂澜之举。而史学家之所能便是重修一部"宋史"，改变由元人所编纂之《宋史》带来的偏见和对有关资料之曲解，恢复宋史本来面目，以此来警醒朝野。康大和说他"覃思发愤，远绍博稽，厘复订讹，举偏补漏，凡二十余寒暑"，经过长时期的书斋努力，终于编纂成 200 卷近 200 万言的《宋史新编》。既云"新编"，意在区别于元修《宋史》，而非因袭旧《宋史》。《四库总目》曾转引沈德符《敝帚轩剩语》中的记载，说柯维骐编纂此书时，为了专心思虑，甚至发愤自宫。大约在嘉靖三十四年，柯维骐挚友黄佐为此书作序；又过 2 年，邑人康大和为之作后序。黄、康两人曾任侍读学士兼同修国史和同修国史会典，是嘉靖年间精通历史的文职高官。由于他们的推介，《宋史新编》很快在学术界和上层阶级中流传。福建的抚按官员青睐于柯维骐之学识和忧患意识，向朝廷力荐柯氏，而柯氏仍然不欲出山为官。明穆宗隆庆初年，廷臣又一次力荐，有司以柯氏已年高而授承德郎致仕。嗣后，他以 78 岁高龄去世。

柯维骐除著有《宋史新编》外，还有《史记考要》、《续莆阳文献志》以及诗文集等。

二

　　《宋史新编》是一部浸润编纂人浓厚的民族意识，为后人开启民族主义史学先河之作。元修《宋史》时，对如何处置宋、辽、金三者关系有过观点对立的"正统之争"，最后由元代统治者裁定，将宋、辽、金三史分修，皆列为正统。由是造成同一背景下的多头正统局面，与中国传统史学编纂思想相违。朱明王朝兴起，驱赶元蒙统治者到戈壁大漠以北。当时以汉族为主体的封建政权极为巩固，所以士林中对元修《宋史》多头正统的记史方法未引起关注。而"土木堡事件"后，明代面临当年宋朝所经历的受少数民族威胁之局面，士林中对民族问题又警觉起来。于是，宋、辽、金三者所谓正统问题又重新被提出，学术界人士普遍认为应该以宋为正统，而柯维骐之《宋史新编》是这股史学思潮中最见功力之代表作。该书"以宋为正，辽、金与宋之交聘交兵，及其卒其立，附载本纪，仍详君臣行事为传，列于外国，与西夏同"（《宋史新编·凡例》），并将临安城失守后流亡到闽、广之宋室政权的所谓国君列入本纪，以否定元朝的地位。这样处理历史的视角符合传统的"内诸夏而外夷狄"之《春秋》大义，在当时条件下极大地激励朝野人士振作以挽危机，力求避免重蹈宋朝灭亡之覆辙。柯维骐所执着的这种民族大义，为后来明末清初真正经历了国破家亡的顾炎武、王夫之们所承袭，成为明清之交这批思想家以遗民自居，治国故史实，借宋史抨击时政的一种学术风尚。顾、王的后继人万斯同、全祖望等人以布衣参修《明史》，将民族大义寓于其中，成为浙东学术的一大特征。后乾嘉朴学以考据为务，其学者群所著述往往以曲折之语表示一己之民族意识，以规避文字狱之迫害。钱大昕评《宋史新编》为"有史才而无史学"，可他本人在著作中也仿效柯氏借历史来显示民族意识。这种借史言说民族大义的史学,辛亥革命前后成为鼓吹反清舆论之主要手段,对当时史学思潮的影响是不言而喻的。但是毋庸讳言,这种狭隘的民族意识从根本上说是不利于民族团结的,这也是柯维骐的局限。

闽中文化异端

——明·泉州李贽家族

一

李贽（1527—1602），福建泉州晋江人。据《清源林李宗谱》载，李贽原姓林，名载贽，后因三世祖叔林广齐被杀，林姓家族为避祸而改姓李。明嘉靖三十一年（1552）李贽中举人时，署的姓名就是李载贽。后明穆宗朱载垕即位，为避帝讳，减"载"字，而叫李贽。李贽号卓吾，闽音"卓""笃"难分，故又号笃吾。其一生所用字号颇多。泉州有泉山，俗称"温陵"，为此李贽即自署"温陵居士"。李贽后赴河南辉县任职，因苏门山上有百泉，又自称"百泉人"，号"百泉居士"。闻人贬自己心胸狭窄，于是反其意自号"宏父"（又作"宏甫"）。50岁追念已故父亲，又号"思斋居士"。晚岁寓居湖北麻城龙湖，自号"龙湖叟"，因头部脱皮又号"秃翁"。有时还自称"李长者"或"李老子"。

元末，李贽祖上由河南固始县迁居泉州。他的一世祖林闾"藉前人蓄积之资，常扬帆航海外诸国"；二世祖林驽，"壮年航吴泛越，为泉巨商。洪武十七年，奉命发航西洋忽鲁模斯"；三世祖林通衢"夙有经营四方志"，"竟以疾卒广州龙川县之为商处"；

四世祖林易庵、五世祖林深往返于琉球、日本诸国，做过翻译—通事官，航行于海外，引琉球、日本诸国入贡京城，因通晓日文而为官吏。据其族谱记载，林易庵因"奉简书使外国，能使其人输诚以献，不辱朝臣嘉命"而被"钦赐冠带"，后由子林深袭职，在当时是比较罕见的以异域文化为仕进的途径。看来，李贽之家族不仅仅是以商业为主，亦是中国明代的翻译世家。李贽的祖父林义方，事迹不详。其父林白斋通儒学，以教职为生。后因李贽为官而"赠奉直大夫刑部郎中"。李贽"长七岁，随父白斋公读书歌诗，习礼文"。泉州为海上丝绸之路的起点，宗教复杂，信仰不一。始祖林闾与泉州伊斯兰教关系极好，而始祖母却给开元寺塑一尊佛像；二世祖林驽"受戒于清净寺教门"，而其胞弟林端却"敦诗习礼，卓有儒风"；三世祖林通衢之妻死后葬伊斯兰教徒墓地，而老二房之三世祖林广齐却为道教徒。李贽家族中许多成员与伊斯兰教徒通婚，家谱中也有记载天主教传入中国之时间。李贽幼年便受到多元文化的熏陶，其后来反叛品格的形成与此有一定的文化渊源。

二

李贽童年丧母，7岁随父亲读书，12岁便会作文，14岁读毕《易》、《礼》，又治《尚书》。1547年与黄氏结婚，婚后为稻粱谋而外出奔波，他后来给焦竑信中不无悲酸地说："弟自弱冠糊口四方，靡日不逐时事奔走。"（《续焚书》）少年时对儒家经书无兴趣，尤反感于科举，但为生计所逼迫，也不得不走应考求仕之途。终于在26岁时中举，走上仕途。他的内心煎熬是难以用言语来表述的："吾此幸不可再侥也。"（《焚书》）

嘉靖三十五年（1556），三十而立的李贽任河南辉县教谕，由于闭门潜心于学问，与县令、提学皆难以融合，在辉县 5 年，青灯黄卷，对人生的探索无所收获。到嘉靖三十九年，他迁任国子监博士，到任两个多月因父丧而返乡。时逢泉州倭乱，途中竟走了六个月，返乡后未及孝事，即参与抗倭斗争。后守制期满，离开泉州去北京，先以教书谋生，后又任国子监博士，但与国子祭酒等上司无法沟通，时时产生纠纷。而生活上不幸也接踵而至，祖父去世，二儿子又病死，他为奔丧，暂将夫人和三个女儿安置于辉县。辉县正逢旱灾，他的两个小女儿在贫病中夭折。不幸的家事使他对无情的现实有了更清醒的判断。嘉靖四十五年，他回到北京，补缺为礼部司务。在这个"穷官"的位置上，他利用机会，求师访友，以探索天道、人道之奥妙，与王阳明学术发生了关系，隆庆五年（1571）他赴南京任刑部员外郎，与焦竑、耿定理结成挚友，又结识王阳明弟子王龙溪和罗近溪，乃至拜王艮的儿子王襞为师，热衷于对泰州学派的探讨；同时对佛学也兴趣颇浓，从而形成了他多元汲取的反叛特点。万历五年（1577），他任云南姚安知府，在任三年颇有政绩，本可以迁升，但他却携家眷到大理鸡足山披阅《藏经》，后由滇入川，直走湖北黄安，开始他以著述为主的归隐生活。其间与焦竑、刘东星、马经纶等人友谊颇深，他的许多著述在他们的支持下得以刊印。李贽的著述，在明代具有石破天惊的影响，在社会上流传后引起正统的封建卫道者们极大恐惧，以至明神宗亲自过问将其下狱，并毁禁其书。1602 年，他在狱中剃发之际，夺刀自刎。中国明代思想界一颗彗星式人物，便从此结束了自己异端反叛的一生。

三

自明代以来，朱子学受到特别尊崇，思想界出现了朱子理学独断，思想僵化的局面。因而逐渐出现所谓凡"言不合朱子，率鸣鼓而攻之"的文化专制恶劣风气。其信奉者甚至公然声称"自考亭（朱熹）以还，斯道已大明，无烦著作，直须躬行耳。"物极必反，到明代中后期随着王学兴起，逐渐出现一股反叛传统文化模式，冲击僵化文化结构的启蒙思潮，李贽便是这股思潮的杰出代表人物之一。李贽反传统思想，是批判明代假道学的产物，而其锋芒所及，却直指宋儒理学，并评议千年孔子圣学之是非。李贽生平著述宏富，著有《焚书》、《藏书》、《说书》等，凡手录及所评点不下数百种。特别《焚书》、《藏书》，视野纵跨上下数千年之间，别出手眼，风行一时，流传甚广，有所谓"《焚书》不焚，《藏书》不藏"之说。他以"异端"自居，全面反传统，而其启蒙思想的主要特征，便是"好为惊世骇俗之论，务反宋儒道学之说"。

孔子是中国儒家文化的鼻祖，也是宋儒理学道统论的立论渊薮。宋儒宣扬"天不生仲尼，万古如长夜"；明代理学独尊，加上当时假道学者鼓吹对孔子儒学的盲从，以致造成思想文化界"咸以孔子之是非为是非"的文化独断局面。针对传统咸以"孔子是非"为绝对真理的标准，李贽在《藏书·世纪列传总目前论》中指出："咸以孔子之是非为是非，故未尝有是非耳。"李贽在否定"孔子是非"为绝对真理标准的同时，进而提出自己打破封建文化独断的"是非无定"。

李贽认为是非往往因人而异，君主与庶民，彼此地位不同，而其是非观也有区别，因而，是非"无定质"，也"无定论"，此是彼非，可以"并行而不相悖"。特别值得注意的是，李贽在"是非无定"论中，提出了真理的发展观问题，他认为真理本身是发展的，"如岁时然，昼夜更迭，不相一也"。而且，人们认识真理也是不断变化的，"昨日是而今日非矣，今日非而后日又是矣"，因而以"孔子是非"为是非是没有根据的。他认为即使孔子复生，也不知道如何作出恰当的是非判断，怎么能以孔子过去的是非标准来衡量和判断今天的是非呢？

针对当时假道学耿定向之辈一味鼓吹对孔子儒学盲从的偏狭观点，李贽给予有力的驳斥，强调了人本身追求真理的自主性，"各从所好，各骋所长，无一人之不中用"。

李贽住芝佛院时，曾在佛堂挂上孔子像，并在这幅孔子像上题了揭露盲从孔子偶像的题词，认为"人皆以孔子为大圣，吾亦以为大圣；皆以老、佛为异端，吾亦以为异端。人人非真知大圣与异端也，以所闻于父师之教者熟也；父师非真知大圣与异端也，以所闻于儒先之教者熟也"。正由于"儒先臆度而言之，父师沿袭而诵之，小子蒙聋而听之"，从而形成对孔子盲目的崇拜，"万口一词，不可破也；千年一律，不自知也"。"至今日，虽有目，无所用矣"。因此，才有一反传统，"颠倒千万世之是非"的必要。

正是从"志在闻道"而"因病发药，因时治病"的"真是非"目的出发，李贽称自己恰恰坚持了孔子"真圣人"的正宗儒学。

尽管后来李贽被"敢倡乱道，惑世诬民"罪名被捕入狱，他仍公然声称："罪人著书甚多，具在，于圣教有益无损。"

宋儒以封建纲常为"天理"，极力鼓吹三纲五常为"民彝之大节"、"治道之本根"（《朱文公集》）。李贽扬弃其先验的纲常"天理"说，提出"穿衣吃饭"为人间人伦物理的准则。他说：

"穿衣吃饭，即是人伦物理；除却穿衣吃饭，无伦物矣。世间种种皆衣与饭类耳，故举衣与饭而世间种种自然在其中，非衣饭之外，更有所谓种种绝与百姓不相同者也。"（《焚书》）

他认为人们只要坚持以"穿衣吃饭"作为人伦物理之准则来考察，便可以"达本而识真源"，所以，他强调所谓"支离、简易之辨，正在于此"（《焚书·续焚书》）。

李贽还对宋儒极力推崇的"四书"、"六经"进行抨击。他认为《论语》、《孟子》和"六经","乃道学之口实,假人之渊薮",根本不是"万世至论"的"经典",充其量亦不过是孔、孟之"迂阔门徒,懵懂弟子,记忆师说,有头无尾,得后遗前,随其所见,笔之于书"的残缺笔记,其本身只是孔、孟"因病发药,随时处方,以救此一等懵懂弟子,迂阔门徒"而已,而"药医假病,方难定执,是岂可遽以为万世之至论乎?"这就打破"四书"、"六经"的神圣权威,而还其普通儒书的本来面目。

李贽提出"泛爱容众真平等"命题,批判传统宗法等级制,其特点是提倡圣凡平等、君民平等和男女平等。

他认为所谓社交,便是商业资本相互谋利之交易。强调商品交换的特点,是以"利"交"利"。"以身为市者,自当有为市之货",因此"以利交易者,利尽而疏"。李贽批判当时假道学者以圣人自居而谋求市井之利,讽刺他们是"阳为圣人"而"阴为市井"。李贽将市井小民"种种日用,皆为自己身家计虑",与假道学者的虚伪行为相对比,认为市井小民才是讲求实际而真正有道德之人。

李贽在中国思想史上有着极高的地位,并影响到他去世后中国史上所有反传统的思想批判运动,直至"五四"新文化运动时,他的异端色彩极浓的反传统思想,仍然闪烁应有的光彩,具有先导作用,成为中国本土思想库中难能可贵的反传统启蒙思想资源。而这种文化思想的形成与其多元文化交融的家族背景有着血缘关系。

习剑而后探古韵

——明·连江陈第家族

一

明代福建连江的陈第在其自家的藏书楼世善堂潜心于中国古代音韵学研究，成就其《毛诗古音考》，成为中国古代著名的语言学家。

陈第，字季立，号一斋，连江人。生于嘉靖二十年（1541），卒于万历四十五年（1617）。他出身于读书世家，其父是明代颇有才华的儒学学者。可是，生不逢时，只在连江县城当一名文案小吏以糊口，于是将希望寄托于陈第身上。陈第幼年秉赋卓越，嗜书如命。其父便指导儿子读书，攻读四书五经。陈第读书只读原文，不读注解文字。父亲曾问其故，陈第回答"儿欲思而得之"，意即不愿被前人所束缚，而欲通过自己的体会来理解其中真义，说明他从小便养成多思善思、追根觅底的好习惯。

陈第7岁开蒙，15岁在肄习经史之暇又兼习剑术，20岁开始研习兵书。青年时喜谈兵事，倜傥不群，乡人视之为狂生。直到30岁才考中秀才。其祖父辈留下不少藏书，他一边研读一边又觉得远远不够，难以满足自己对知识的渴求，于是开始了搜求藏书的生涯，几乎到了是书便收的发狂地步。嘉靖四十一年（1562），戚继光由浙江逐倭入闽，陈第以布衣书生身份仗剑投军，并上书戚继光，献平定倭寇之计策，因而得到戚继光、俞大猷和谭纶的器重。俞氏赞赏他说："子当为名将，非书生也！"劝他以将才之身，用武功报效国家。陈第也想为国家倾洒热血以实现自己长驱远略之志。万历四年（1576），陈第出守古北口，后提升为车前营游击将军。他居蓟多年，战功颇著，使边塞平安。万历十年（1582），陈第因抨击不法商人以高价侵夺士兵利益事，得罪蓟门总督吴兑，吴兑欲惩治他，陈第遂于次年愤而辞官，在家乡县城西郊筑"倦游居"为居所，又另辟书堂，叫"世善堂"，杜门读书。在此期间，他一边整理从军时所搜书籍，一边继续广搜群经典籍，从事学术研究工作，走上一条著书立说之路，终于使自己成为一位著名的语言音韵学家。《列朝诗集小传》有"陈将军第传"，说他"不得继俞、戚之后，登坛为名将，卒为名儒以终"。陈第既是古音学家，又是经学家、军事家、诗人，而以古音学成就为最高。他著作颇巨，计有 18 种，现尚存 15 种。其中关于古音学著作有《毛诗古音考》四卷和《屈宋古音义》三卷。同时，他又是明代闽省著名的藏书家。

二

陈第大半生在军旅中度过，但从军生涯并没有减少他对书的挚爱和对学术的追求。因而，军旅时便有"儒将"美誉。在从军时，他每到一处遇书便购，闲暇时也常去乡镇搜寻古书，晚上回营挑灯披阅，或整理所购之文献。他甚至将自己的购书经验、读书体会传授给士卒，深得士卒拥戴。陈第搜书不论版本，只要所缺便购于行囊中，且门类颇广，包括天文、术数、小说、词类、医学等均收。他又不计较书价，只视看中与否，是典型的书痴类军人。辞官后他在"世善堂"继续经营自己之所爱，为搜书又四处游走，甚至行程几千里游历广东罗浮、西樵和广西桂林搜求书籍，乐此不疲，正如他自己所说："吾性无他嗜，惟书是癖。"（《世善堂书目题词》）万历三十二年（1604），陈第已64岁高龄，闻说焦竑老而好学，家中藏有秘书古籍，便自带衣食，以老迈弱躯从连江到南京，在焦竑处读书、抄书、切磋学问。焦竑对他的精神十分钦佩，曾叹说："季立老矣，强记洽闻，剧谈经学，犹如精炼少年。"陈第在南京为焦竑藏书所吸引，一住五年，大量抄录，又在书肆购买许多古书。据说，返家乡时，各种文献装满了两大车。陈第的"世善堂"藏书经40年苦心搜求，达1900余种，10000多卷，朱彝尊《静志堂诗话》曾说陈第藏书，其中"唐五代遗书琳琅满目"，"多平生所未见"。清代浙江藏书家赵昱认为"世善堂"之书有三百多种为稀世珍本。

陈第对己所藏之书是力倡藏以致用，主要用于读书治学，反对古人将藏书作为财富传至后代的看法。在《世善堂书目题词》中，他强调"吾买书盖以自娱，特未即弃去耳，非积之以为子孙遗也。子孙之读与不读，听其自然。至于守与不能守，亦数有必至。"这种收藏观是十分开明和务实的。陈第利用自己藏书从事研究，如在读《楚辞》及汉魏诗赋时，写下无数题跋，集成《辞赋漫题》一书。除音韵著作外尚有《尚书疏衍》、《读诗掘言》、《寄心集》、《五岳游草》、《一斋诗集》等大量著述。到了万历十四年（1616），76岁的他预感到来日无多，便同儿孙一起将世善堂的书整理归类，分别归入经、史、子、集、四书、各家等六部，编定《世善堂藏书目录》二卷。这部著名的目录学著作后经陈第子孙增益，现存国家图书馆。这部目录与中国古代传统的四部分类法不同，在四部后增设"四书"和"各家"二部，为六部分类。在子部中只列

"诸子"、"辅道诸儒书"和"各家传世名书"三类，这与传统子部体现"各家"之义大相径庭，又将《雅》从"小学"中析出，置于群经之列，并在集部中以人物、时代和体裁为标准设十二类目。在史部中增设"学堂鉴选"、"明朝记载"、"训诫书"、"四译载记"、"类编"等类目，这是陈第目录学之创新点。

陈第在万历四十五年（1617）去世后，世善堂藏书也逐渐散失。据清代陈第后裔陈斗初《七世祖一斋公年谱》载，世善堂残存藏书为闽省巡抚赵国麟长期借阅，当赵昱于乾隆年间赶赴连江求购时，已荡然无存。

三

陈第之学术贡献当推古代音韵学研究。成书于万历三十四年（1606）的《毛诗古音考》是对《诗经》韵字的古音作全面考证之煌煌大作。凡陈第认为与今音不同的字则于书中列目，并在下面用直音法注上他所确定的古音，然后举例韵证，先列《诗经》的，叫"本证"，次列他书的，叫"旁证"，全书共列字目 500 个，去其重复，共得 486 字。《屈宋古音义》考证 38 篇楚辞韵字的古音，其中屈子 24 篇，宋玉 14 篇，体例与《毛诗古音考》基本相同，只是韵证不分本证和旁证，共列目 234 个，除去与《毛诗古音考》相重的，有 138 字。

今人评骘陈第古音学的历史贡献有五：音变论之阐明；材料处理的适当；古声调观的平实；古韵部分的建树以及《诗经》韵例的首创。这些创举对中国明以后的古音学研究均有重大启发意义，对清代古音学之勃兴有廓清障碍、开辟先路之功，影响到后世顾炎武、江永的研究古音方法和切入视角。其中，陈第许多发前人所未发的创举之说，成为中国古代音韵学研究史上的里程碑。

黄氏父子与千顷堂（斋）

——明清·晋江黄氏藏书世家

一

> 秣陵焦氏外，千顷聚书多。
> 石户栖千秘，宗人许再过。
> 从来耽经牒，岂可易鸣珂。
> 况说今加富，应知有鬼诃。

　　黄宗羲这首咏黄氏千顷堂藏书的五律诗，道出了千顷堂聚书之特点和黄氏父子为聚书而辛勤奔波的人生。千顷堂是黄居中、黄虞稷父子两代聚居藏书之所。黄居中（1562—1644），字明立，号海鹤，福建晋江人。钱谦益在《有学集·黄氏千顷斋藏书记》中说："居中少好读书，老而弥笃。自为举子以迄学官，修脯所入，衣食所余，未尝不以市书也；寝食坐卧，晏居行役，未尝一日废书也；丧乱之后，闭关读易，笺注数改，丹铅杂然，易篑之前，手未尝释卷帙也。藏书千顷斋中，约六万余卷。"黄居中在万历十三年（1585）中举后任职国子监丞，后又迁贵州黄平知州，但他痴迷于理书治学，辞而不赴，卜居南京以聚书为乐，以治学为鹄的。黄居中在未做官之前便嗜书，四处奔走，抄借他人所藏典籍。入仕后所得薪俸，除供日常生活之用外，倾囊而购书。他一生搜书、藏书、理书，进而利用所藏治学，著述极丰富，有《千顷斋集》三十卷和《文庙礼乐志》、《文征》、《论世录》等。黄居中去世后四年，钱谦益因纂辑《列朝诗集》而借书于黄居中之子黄虞稷，在千顷斋藏书楼中"尽得见本朝诗文之未见者"。钱氏本人也为著名藏书家，竟在千顷斋见到许多自己未见之书，可见黄氏藏书数量之富、价值之高。

黄居中身后，其子黄虞稷继其志，不但精心保存千顷斋六万卷书，且继续努力搜求，得书二万余卷，使千顷斋聚书至八万余卷，成为有明一代闻名于朝野的大藏书家。黄居中有二子，长子黄虞龙，字俞言，不但嗜酒，又嗜书，有乃父之风范。他有酒诗多首，往往以酒及书，诗、酒、书三者合一："安得中山千日酒，载来惠子五车书"；"池中酌君酒，山中读我书"；"蟹佐持螯酒，牛供挂角书"等等，饮酒皆不离书。他在世时，也追随其父广搜书，但对千顷堂的藏书贡献不及父亲。次子黄虞稷（1629—1691），字俞邰，号楮园。幼年得父亲指点，7岁能诗，有神童之誉。20岁前，已是博览群书，学问渊博，文词优美。他是黄居中70岁时所生，所以尤得老父宠爱。他能承父之遗，守父之书，增父所藏，并将千顷斋之书充分为学界所利用。他与金陵另一位大藏书家丁雄飞订立"古欢社约"，互藏互访互抄，以窥珍秘，以补所无，使千顷堂聚书与日俱增。在他手中，又编纂《千顷堂书目》三十二卷，所录明代典籍最为详备。黄虞稷善结交同好，与江左名士结社曰"经史会"，将千顷堂的藏书事业做得比黄居中还火热。钱谦益、王士桢、周雪客、朱彝尊、黄宗羲等大名士皆与他交往，频频出入千顷堂借阅、披读藏书。康熙十八年（1679）黄虞稷曾举博学鸿儒，遭母丧，不与试。昆山徐文元领修《明史》时，曾荐其入史馆,分纂列传及艺文志,后又任《大清一统志》纂修官。今《明史·艺文志》即据黄虞稷《艺文志稿》删削而成。有《楮园杂志》、《我贵轩》、《朝爽阁》、《蝉窠》诸集问世。

二

黄氏父子之千顷堂搜求藏书过程极有特点。其一为尽可能多地收入有明一代著述。黄虞稷编纂的《千顷堂书目》收有明人著作 12000 多种。其二为黄氏父子所藏是可以外借的,并力倡藏书家之间应互通有无,互相补抄。同代丁雄飞所建"心太平庵"中藏书也有四万卷,黄虞稷屡屡去丁家访书传抄。《古欢社约》中规定,黄、丁两家要定期来往,以"尽一日之阴,探千古之秘",社约中又说,图书"彼藏我阙,或彼阙我藏,互相质证,当有发明。此天下之快事",并约定,每月十三日丁雄飞到千顷斋,二十六日黄虞稷去"心太平庵",互相借还图书,读书论学。日期定死,不再另约。如遇要务不能与约,当预先告知。每月逢二十六日,黄氏必定拒会其他亲友,预备茶点和中餐,并规定一荤一素,不许饮酒,以免酒醉妨碍交流。如果吃喝违规,丁氏可以拿走好书以示惩罚。又规定,随身车夫不过 3 人,每人 30 文小费,借书上限期为半月,必亲自借还,不得托他人转带。可以看出,黄、丁之社约,开启了近代以来才具备的图书馆流通意识,将秘不示人的保守收藏意识变为倡导出借的公共意识。另外,黄虞稷对所藏图书是极为爱护的,每年夏季必晒书,以防受潮,且经常防虫灭虫,随时修补破损书籍。周亮工曾称赞黄虞稷:"能守先世之藏书,夏必曝,蠹必简,犹时时借人藏本,稽其同异。"(《黄田周宜人七秩寿序》)千顷斋在明清之交战乱频发之际能完成家藏图书的传承,与其家族的精心保护是分不开的。

三

　　黄氏千顷堂藏书大名闻于南北，其《千顷堂书目》更是中国目录学史上一部重要著作。《四库总目》称其"考明一代著作者，终以是书为可据"；《四库全书简明目录》也说"所录皆明一代之书，颇为赅备。"可以说，这是一部收录宏富，著录明代图书最完备的书目。在黄氏《千顷堂书目》、《明史·艺文志稿》之前，朝廷所诏修《明史·艺文志》均未能搜罗齐备而不成功。万历二十二年（1594），明代开撰国史，由焦竑负责艺文志部分撰修。焦竑因所搜书限制，仅抄录诸家旧目凑辑，以《通志艺文略》为基础，补以宋末、辽、金、元和明人著作，未能以书目考实书，致使错漏较多。清顺治五年（1648）又开始修《明史》，主修艺文志的傅维麟仍仿焦氏方法，且依《文渊书目》抄辑，所以少有明人著作。前人种种欠缺，皆因缺少明代专一藏书库所致。而黄虞稷修《明史·艺文志稿》，因有自家千顷堂藏书作基础，方能详考明人著述。同时，黄氏又广泛参考他人书目以补千顷堂一家收藏之不足。关于这一点，《适园丛书》有记载："南仲公朱廷佐入吴郡庠，与周忠介友善，南渡后面折马、阮，不求仕进，手写古今书目，为黄俞邰、龚衡圃所得，以备资料，《千顷堂书目》盖即参取南仲公书目而成。"《千顷堂书目》集部制举类《策程文》后注说："左八种见叶盛《篆竹堂书目》，皆明初场屋试士之文。"该书目著录明籍12000余种，远远多于《明史·艺文志》4600多种，成为研究明代学术文化最完备的工具书。《千顷堂书目》为断代正史艺文志之先声，以单记明代之著述为一大特色。过去之艺文志往往是通记古今艺文，而非断代单记艺文。黄氏又鉴于《宋史·艺文志》缺录宋代咸淳以后著作，《辽史》、《元史》无艺文志，在《千顷堂书目》各类之后，以附录的方式补录宋咸淳以后及辽、金、元人著述，其中收宋咸淳以后宋人著述678家，12742卷，辽、金、元三代1710人著述，共12220卷，弥补这几朝代无艺文志之欠缺，此为黄虞稷补史志的开创之举，该书目也为补史艺文志的滥觞。后代学者对此举极为赞赏，如杭世骏在《黄氏书录序》中说："自宋志艺文以后，辽、金、元以来公私著述，皆淡散而无统。观俞邰所排比，自南宋以迄元末，皆以灿然大备，盖其志直以《中经》、《新薄》之责为己任；为有明二百七十载王、阮。"在《千顷堂书目》补前史艺文志的带动下，补志之风大盛。如杭世骏重修《金史》；厉鹗补注《辽史》，分别在这二史中补纂《金史艺文志补》、《补辽史经籍志》。更有卢文弨直接从《千顷堂书目》摘录以成《宋史艺文志补》、《补辽、金、元艺文志》，吴骞也从《千顷堂书目》中辑出宋、辽、金、元《四朝经籍志补》，钱大昕则补撰《元史·艺文志》。凡此种种，皆为对黄氏开创之功的响应。

黄氏千顷堂藏书及其《千顷堂书目》不仅为后人保存了大量典籍，也为其后中国补正史艺文志起了先导作用，对中国目录学及正史编纂具有重大作用，可谓是人以楼传，楼以学传，楼以学名，楼与学映辉于闽省。

忠烈儒风洗涤乾坤

——明清·漳浦黄氏家族

　　明末清初，东林学派对中国社会思潮产生重要影响，流风所及，闽南以黄道周（1589—1646）为核心的士绅担当起东林道义。黄氏家族儒风可谓源远流长，一门忠烈，映辉闽南。

　　黄道周曾祖黄宗德，祖父黄世戁，父亲黄嘉卿皆是读书人。黄宗德淡泊名利，不喜聚富，为正道直行之士，经常当面批评别人失误，被当地人戏称为"东门憨公"。黄世戁也承父风，从不治产，40 岁而早逝。黄世戁生有三子，第三子黄嘉卿，亦作黄季（即黄道周的父亲），幼时从其外祖父受学，研习性理诸书，对朱子学尤有造诣。黄道周的母亲陈氏，与其夫一样，"通经史，深明大义"（《黄子传》），为黄道周学术文化启蒙人。

一

　　黄道周少时家贫，其父母便是他人生的启蒙教师。明人洪思《黄子传》说"其学多出于二人，故少小即善攻苦，尚气节，贱流俗，直以行王道、正儒术为己任"，而他"慨然有四方之志，不屑治博士业，必尽读天下所见书"。又据洪思所撰《黄子年谱》，少时，他曾叩门于乡间大儒，5 岁"入小学而慧"，曾研习《论语》，对他人说："圣人教人以读书，有子何教人以孝弟？圣人只教人以老实，曾子何教人以省事？"问之授经人，该传授人竟无法回答他的提问。黄氏 7 岁便学《纲目》，其父黄季专程去榕城"负《纲目》一部，归以授之"，而"黄子读之，数月不出户"，对史书的痴迷程度到了走火入魔的境地。至 8 岁，便"好观六经之文，雅不乐于俗也。每喜挟册而游，振衣于渔鼓溪之上而乐焉，乃从里人讲业于此，求之六经，遂尽六经之意，三年而能属文"。总之，少年乡居时从父母学习的经历，使他奠定了极为扎实的文化根基。由于家贫，少时居于漳浦沿海孤岛一石室，以修炼品格并探索文化遗产，后人称之为"石斋先生"。少年黄道周的风貌有些类似魏晋风流，其人格追求亦近文士而非儒者。他 12 岁即作《书嵇康琴赋后》。洪思曾说他："少而多能，10 岁辄善属文，亦善琴，时家在海外，读书渔鼓，每属文，或先狂走，寻岛中最峰，对怪石长松，踽踽移时，归而挥弦，然后落笔，倾刻辄数千言。"（《黄漳浦集》卷二十三《书嵇康琴赋后》题注）。海外孤岛的经历加上广泛涉猎书籍，使他兴趣极广，其学涉经史子集、声律诗赋，又涉道教。洪思《黄子年谱》曾在他"14 岁"条下记载其喜黄白炼丹术，甚至效仙人学"弃家腾举"，偕友人往博罗求明砂、丹青等药物，且欲在罗浮山寻找真人学什么丹药之术。到了博罗，往见"素以贤豪好士称"的韩姓大夫，"语及罗浮，振笔作《罗浮山赋》，无停思而多奇字"，大夫讶曰："年少轶才也。"韩氏家多书，黄道周得以尽览，韩大夫还助其一马一刀。在韩氏资助下，"遍游罗浮，寻所谓朱明洞者，暮返朝往"，可见其追寻道教"异人"之心切。黄氏在博罗时结交当地豪士，登楼痛饮，酒酣挥毫，使他文名初振。罗浮作二年游，返家后，其父见其以诗赋为业，"怒责之。先生遂焚其稿，更习举子业"。黄季是理学信徒，笃尊朱子学，对其子管教甚严，不喜少年黄道周醉心于文学之事。黄道周后来回忆，他少时喜曹植诗，其父知之责叱曰："子建轻薄，出语蹶张，奈何效之？"（《黄漳浦章》卷七《乞言自序状》）。黄季乘其子不在时，将他书架上所陈杂书焚毁，又亲自入城购书，择日为其子开讲。自罗浮山返乡后，黄道周开始文化上的转向，究心于易象律吕。20 岁那年，他欲仿效贾谊学成说文帝、程颐上书仁宗之举，思之上书阙下，但又犹豫己"以白衣之士谈非常之功"，必无结果而作罢。他只得与其兄"佐读躬耕"，劳作之余，闲中"松间读《易》"，学业有所长进。

23 岁父丧后，黄道周"忧愁愤郁，而续离骚赋，作离疚经"（《黄子年谱》），这些骚赋，多用奇字，极尽文才，上追汉魏，又自铸新境。漳浦县令黄应举为续骚作序说："治漳浦，初校士，得黄文，置第一，及召对多士，独不见黄生，已知其有父丧也。"（《黄子年谱》万历二十五年）父亲的去世使黄道周沉浸在极度的悲痛中，他认为因为自己行为怪异，被人视作放浪而致使父亲悲郁至死，自责："少负节，不合于俗"，"穷不能治蔬絮以忧其亲，每负米数千里外，必为风雨疾病之所以摧折"。"罗网绘弋，几于上下。既处浊世，僻远海外，不足有明。"（《黄漳浦集》三十六）于是他决心留意学问，一脱文人习气而入门学术。27 岁郡试第一，补弟子员，次年归家，杜门著书，由一旧日文士过渡到学者。

黄道周从 28 岁秋试下第到 38 岁举进士的 10 年间，是居家著书的十年。他先将 25 岁已成的《易本象》充实完善，著成《三易洞玑》。这些年他生活贫困，"日市数升米，或一二斗许，虽苗鱼姜蕨，莫之敢问"（《黄子年谱》，万历四十七年），连果腹之粮食也很缺乏。他常常以母亲曾勉励的前贤罗一峰、莆中陈荩臣艰苦治学的精神来自诚自励。为了撰成《三易洞玑》，他潜心书斋，甚至断尽人事往来，以对天象学的巨大热情，"昼则布算，夜测分野"，显示了对穷究宇宙天体的极大兴趣，这与一般理学家的学术取向迥然不同。

1622年，黄氏38岁，举进士，名列第二。据说，考官韩日赞过目其卷子，一眼而认出"此必福建黄子也"，拆号后果是其卷。时值魏忠贤专权，黄氏与同科进士文震孟、郑曼等人约定报国抗宦。该年冬，文、郑二人分别上疏，结果被廷杖或遭贬。而黄道周正当迎母赴京途中，未及上疏，躲过一难，但他表示愧悔之意。1624年，黄道周授翰林院编修，修国史实录，充经筵展书官。他对当时之礼节作一改革性变更，按惯例经筵展书官呈书时要下跪膝行，黄氏继承程颐的主张，认为应当崇道尊儒，遂将此俗改为平步进呈。这实际上是对魏忠贤权势一次尝试性挑战。45岁那年（1629），他受命出典浙江乡试。在浙履行职责时，"凡诸请托幸窦，一时俱塞，而权贵人子弟不得志"（《黄子年谱》），这一拒绝以血缘宗法而获荫庇的行为，为众多习举业者所赞赏。还京后升右春坊中允。是年冬，因袁崇焕杀毛文龙事，论者有谓钱龙锡参使之，因之下钱入狱。世人皆知钱龙锡一案是冤案，而朝官竟无人为钱言者。黄道周连夜草拟上疏救钱，遭崇祯"诋毁曲庇"的指责。黄氏仗义执言，再三陈疏，被旨降三级调用，然钱龙锡终因黄氏上疏而免于死罪。后来黄道周乞休告归时，倪元璐上疏，称黄氏为"古今第一词臣"。

可以说，黄道周入仕后一生的政治经历都是在与崇祯的反复抗疏，又反复罢斥的循环中度过的。1632年春，黄氏出都时上疏，以《师》卦爻辞讽刺首辅温体仁，崇祯读其疏极为不满。于是黄氏又上奏，论说魏党仍在伺隙翻案，朝中小人未退，近30年来门户之祸之烈，正要将有识士人投罗网，不立君子，不退小人，人才难觅，不能从根本上改变政局。崇祯见奏，更不高兴，下旨贬斥为民。于是黄氏离开京城，游孔林、孟林、黄山、九华、庐山，秋至余杭浙中门人所筑大涤书院，留居数月后还家。

1633 年至 1635 年，黄道周在故乡守墓，弟子相从讲学，其间地方官亦请黄氏在郡学讲学，以漳州紫阳书堂为讲堂（又称"榕坛"），他便将榕坛讲义名之为《榕坛问业》。1636 年，黄氏补原官，次年分校会试，后又升左谕德兼翰林院侍讲。他上疏辞职，自劾有"三罪四耻七不如"，其"七不如"指品行不如刘宗周，性情不如倪元璐，文章不如钱谦益、郑鄤等。崇祯阅疏后颇不满，斥责黄氏颠倒是非，黄氏上疏辩白，这使崇祯更加恼怒。反对派伺机作难，认为他不宜充任侍讲。崇祯一朝，国内动乱，变异频仍，在用人问题上，黄道周时有异见，如对崇祯起用杨嗣昌一事他即表示反对。在封建时代，官员在守丧中因特殊原因而被授以职务，称之为"夺情"。而崇祯以夺情起用时居两丧的杨嗣昌，命其掌兵部重权，又入阁参机要务。杨氏又以夺情起用陈新甲。于是黄道周抗疏诋斥，认为这些做法大违孝治之义——"持两服而坐司马堂，古今未有"。崇祯认为这是黄氏横诬讽刺，召内阁群臣与黄氏舌战。在舌战中，黄道周面不改色，争于帝前，再次声言应罢杨、陈。面对崇祯"尔一生学问，止成佞耳"的叱责，他叩首声明，剖析忠佞之别，以致"观者莫不战惊，直声危天下"。后黄道周贬六秩，调江西布政都事。

黄道周 55 岁那年（1639），还乡于石养山守墓。江西巡抚解学龙推荐黄氏，崇祯认为黄氏为解学龙朋党，下旨削二人籍，下刑部狱，后又以党邪乱政名，杖八十。在狱中黄道周杖疮发作，命医者剜去恶肉，谈笑自若。狱卒欲勒索黄氏，知黄氏以清苦著称，只得命其书写经书，以字换钱，好在黄氏是明末大书法家，便于狱中书写《孝经》百二十本，后崇祯获得，斥曰"沽名"。狱中，黄氏虽重刑四次，但仍带伤而著《易象正》。1641年，经尚书刘泽深等人疏救，黄氏谪戍广西辰阳，次年又回京城。

黄道周晚年正逢明清交替之乱世，他慷慨尽节之壮举实为黄氏家族书写了光辉的一笔。

1644年，李自成入北京，崇祯身死煤山。黄道周始闻北京三月之变，遂率弟子祖发而暴哭三日。五月十五日南京拥立朱由崧即位，黄氏进疏论形势大计，终不见用，后始晋礼部尚书，十月入都，协理詹事府事，升大宗伯。面对混乱政局，黄道周自请出祭禹陵，但祭事完毕，南都已亡。黄氏当即南下，拥立唐王在福建即位，改元隆武。黄氏任少保兼太子太师、吏部尚书、武英殿大学士，为当时南明政权政府首脑人物。后又马不停蹄去江西募兵，得义师近万人。是年十二月，黄氏率义师在婺源与清兵遭遇，战败被俘，绝食十数日。隆武二年三月就刑于南京。临刑之时，过南京东华门，坐不起，说此处与高皇帝陵寝近，可死于此，并用己血大书"纲常万古，节义千秋，天地知我，家人无忧"。

黄道周有四子，长子黄子中，次子黄子成，三字黄子和，四字黄子平，四人后皆授以官衔，其四子黄子平亦为文化名人。

二

作为明末清初的学术大家，黄道周著述甚多，大约可分易类、经类、语录类、史传类四类。崇祯十五年黄氏曾亲自拟定将《易象正》等十二部书汇为"石斋十二书"，藏于大涤书院，可惜的是，黄氏死后，原拟定十二种书散佚大半，石斋门人洪思将所存者复定为十二种：《易象正》十七卷、《三易洞玑》十六卷、《孝经大传》四卷、《洪范明义》四卷、《月令明义》四卷、《坊纪集传》四卷、《表纪集传》四卷、《儒行集传》四卷、《缁衣集传》四卷、

《三礼定》十三卷、《黄子录》六十六卷、《黄子外录》三十三卷。其中十经为上部，二录为下部。当洪思编辑存书时，佚亡不可见者约有《易本象》、《三易轩图》、《三易箕图》、《孝经外传》、《孝经别本》、《孝经定本》、《诗序正》、《诗摸》、《诗表》、《春秋表正》、《春秋摸》、《春秋轨》、《典谟集传》、《政官集传》、《禹贡明义》、《吕刑明义》共十六种。这些著述，亦可分三类，一为讲学记录，如《榕坛问业》；二为易象类，如《易本象》、《三易洞玑》、《易象正》，分别代表青年、中年、老年的易学著述；三为经学等。除清初洪思编有《黄子录》、郑亦邹编有《黄石斋先生集》三十六卷外，后来陈寿祺以数十年访求之功，亦编成《黄漳浦集》五十卷。

现存《四库全书》本《榕坛问业》是其经学（哲学）之集大成著作，记述他 1634—1635 年讲学浦之北山"榕坛"时的答问语录，共十八卷。卷一所答中心是格物致知。卷二以"课堂提问"形式论述《大学》、《中庸》以及中和、格物之理论关系。卷三讲"仁"与"圣"是否义同，"为诲"是下学还是上达等问题。卷四对上述问题未善进而补论。卷五就郡中试事后，讨论"知"、"好"、"乐"三字字义。卷六讨论阴与阳及君子与小人之关系。卷七讨论"求仁"和"致知"关系。卷八论"先儒谓学有三弊"。卷九论述"笃信好学"、"危邦不入，乱邦不居"等。卷十论"为邦之义"等。卷十一论治学与治道关系。卷十二论"心在"与"心正"之二题。卷十三论述财与国政关系。卷十四论"论学"、"圣人"、"恒人"诸题。卷十五论"修己而安"。卷十六为讲学问答之小结。卷十七为事后答友人书牍问难之辞。卷十八为作者嘱诸弟子代答同年蒋德景所问之辞。纵观全书，大旨为以知明善为宗，它不仅是研究黄道周个人思想的重要文献，也为当时学术界动荡混乱局面之写照。

三

黄道周在《明儒学案》中列入《诸儒学案》，清人判断其学术渊源，将刘宗周与黄道周作比较，认为刘氏切入点为王学，而黄氏入口处为朱学："宗周以诚意为主而归功于慎独，能阐王守仁诸言而救其流弊；道周以致知为宗而止宿于至善，确守朱熹之道脉而独溯余传。"（《黄漳浦集》卷首）黄道周倾向于朱子，但其学术与前明之朱子学有所差异。如，黄道周肯定周敦颐、张载、程颢之学行，但是，在理学"性命"这一核心问题上，他又偏重于孔子、孟子、子思等儒家创始人的基本立场，这与宋明理学之道统论对周、张、程在道统中位置的看法有距离。黄道周以"性命论"为其理论支撑点，力拒"气质论"，也与明中期后注重"气"，将气质之性即为义理之性的观点呈现不同的学术取向。因黄氏本人偏好象数学，在北宋诸儒中推崇邵雍之学，他的学生曾请教邵雍与周敦颐如何比较的问题，黄答说："二公德行皆造，论其所学，濂溪安可比尧夫，尧夫自云'卷舒万古兴亡手，出入几重云水身'，此处止可尧夫到得。"（《黄漳浦集》卷三十）邵尧夫（雍）以数推运，这与黄道周"自少学易，以天道为准，而考人事治乱"的学理是一致的，可视作他与邵雍在象数易学上的立场一致性。

洪思曾在《黄漳浦集》"王文成公集序"按语中论黄氏"善朱子"，又说"黄子之学大则周孔，小则伊孟，亦不尽崇考亭。往在浙江讲堂时，与诸生复说易象诗书春秋礼乐新故异同之致，不能不与元晦抵牾"，这是指黄氏崇祯十五年出狱后经浙江在大涤书院讲学。在这次讲学中他还写了《朱陆刊疑》。朱陆之辩是元明思想讨论重大课题，黄氏《朱陆刊疑》认为，陆象山之学简易直捷，但喜走捷径，而其学支离繁琐；朱子学问则循序渐进，所以，朱子学术弊病最少；又认为朱子思想整体上纯粹，是他所不可及的。历来宋元学者都说朱子学"支离"，而黄道周不以"支离"论朱子，可见其对朱子总的说是十分的推崇的。

黄道周作为正直的诤臣、抗清英雄、儒学大师和书法大家，其学广涉天文地理、经史百家，尤精易学，是明清两代具有创见的《易》象术数家之一，其弟子有三四百人之多，分布在闽、浙、赣、苏、皖，其中著名的有方以智、彭士望、张履祥等。他的书法被视为明季最有创造性的精品，影响所及，近世大家沈增植、潘天寿、来楚生、诸乐三、沙孟海等皆直承其风。他殉节后，其学生或后继学人为其编撰六种年谱，有明洪思《黄子年谱》、明庄起俦《漳浦黄先生年谱》、清郑亦邹《黄石斋年谱》、清黄玉璘《黄忠烈公年谱》、清庄亨阳《黄忠端公年谱》和金光耀《先儒黄子年谱集成》。为其撰传记更众，许多学问大家均以黄道周的崇高气节为人生鹄的，并以崇敬之情为其撰传，如黄景昕、洪思、查继佐、黄宗羲、张岱、屈大均、邵廷、郑亦邹、蔡世远、陈寿祺等均是，足以说明黄道周的节操带给人们的巨大震撼作用。黄道周死后，议赠为"文明伯"，谥忠烈，妻封一品夫人。其长子黄子中授锦衣卫指挥，次子黄子成授锦衣卫正千户，三子黄子和授尚宝司丞，四子黄子平为中书舍人。并立庙，树"中兴大忠"坊，又在漳州故居立庙，树"中兴尽辅"坊。其长子黄子中还为黄景昕所书《黄道周志传》作疏。

满门读书人 艰辛编类书

——清·闽县陈梦雷家族

　　清朝康熙、雍正年间编纂的《古今图书集成》，是中国现存的一部最大的类书，全书共一万卷，仅仅目录就有四十卷。其内容包罗了几乎那个时代所有的知识领域，共分六个汇编—历象、方舆、明伦、博物、理学、经济，下列三十二典，六千一百零九部，书中又配置插图。令人意想不到的是，如此一部中国文化史上的大型类书，其主要编纂人竟是福建闽县以陈梦雷为首的陈氏家族众多成员。

一

　　陈梦雷，字则震，又字省斋，晚年号松鹤老人，别号天一道人。顺治八年（1651）生于侯官县。其父陈会捷，字斌侯，号宾廷，是闽县著名的读书人。陈梦雷自幼聪敏好学。21岁成进士，选庶吉士，任翰林院编修。康熙十二年（1673）返闽省亲时，适耿精忠在福建举兵反清，因拒不任职而被拘于僧舍达五年之久。三藩平定后，遭诬枉以附逆罪下狱。不久，谪戍奉天。后来，康熙东巡，陈梦雷献诗称旨被召还，为皇三子胤祉侍读。及雍正帝继位，因胤祉关系，复被流放塞外，直至去世。陈梦雷除为《古今图书集成》编纂的实际主持人外，著有《周易浅述》八卷、《盛京通志》、《承德县志》、《海城县志》、《盖平县志》等书。《古今图书集成》馆原有80位编纂人，陈氏一门除梦雷外，参与编纂的尚有梦雷的弟弟陈梦鹏，儿子陈圣恩、陈圣眷，侄子陈圣瑞、陈圣策，真可谓父子兄弟满门为这套大类书做出过贡献，此外，还有同乡亲戚林谭、方桥、郑宽、许本植等人亦参与此事。应该说，陈氏家族及其亲戚对《古今图书集成》编纂所做的重大贡献是不容置疑的。

二

康熙四十年（1701）十月，《古今图书集成》开始纂修。陈梦雷自入宫以来，为了"仰备顾问"，即随时"掇拾简编，以类相从"，为《古今图书集成》的问世做了竭尽心血的努力。陈梦雷"读书五十年"，"涉猎万余卷"，学识渊博，是那个时代罕见的百科全书式学者。他发现前人所修的众多同类著作中存有不少弊病，为了纠正这些书范围狭隘、古今不通、体例不善、寻检困难等诸多问题，决心再修一部"大小一贯、上下古今、类例部分、有纲有纪"的超大型类书。这一志愿得到皇三子胤祉的倾力支持，除了将皇族藏书——协一堂藏书供他利用外，还专拨款项雇书手抄写。为表示这部类书囊括古今书籍的全部知识，暂名之《古今图书汇编》。陈梦雷主持该事，将全书分为汇编、典、部三层次，部下再分细目。这种分类方式是中国类书编纂史上一大创新，不但更有条理和系统，而且能容纳更丰富的材料。对于全书材料的收录范围，陈氏本着"凡在六合之内，巨细毕举"之原则，凡收录文字，不但对儒家经典和历代正史不遗漏，而且对过去极不重视的"稗史子集"也"十亦只删一二",所以,在囊括材料上这部类书是"前无古人,后无来者"的。编修中,陈梦雷先将阅过书籍的有关部分一一标明部类,由书手逐篇抄录并注明其原始出处;然后由他亲自整理、汇编,使其系统化。经过五年"目营手检,无间晨夕"的工作,终于在康熙四十五年(1706)四月完成这部三千六百余卷的巨型类书初稿。陈梦雷欲将初稿上献康熙皇帝,然后本着精益求精,慎之又慎的原则和"何者宜存,何者宜去,何者宜分,何者宜合"的修改视角,对全书初稿作必要改动。在收书范围上,以协一堂和自己私人家藏为限,所收未备者,进一步利用"秘府之藏,广其所未编",并建议"于江南、浙江都会之地,广聚别本书籍,令精力少年,分部雠校",使字画"不致舛讹"。这些设想和建议都是科学可行的,但是,当时皇家高层内部发生了皇储之争,康熙帝无暇顾及,致使修订工作停顿。雍正即位后,陈梦雷被再次流放,《古今图书汇编》的初稿也同时被夺,书名亦被改易为《古今图书集成》。

雍正极力贬低抹煞陈梦雷编纂《古今图书集成》的主要作用,甚至无中生有指责他"累年以来,招摇于市,不法甚多",并将陈氏辛勤努力的成果全部归功于康熙帝,说什么"陈梦雷处所存《古今图书集成》一书,皆皇考指示训诲,钦定条例"。雍正元年(1723)正月初五,雍正下谕给蒋廷锡,派他去续编该类书,谕文中再次剥夺陈氏的编纂之功,说"《古今图书集成》,皇考费数十年之心,方成是书"。在御制序文中,老调重谈,极力称颂其父的删述之功。正式印行此类书时,仅署"经筵讲官户部尚书臣蒋廷锡恭校",一笔抹煞陈梦雷编纂《古今图书集成》的功绩。但是,这只能是此地无银三百两,欲盖弥彰,事实是抹煞不了的。

作为政争的牺牲者,陈氏首次流放被召还京师后,于1699年夏入懋勤殿侍三王子胤祉读书,后任胤祉王府行走,颇得康熙皇帝关怀和胤祉的敬重。康熙曾三次赐给他御书，因其中有联云"松高枝叶茂，鹤老羽毛新"，遂以"松鹤老人"自号。为报答知遇之恩，陈梦雷萌生了编纂《汇编》的打算。陈梦雷有《松鹤山房文集》，记录了他编纂《古今图书集成》的起因、过程及规模，尤其是其中的《进汇编启》，极详细地记录了陈氏的编纂思想及步骤。在正式开始编纂时，其馆员80人中，有很多是其亲属。《古今图书集成》从陈梦雷开始酝酿构思，到蒋廷锡校印完毕，历经28年之久，其中陈梦雷的首功是有目共睹的，他出力最多，几乎参与了编纂此书的全过程，只是在功亏一篑时才被迫离去。当政治的阴霾被时间的流逝洗清时，陈梦雷的大名也终究与《古今图书集成》一样彪炳于中国文献史上。

《古今图书集成》在中国古代类书史上是集大成之编著，其特点为规模宏大、征引丰富、结构严谨、体例完备、按语注释自成系统和图文并茂。类书是要供人寻检、征引的，所以，作为资料性史籍之基础，首先必须收集征录丰富的文献。《古今图书集成》难能可贵之处是引录资料上克服过去贵古贱今之缺陷，注重对清代政治、天文、医药等学术著作及工具书的引征。对丰富的资料排比，需要科学的编排方法，仅体例而言，《古今图书集成》能参阅古人编纂心得，将各种编排方法综合归纳融汇贯通，以类序为主干，将纵向分类由两级发展为三级、四级，汇编典部，递相统属，以部为最基本类目，基本类目下横向设计十个纬目，分别网罗相应资料，纵横交错，形成众多知识"节点"，所谓以类相从，经纬交织。类书正文均为征引之文献，编者的意图见之于材料取舍和编排。《古今图书集成》按语注释数量极大，且功能多样，或说明立部分类原由，或说明资料参见之处，或说明条目在体例的上变通，或说明引文段落之调整与删节及收录原由，或说明引录文献之校勘、考证、版本，大大提高了其检索功能和文献利用率。

所谓"左图右史"是以图文并重来承担知识的交流、传承功能。《古今图书集成》图录之丰富为综合类书所罕见，除大量引录绘图外，还编制巨量的引录表，大量引录人物传记资料，补古代类书之不足。

陈梦雷对中国古书的全面清理和总结，在中国图书史上有其重要的地位。由于他的努力，大量古籍得以保存流传，惠及今日，并为后来治学者提供了极大的方便。后学往往可据本人治学方向，集中阅读其中专门类目，而这一专门类目又是其专门史料之汇编。《古今图书集成》晚出于《永乐大典》，使晚明和清初的大量文献赖以保存，对辑佚、校勘工作具有重要作用。该书在1728年由内府用铜活字印行64部，曾在雍正、乾隆年间先后将十多部颁赐给有功之臣和四库开馆时献书较多的藏书家及南北七阁。近代以降，初刊本稀少，国内仅故宫藏有四部。1888年，英国人安·美查和费·美查兄弟集资设"图书集成印书局"于沪，用铅字翻印1500部。1893年，清政府令上海同文书局照初刊本石印100部。1934年，上海中华书局又将原书缩小影印，分800册装订。该书至今仍为现存古代类书中规模最大、用处最广之工具书。

经世良才 少陵笔意

——清·漳浦蓝氏家族

一

　　漳浦蓝氏家族的蓝鼎元（1675—1733），字玉霖，别字仁庵，号鹿洲，人称"鹿洲先生"，是福建清代的朱子学传人和诗人。

　　蓝鼎元的曾祖父蓝毅叟、祖父蓝继善、父亲蓝赋皆笃信理学，博学多识。鼎元幼承家学，博览诸子百家，饱读性理之书，有极为扎实的理学基础。后居家奉养祖父母、寡母 11 年，闭门读书，于理气、心性、礼乐、名物和韬略行阵等学问无不探求，对东南海疆各民族的习俗以及山川风土均有独到的研究，是那个时代知识广博的学者。他于雍正元年（1723）科举拔贡，历任普宁知县、潮阳知县、广州知府、内阁一统志馆编修等职。其少年时代家境拮据，依寡母恃女红以度日，市蕃薯种菜以为糜。他曾在山中攻读，月携白盐作主菜，受到同窗讥讽，因作《白盐赋》以自励。后来，他给张伯行信中言及自己家境时说："某幼丧父，赖祖父母及寡母辛苦提携，以至今日。大公今年八十有九，大母年八十有二，日薄西山，此境岂能多得？又某有弟已长而未婚，有妹已长而未嫁；

加以先君之枢历年既多，未归于土，每当苦雨凄风，肝肠寸裂。"
（《蓝鹿洲全集》），生活中捉襟见肘，溢于言表。看来其家庭
虽然是书香门第，此时已沦为破落户。但他仍以诗书之道为生命
的终极追求，秉承重义轻利的传统，养成做人的好品格。为侍奉
寡母，他未应张伯行征召，在家留居 8 年。身处下层，目睹官吏
横行，了解民众之艰辛，曾撰《饭乡记》以抨击黑暗现实。17 岁时，
至厦门观海，并泛舟循闽省沿海至浙江舟山，又乘风南返，沿南澳、
海门而归。可谓读万卷书，行万里路，从而增加了见识，拓宽了
眼界。蓝鼎元后来居官清廉，民间有包公复生之说。他出任普宁、
潮阳知县及广州知府时，皆能常常出巡辖地，体察民情，奖励生产，
从速办理积案，正直无私，人称其治狱严而峻，这不免得罪上级
官吏，以致被诬告革职回乡。后曾随福建总督郝玉麟入台湾平乱，
参与治理台湾之规划，清醒地认识到台湾之患将是日本、荷兰，
提醒当局注意，表现出卓越的见识。雍正三年（1725），蓝鼎元撰《青
海平定雅》三篇，《河清颂》四篇，一时名噪天下，清人旷敏说
他是"经济之儒，文章之匠，其志在乎世道人心，其心系乎生民
社稷"（《鹿洲初集序》）。蓝氏对闽学先贤黄榦、陈淳、真德秀、
蔡清、林希元诸人的著作沉潜玩味，反复研习，他以朱子学为准的，
以第一等人物为期，对朱熹推崇备至，成为清代醇正之朱学传人。
对于蓝鼎元的事功和学问，同代学人皆有佳评。张伯行督闽时，
欲编纂程朱学派各家著作行世，蔡世远推荐了蓝鼎元为编纂人，
并称其"确实有守，毅然有力，经世良才，吾道之羽翼也"（《二
希堂文集》）。

二

蓝鼎元之政治观中有一些适合时宜的合理因素，如他认为，

施政须仁爱，顺其欲而除其害。同时，他还认为，不应该歧视少数民族，应把少数民族与汉人一样施以"仁爱"。他又反对科举制度，提出教育"莫先于明正学"，必须以"化民成俗"，"兴贤育才"，若只为了应科举，那么"以科举文章逐尽一生之事业则渺小"（《蓝鹿洲全集》）。同时，蓝氏认为立法应强调诚必信，言必践，禁必伸，讼必自达其情。他还提出"南洋诸番不能为害，宜大开禁网，听民贸易，以海外之有补内地之不足"，批评禁海与禁贸之政策为"书生坐井观天之见"，同时又认为"红毛（指英、法）、西洋（指荷兰）、日本三者可虑耳"，主张应对这些国家保持警惕。这些看法，实有开启改良主义、洋务运动之先河作用，表现出难能可贵的开放视野和忧患意识。

蓝鼎元既以朱子学为标准，对陆王、佛老取排斥态度，将其视为异端之学，甚至说"异端之学，贼吾道者，故君子辟之，非好立门户，树帜角争，诚恐一人迷途，终身不可救药"。对陆王、佛老攻击不遗余力，甚至动员僧尼还俗，则不免有点偏激。

三

蓝鼎元既是理学家又是著名诗人。他在康熙六十年参与南澳总兵蓝廷珍幕渡台，著有《平台纪略》、《东征集》。所存诗中以有关台湾题材之作最为上乘。理学家写诗，往往以诗明理载道，以诗议论时事，所以其认识价值往往高于审美价值。蓝鼎元使台时之诗作，以韵语论时势，以韵语议海防建设，其见解与众颇不同。《续修台湾县志》说他的台湾诗"在此地为经济绝作，乃台湾之治经，不可仅以诗目之矣"。如他的《台湾近咏十首》之十：

> 台湾虽绝岛，半壁为藩篱。
>
> 沿海六七省，口岸密相依。

台安一方乐，台动天下疑。

未雨不绸缪，悔予适噬脐。

或云海外地，无令人民滋。

有土此有人，气运不可羁。

民弱盗将据，盗起番亦悲。

荷兰与日本，眈眈共朵颐。

王者大无外，何畏此繁蚩。

政教消颇僻，千年拱京师。

此诗道尽台湾地理之重要和国人须警惕之对象，确为理学家
之经世之作。故连横评说"以韵语而论时事，深得少陵笔意"。(《台
湾诗剩》)

传承家学的理学家扪斋先生

——清·漳浦蔡世远家族

一

蔡世远，字闻之，生于康熙二十年（1681），卒于雍正十年（1732）。世居梁村，号扪斋，学者称"梁村先生"或"扪斋先生"。其祖上有专攻朱子学的家学传统，始祖蔡元鼎以朱子学闻名于世，六世祖蔡大壮得朱子学家周瑛"主敬穷理"之真传，为周瑛入室弟子，五世祖蔡宗禹亦是朱子学研究者，其祖父蔡而翊是黄道周门人，父亲蔡璧任鳌峰书院首任主讲，以教授传播朱子学为职业。蔡世远少年秉承家学，接受朱子学熏陶，后受业于闽省著名大学者张伯行，师生间关系极为融洽。无论从家学传承言，或者从师承言，蔡世远的朱子学思想根深蒂固。加上他本人努力，博览经史，务求有所得并发明，成为清代闽省大理学家是势所必然。他命名自己所居之家室为"二希堂"，以寄托自己发奋努力，在学问上为国家作出贡献之希冀。雷鋐曾撰《二希堂集跋》，征引蔡世远己说："学问未敢望朱文公（熹），庶几真希元（真德秀）乎？事业未敢望诸葛武侯，庶几范希文（范仲淹）乎？"他以二希一真德秀、范仲淹为人生效法追求之鹄的，曾承接其父以传授朱子学而闻名的鳌峰书院的主讲教鞭，为书院学子立约，告之以为学、修身、待人之方，提出"上一等人为目的"的培养目标："以循序体察为致知之方，以敦本立诚为力行之要，与人言必'以上一等人为目的'，成就者众。"（《鳌峰讲义》）这既是他对鳌峰书院学生之要求，更是他自己的人生追求。所以，他十分强调品德和事业教育，对学生"以激其向道之心"，"所重似不在举业"（《与蔡闻之》），提倡学以致用，躬行实践，而非溺于辞章。在他努力经营下，鳌峰书院"其人文之盛，见称于东南"（《鳌峰书院志》）。

蔡世远在康熙四十四年（1705）中举，四十八年（1709）举进士。历任庶吉士、礼部右侍郎、分校乡会试、经筵讲官、文武殿试读卷、校阅文艺等职。在任时能关心民间疾苦，返乡路经浙江，闻知故乡漳州饥荒，于是告贷乡人于浙江，并力劝捐输买米数千石，请浙省巡抚先由海运归漳州。漳浦一带常被海盗侵扰，蔡世远在故乡练兵以捍卫国土。当时总督满保入台湾平乱，蔡世远致书请求诫将士不要妄杀人。台乱平复，又致书请求选贤能以治台湾，并建议加强民兵合协以防日本、荷兰等国入侵。清代台湾较为平稳，蔡世远有建议之功。

二

蔡世远是讲究气节、为人正直之学人，蓝鼎元曾评论这位乡贤，称他"天性孝友，族党籍籍称之，意气磊落，胸中无城府"，"位置高固，不徒以文人自命"，"虽闭户家居，不肯向人妄投一刺"（《蔡梁村扪斋初集序》）。这里所谓"不肯向人妄投一刺"，也即今人谓之不走后门不依附豪强。所以其师张伯行誉他为"忠信正直，学足以达其言，识足以致其志"（《与蔡闻之》）。在中国传统社会中，蔡世远是一位操守气节极为高尚之人。他曾参与编纂《性理精义》，以经术学行之士辅导诸太子，是乾隆帝的老师。但是他并不借机谋求厚禄高官。某日，蔡世远以父丧回籍逾假返都，有人劝其向吏部说明，以谋爵位。蔡世远拒绝，说吾闻古者受爵而让，未闻投牒以自申也。况吾实为假归，焉可诬乎？"（《闽贤事略》）他常以孟子"浩然之气"来激励自己，并开导他人，应树立高远志向。所以，在思想上他独树"志气论"。

蔡世远学宗朱子，效法其先世祖辈，也即张伯行所说蔡氏"以倡明绝学为己任"，他是朱熹学说在清代的代表人物之一。他以立志始，以读书穷理继之，以躬行实践为目的，将朱子学视作有用之学，而非空谈清议之学。这种学以致用为核心的思想，使他重视道德实践，将程朱"主敬"阐释为"立志既坚"和"彻终工夫"，二者相辅相成，仅有志向而未付诸实践，等于空谈。对此，其弟子雷鋐评为"以圣贤为必可学而至，实用力于此吾人焉。如履康庄大道，目登堂而入室，自不为歧途曲径所眩惑"（《漳平县朱子祠记》）。蔡世远生活于清代中叶汉学兴盛之前夕，其言行反映了汉学中兴的端倪。如他说"汉儒有传经之功，今儒有体道之实"，"轻汉儒者以为继事训诂而少躬行心得之功，不知汉代经秦火汉儒收拾于灰烬之余，赓续衍绎，圣人遗经赖以不坠，汉儒得收尊经之效"，"汉儒之功不可掩乎"（《历代名儒传序》）。这种重视汉儒之经学观点是值得学术界重视的。

蔡世远有《二希堂文集》、《古文雅正》、《历代名儒传》等著述传世。

从南屏文社社主到修辞学史大家

——清至近现代·漳州郑氏文化世家

一

　　郑姓是闽省大姓，闽谚说："林陈半天下，黄郑满街摆。"其意是说，林、陈、黄、郑四姓在福建有绝对的人口数量上的优势。漳州郑姓也是"系出荥阳，家传诗教"之显姓望族，早在唐代，便与崔、卢、李共为四门高姓，是在中国历史上三次移民南迁之后来到漳州。由于现代华夏学术史上出现了一位学术大家郑子瑜，漳州郑氏世家再次引起学术界的关注。

　　郑子瑜的漳州先祖被历史所记录，大概始于清初郑亦邹。郑亦邹（？—1709），字居仲，号白麓，康熙三十二年（1693）举人，曾撰《黄道周传记》（片断存《黄漳浦集》卷首），康熙四十五年举进士，授内阁中书，假归。第二年被福建巡抚张伯行聘为鳌峰书院学正，与山长蔡世远结为忘年交，后由张伯行荐入纂修馆，未赴而卒。郑亦邹博学多才，据说曾师从徐远孚，且是闽南一位藏书家，藏书之富，"几甲郡中"，著有《白麓藏书目》。又倡建漳州南屏文社，一时云集 300 余人，其弟子陈子登、郭成郭皆为清初闽中著名学人。陈寿祺《东越儒林后传》及陈衍《福建通志》

中有其传。郑亦邹与洪思有所过从，洪思曾问业于大儒黄道周，而郑氏是二传弟子，有著述十余种，包括《洪石秋子传》和为纪念黄道周而编纂的《黄石斋先生集》五十卷，今已佚亡，仅存《遂志录》。据陈寿祺比勘，郑亦邹所编《黄石斋先生集》及《黄道周年谱》，前者比洪思所编多127篇，后者则订正了洪思《黄子年谱》、庄起俦《黄先生年谱》的疏误，使黄道周年谱体例更趋完整。其后人郑子瑜在20世纪60年代赴日本讲学时，曾为叶国庆、谢国桢寻觅流失在日本内阁图书馆的《遂志录》。

漳州郑氏另一先祖郑玉振，字声伯，号愚亭，别号古屯，龙溪人。乾隆甲辰进士，曾受业于刘东溪之门，颖慧过人，诗韵讲章世所谓不可不读者，他一见辄无遗，有过目不忘之美誉。曾出宰和顺县。《漳州光绪志》记其任职和顺县时，县辖有妇人产后冒风死，外氏索赂，曰："死非由病，迫而自鸩也。"郑玉振往验，妇人之血凝结成块，郑手自别取审视，见尸虫之始蛰者，顾无他异，知非鸩。询其左右邻里，皆曰诚然病。"命收以埋，因反治来告者罪。任期甫及，以奉檄解饷潼关，劳顿成疾，引告旋里。士民率众至省恳留，相与咨嗟涕泪，多作歌诗赠别。郑玉振为官时的仁民之政，颇得民心。后来他为延平郡学教授，以教职终其身。著有《诗文集》、《古村闲话》、《云洞读韩》若干卷，俱未梓行。检《漳州光绪志》，得郑玉振道光三年撰《白云山紫阳书院建置祭田记》，知郑玉振曾发动漳州士子捐修紫阳书院，以光大弘扬朱子学，其捐款人大都为郑氏族人，他们是：郑元缚、郑朝宗、郑玉斗、郑开禧、郑芳国、郑玉帛、郑元芬、郑元亨、郑开勋、郑开阳、郑宏苞、郑元铃、郑启心、郑朝庄、郑必铭等。这是郑氏族人为修复漳州紫阳书院一次家族的集体捐资义举，也是该族热心于文教的一个例证。

郑元缚，字蕴席，又字畲田，贡生，为郑玉振宗弟，以孝悌闻于漳州。12岁丧父。时居马洲濒大溪，乾隆庚寅涨水，居人尽避于山。而郑元缚父枢在堂，乃与立水中号泣数昼夜坚守之，闻其声者怆恻。其兄病，躬汤药同寝室，数月无怠。后家庭由拮据转而稍裕，均诸兄弟，无纤毫自丰。兄卒，抚其孤如己子。族诸生无后，以己田祀之。海澄诸生柯永才丧命，郑元缚振其困，柯殁后，母子老弱，为酿金立产业使无馁。

郑元缚之子郑开禧，字迪卿，又字云麓，嘉庆甲戌进士，授内阁中书，转吏部员外郎，历掌稽考功二司印，迁文选司郎中。作为官员，郑开禧精于吏治，使奸吏不敢玩法。史载，他分巡广东粮储道，适民寇粤，大兵征讨，他整日劳碌，后事平，又逢南海、三水、清远三县水患，桑园诸基围俱决，淹没民居，请赈不及，他首先捐金，设法收恤，全活以数万计。粤人感其大德，建祠以祀。后擢山东都转盐运使，在任上，能明辨是非，为蒙受枉屈的"洋贩"平反，体现出一种开放意识。郑开禧又是闽南颇有名气的诗人，据《清史稿·艺文志及辅编》载，他著有《知守斋诗初集》六卷、《知守斋诗二集》四卷、《知守斋诗别集》一卷，又编纂《虚受斋汇刻诗钞》。另据《闽藏书家考略》，说他"藏书十数万卷，惜经漳乱，焚毁无遗。"检闽中藏书史，郑开禧所藏书的数量在当地首屈一指，无人能及。如清代莆田郑志"聚书数万卷"（《兰陔诗话》），晋江蔡仕舢"藏书万卷"（《闽藏书家考略》），闽侯陈梦雷家"经史子集合计一万五千余卷"（《进汇编启》），巡抚张伯行"积书数万卷"（《大清一统志》），闽县叶大庄"叶家藏书到大庄发展达五万卷之多"（《叶大庄与玉屏山庄藏书》），侯官郑廷荁和郑杰分别"积书三万卷"（《福建通志》），均不及郑开禧之藏书，可惜其后被焚毁无遗。

二

漳州郑氏文化世家到民国初年郑济川之时，已沦落为知识阶层的破落户，以行医谋生。郑济川有子4人，长子郑子钦，次子郑子瑜，三子郑子祐，四子郑子琳，除郑子瑜外，皆因贫病而早逝。郑子瑜是苦学成才的海外华人学术大师，1916年出生于漳州，早年家境贫困，嗜学如命，阅尽世态炎凉，他只记得祖宗祠堂有楹联之上联"祖宗非积德，世世吃断菜根，种下这读书种子"，命运的拨弄使这位"读书种子"走上异常艰辛的学术之路。他曾在幼年行乞途中赋得一绝：

叫乞东门事偶然，闲来且咏相羊篇。

慈仁里巷无仁者，只掷泥沙不掷钱。

诗首有小序："岁首无事，乞食漳城，三日二餐，无为怜者。"正是在如此艰辛的生存环境中，他挺立着傲骨锻铸自己的人品和学术。稍长，彷徨于漳州、厦门街头时，他结识了后来成为福建著名学者的叶国庆、黄典诚诸人，创办《涟漪》文艺月刊和《九流》文史月刊，响应文化界"大众语"运动，开始参与文学和学术活动。抗战伊始，又在厦门面晤郁达夫，聆听"只能挺着坚硬的穷骨，为社会谋寸分进步"的教诲。后于1939年南渡马来亚，开始了漫长的域外生活。而他真正的学术起点，正是起于抗日烽火燃遍南洋时的农夫劳作之余，期间，他完成了《鲁迅诗话》和《〈阿Q正传〉郑笺》，成为海外首部鲁迅诗歌研究著作和首部用传笺注技法阐述鲁迅小说的研究论著。

抗日战争时期，郑子瑜在南洋写了许多以海外华人抗日为主题的"实录"文章，表现了郑子瑜以饥寒之身怀济世之念，处穷迫之境而有献身之志的美德，他虽然人生蹭蹬而雄心未改，为民族之新生而放胆呐喊。这些篇章后来成为大陆、香港、台湾三地及新加坡等国家的中学教科书篇目或中文课外阅读范文。1939年10月28日，国民参政会第二次代表大会在重庆召开，投降派气焰极为嚣张。郑子瑜以言人所不敢言，为人所不敢为的勇气，上书国民参政会，力主为民族罪人汪精卫铸一铜像，跪于中山陵前，让他如千古罪人秦桧一样遗臭万年。此事当时各大通讯社竞相报道，被称与陈嘉庚著名的三十一字提案相媲美。与此同时，为配合抗日宣传，他还号召南洋华人青年奋起抵抗，又创作许多歌词，寄给当时任政治部三厅厅长的郭沫若，郭氏为此请作曲家谱曲，将它刊于《华侨动员》半月刊，寄发与南洋各地侨团。郭沫若还给郑子瑜复函，誉其歌词"足以唤起侨胞，共赴国难，支援抗战工作"。抗日战争结束后，郑子瑜又悄悄返回书斋，延续他那艰苦奋斗的学术生涯。1954年，郑子瑜定居新加坡，他以"决无甘居人下之理"的人生信念，开始以超人的毅力业余从事黄遵宪研究，出版了《人境庐丛考》，并主编《南洋学报·黄遵宪研究专号》，这是汉学界第一本"黄学"研究专论和首册"黄学"研究专刊，使其首倡的"黄学"——黄遵宪研究成为一门独立的学术，并为国际"黄学"同仁所认可。

郑子瑜的"黄学"硕果引来日本学者铃木虎雄、实藤惠秀、铃木由次郎、增田涉等人的关注，异域友人慧眼识珠，于1962年、1964年两度邀请他去日本早稻田大学之研究机构研究《黄遵宪与日本友人笔谈手稿》，并开设"中国修辞学特殊讲座"。他成为著名大学的教授，这是华裔学者在日本大学获得的首次殊荣。在日本讲演的《中国修辞学史的变迁》以及后来在此基础上撰成的《中国修辞学史》，成为中国修辞学史开山之作，季羡林称誉为"皇皇巨作，前无古人"；许杰称其为"在中国的文化史上，应该放入《马氏文通》、《修辞学发凡》一道，成为鼎足而三"之巨制。也有评家说，在郑子瑜之前，国际上撰写一国修辞学全史甚为罕见，只有美国学者肯尼迪写了一本希腊修辞学史，但仅仅写到18世纪为止；而郑子瑜煌煌50万言的《中国修辞学史》，却是一部从中华文明的起点开始，一直写到当代，是一部真正的国别修辞学通史。

另外，郑子瑜还是"研究郁达夫诗词的第一人"，也是对鲁迅、周作人新诗比较研究的开拓者，此外他还对中国先秦诸子思想有着卓越的识见。

1992年4月25日，在北京大学授予他客座教授证书仪式上，季羡林先生说了一段极为深刻的话，他说，他见过有的学者，在德国做论文写的是老子、庄子，得博士学位回国后，挂在嘴上却是康德、黑格尔，似乎古今中外的学问，他无所不知，其实是巧妙地避开弄大斧于鲁班门前，这样的学者的确"学"而有"术"；郑先生却是另一类学者，他是老老实实、切切实实、踏踏实实做学问的人。大家知道，日本的早稻田大学研究修辞学很出色，有人称它是修辞学者的摇篮，郑先生就敢于在早稻田大学讲授修辞学，可见他学问的根底很深。古人讲道德文章，道德与文章不能脱节，这是我国传统的衡文称人的标准。郑先生是配得上"道德文章"这四个字的称许的。

郑子瑜有极其广泛的学术交往，国内学者如郁达夫、郭沫若、叶圣陶、林惠祥、丰子恺、周作人、王力、郭绍虞、俞平伯、朱杰勤、姚楠、许杰、王瑶、王利器、季羡林、张岱年、周汝昌、吴小如、李侃等，海外华人学者如林语堂、罗香林、庄泽宣、易君左、简又文、周策纵、柳存仁、郑德坤、王赓武、汪向荣、刘延陵、谢冰莹、吴宏一、钱歌川、黄维梁等，日本学者铃木虎雄、桥川时、实藤惠秀、武者小路实笃、增田涉、铃木由次郎、吉川幸次郎、仓石武四郎、松浦友久等，都是他的学术好友，他与他们书信往来，切磋学术，从而使他的学术视野极为开阔，成为真正的"学术渊博，成就宏卓者"（张岱年语）。

郑子瑜有子郑大宁，是美国血管专科研学院院士，发明了检验心瓣疾病的新法，为美国华人著名医学科学家。

爱国者·思想家·诗文翘楚

——近代·福州林则徐家族

一

福州林氏家族因为在中国近代出了一位鸦片战争中举世闻名的划时代人物林则徐而彪炳于中国历史。

林则徐的祖父林万选是闽中儒学名士，号潜堂，原名正澄，字孔晖。林万选有子5人，长子林文藻，次子林孟昂，三子林孟典，四子林宾日，五子林天裕。林则徐是四子林宾日之次子。林宾日，原名天翰，字孟养，号旸谷。生于乾隆十四年（1749），卒于道光七年（1827）。林宾日也是儒生，曾考中贡生，但他未在官府中任职，以教读为其一生职业。他雅好艺文，关心国事，曾与友人成立敦社、诚交社、绵充山堂等，共同讲学谈艺，并主讲于将乐正学书院。晚年与里中老人成立真率会，主张社会文明，反对泥古，反对守旧，反对虚伪。讨论文字训诂，探索经世之学。林则徐出生时林宾日已年届37岁。所著《小鸣集》有诗八卷、古文、时文等各二卷。林则徐20岁中举以前，主要是在父亲的教读和熏陶下完成学业。林则徐兄长林鸣鹤，生数月即殇。林则徐之弟林霈霖，又名元抡，字雨人，生于嘉庆元年（1796），出嗣给他的三伯父林孟典。

林则徐（1785—1850），字元抚，又字少穆，晚号埃村老人，福建侯官（今福州）人。嘉庆九年中举，十六年成进士，从此步入官场。官至湖广、两广和云贵总督。晚年受命为钦差大臣，赴广西镇压太平天国起义，途中卒于广东潮州普宁县。著有《云左山房诗钞》、《云左山房文钞》等。

林则徐是鸦片战争前后著名的爱国政治家，清统治集团内部主张严禁鸦片的代表人物。道光十八年（1838），他在湖广总督任内，严禁鸦片，并焚毁缴获的烟枪1264杆。后受命为钦差大臣，前往广东禁烟，不久后任两广总督。在广东人民的支持下，他雷厉风行实行禁烟，并收缴英、美等国鸦片贩子的鸦片200余万斤，于广东虎门当众销毁，震动中外。在实行禁烟的同时，他积极整顿海防，发动广东军民抗击英国侵略者的武装挑衅和野蛮侵略，功绩卓著，也因此招致清统治集团内部投降派的诬陷和攻讦。当英军攻陷浙江定海、进逼天津时，他被革职。鸦片战争失败，他又被遣戍伊犁。

林则徐不仅在禁烟和反对外国侵略的斗争中，是近代首先率领军民反抗外国侵略的民族英雄，在内政上也是一位具有世界眼光的改革家。他在广东任职期间非常注意研究西方资本主义国家的情况和动态，派人翻译外文书报，并主持编成《四洲志》书稿。伊犁获释不久，被清政府起用任云贵总督，他又奏请道光皇帝准许招商集资，开发矿产。这些都表现出他清醒的政治头脑和锐意改革的政治家胆略。

林则徐具有强烈的爱国心和民族忧患意识，早年对东南海疆的安危极为关注，对西方鸦片入侵包藏的祸心有所洞察和戒备，对"外夷一切伎俩，早皆深悉其详'（《林则徐集》）。在江苏任上，他就指出鸦片贸易以毒品易银的"谋财害命"本质，力主正本清源，严禁鸦片。在道光十八年（1838）变法禁烟"重治吸食"的辩论中，林则徐把严厉禁烟与维护国家民族的生存、发展联系起来，着重指出：如果不严禁鸦片，将"使数十年后，中原几无可以御敌之兵，且无可以充饷之银。兴思及此，能无股栗！"（《林则徐集》）因此，他主张将严禁鸦片和整顿、改革当时相当腐败的官僚体系结合起来，并提出全国性全面禁烟的六条章程。这对道光帝查禁海口的禁烟决策和当时各地禁烟运动的开展，皆有积极的促进和推动作用。

在广东查禁鸦片的海口事件中，林则徐始终把维护国家主权放在重要地位，他认为对于贩卖鸦片夷商，尤应予以严办。为此他专折奏请"将夷人带鸦片来内地者，应照化外有犯之例，人即正法，货物入官，议一专条"《林则徐集》）。特别是道光十九年（1839）五月发生英国水手行凶打死华民林维喜事件，林则徐坚持按照《国际法》原则，维护国家的治外法权，谕令义律交出凶手，依法审办，但义律拒不交凶，笔谕口传，一概不理，甚至扬言"遵国主之明谕，不准交罪犯者"《林则徐集》）。林则徐针对义律的无理诡辩，及时查证英国法律，予以驳斥。他严正指出："查该国向有定例，如赴何国贸易，即照何国法度，其例甚为明白，在别国尚当依该处法度，况天朝乎？"（《林则徐集》）

在反对英国侵略者的战争挑衅中，林则徐不仅有效地整顿和训练广东沿海水陆官兵，对侵略者给予有力打击，而且，还善于体察"俱恨其强梁"的民情，敢于大胆组织、运用"民力"，公开发布文告，号召下层人民自保身家。

他不仅重视东南海防，也十分重视西北边防。他反对民族压迫与歧视，主张民族平等、团结、共同防御外来侵略。他主张在新疆边防厚集兵力，设为重镇，使侵略者"永远不敢窥边"（《林则徐集》）。根据数年来他在新疆实地考察和调查，并联系当时沙皇俄国胁迫清朝开放伊犁、塔城的事实，林则徐预见到沙皇俄国将成为侵略中国北方的主要祸根，指出"终为中国患者，其俄罗斯乎！"

道光十二年（1832），林则徐在江苏任上写成了《畿辅水利议》一书初稿。道光十八年（1838），他奉命查办海口事件受到道光帝接见时，曾向道光帝面陈直隶水利事宜十二条，此即《畿辅水利议》一书的十二篇。次年十一月，他在《复议遵旨体察漕务情况通盘筹画折》中，又将这个发展社会生产的改革方案，提到"本源中之本源"的高度加以强调。这充分反映出林则徐对发展社会生产力和科技兴农的重视，在当时历史条件下，这不能不说是一种难能可贵的远见卓识。

道光二十二年（1842）十一月，林则徐充军到新疆伊犁。他虽身处逆境，仍振奋精神，"踊跃急公"，协同伊犁将军布彦泰从事兴修水利，并勘办开垦塔什图毕、阿齐乌苏等处荒地20万亩。道光二十四年（1844年）十一月，又奉命赴南疆库车、阿克苏、乌什、和阗、喀尔噶尔、叶尔羌及伊拉里克、塔尔纳沁等地勘办开垦荒地事宜，行程2万余里，垦地6.8万余亩，并奏请"酌给回人耕种"，均如议行。他还提倡改革新疆屯政，主张在回疆要地，实行"以耕种之民为边徼藩卫"，认为这样"则防守之兵可减"，从而达到"度支省而边防益固"的目的。

林则徐为了打破传统"重道轻艺"格局，在鸦片战争爆发后，提出"师敌之长技以制敌"的口号。后经魏源更改为"师夷之长技以制夷"，并加以理论发挥，对近代文化观念的更新和发展颇有影响，成为引发传统农业文化接纳近代西方工业文化的契机。林则徐对近代中国国防体系的构想和筹划，对近代船舶工业、军事工业的发展，以及近代新式海军的建设，也都有相当的贡献。

近代西学的引进，最初始于对西方书刊的翻译。而近代这项西学的启蒙,也是从林则徐开始的。为了扩大视野,增长世界知识,林则徐组织翻译英人慕瑞所著《世界地理大全》,辑成《四洲志》;为有效维护国家治外法权,翻译瑞士滑达尔所著《各国律例》有关部分和英国有关法律;为抨击西方可耻的鸦片贸易,翻译地尔洼所著《在中国做鸦片贸易罪过论》。他将所译西报汇编成《澳门新闻纸》,并且亲自从中选编出《澳门月报》,辟专题论述禁烟和世界茶叶贸易。又编《华事夷言》,对当时中西文化进行比较,如谓"火药外国未用时,中国已有之;罗针亦由中国海船行至西洋,瓷器则近日西洋各国,亦设窑仿造",中国之画,惟重"写意",而西洋画则"工细","西洋医不诊脉,而中及回回医皆信脉理"等。

　　林则徐还是清末一位爱国大诗人。林则徐曾参加宣南诗社,留下的诗作计 400 余首,大多是官场的应酬诗或咏画祝寿之作,但在鸦片战争前后的一些作品,表现了系念国家安危,反对外国侵略,抒发对投降派的愤懑和被遣戍边疆的而不平的思想内容。代表作有:《壬寅二月祥符何复,仍由河干遣戍伊犁,蒲城相国涕泣为别,愧无以慰其意,呈诗二首》、《赴戍登程口占示家人》、《次韵答陈子茂德培》、《出嘉峪关感赋》等。这些作品不仅形象地表现了林则徐关注国家安危的爱国思想,也在一定程度上反映了中国人民反抗外国侵略,维护祖国领土主权的英雄气概。他在这时期写的诗,在艺术上也有很大的变化,正如他自己说的"扫尽铅华见风骨,悲歌独啸总天真"(《曹丹山述属题诗稿》),诗风慷慨苍凉,感情真挚,语言平淡庄重,寄托着他深沉的忧国情思。他长于七律,格律精严,一些写景诗,特别是他遣戍新疆期间的作品,描写生动,气势磅礴,蕴藏着一种不平的抑郁之气,发人深思。他的一些诗如《答陈恭甫前辈寿祺》恕斥官场市侩:"呜呼利禄徒,所志在温饱。色厉实内荏,骄昼而乞昏。岂其鲜才智,适以资攀援。模棱计滋巧,刀笔文滋繁。牧羊既使虎,吓鼠徒惊鹓。

有欲刚则无，此际伏病根。"笔锋如剑，深中时弊。他的感人至深的献身报国的名句，如"苟利国家生死以，岂因祸福避趋之"（《赴戍登程口占示家人》）、"余生岂惜投豺虎，群策当思制犬羊"（《壬寅二月祥符河复仍由河干遣戍伊黎呈诗二首》）这二联，突出地表现了爱国者置个人生死安危于度外，献身祖国、民族的崇高精神境界，激励了许多仁人志士，更是广为传诵。

二

　　林氏家族另一名人是林则徐族弟林昌彝。林昌彝，字蕙常，又字芗谿，别号茶叟、五虎山人等，福建侯官（今福州市）人。据他《衣讔山房诗集》卷首小注"始㳺蒙作罢时，年 23 岁"，㳺蒙作罢即道光乙酉，可知他生于嘉庆八年癸亥（1803）。其父林高汉，字卿云，为了维持家计，抛弃了读书仕进的机会，去从事贸易，曾远涉重洋，到过大西洋经商。昌彝为庶出，早年深受其生母吴太安人教诲，她临终时还叮咛儿子"勉为圣贤之学，勿以科名为重"。这对林昌彝后来为人、治学的态度起到了重要影响。昌彝对其母的深挚感情，在他所写的《先妣吴太安人行略》一文中有动人的描述。

　　对林昌彝早年影响最大的，除了他的生母之外，便是他的老师陈寿祺。陈是当时著名的经师，曾助阮元编纂《经郛》，晚年主讲鳌峰书院，在福建造就了不少人才。陈的藏书有 8 万卷之多，遂名其藏书之处为小琅嬛馆。林昌彝 20 多岁时曾就读其中，并为馆内某些书撰写了提要，这为他后来在经学、文字学、舆地学等方面取得的成绩打下了坚实的基础。陈寿祺对他也极为赏识，曾邀他修《福建通志》，并请他为自己的《绛柎草堂诗钞》作笺注。陈寿祺由学者而为诗人，这种情形对林昌彝一生的论诗与作诗影响很大，所以林延禧为《衣讔山房诗集》作的题词中说："学海经郛编问津，且将余事作诗人。射鹰楼是琅嬛室，万卷奄通笔有神。"以学问为根底而发为诗歌，正是陈寿祺与林昌彝相同的地方。林昌彝在晚年写成的《海天琴思续录》中说道："余之知做人者，先母吴太安人之所铸也；余之知读书者，陈恭甫师之所铸也。"可见他对陈氏的敬仰之心。

林昌彝道光十九年（1839）中举，他的乡试座师是当时著名的诗人何绍基，以后他便与何绍基结下了很深的文墨之缘，屡屡以诗画相赠。他论诗主张学问性情兼备，唐诗宋诗同参，而又以厚人伦、扶风化为师，都与何绍基的持论相契合，显然受了何的影响。他的《小石渠阁文集》中有《何子贞师草法跋》及《师友存知录小传》两篇，均表现了他与何的相知之深。

从36岁中举后的十几年中，他先后八次应礼部试，然都落了榜，在此期间他家计困难，屡次生病，1844年在京几乎病死，但病好后他又来往于南北，遍游名山大川。他在自己的诗中说："意气平生隘九州，云山万里快孤游。"自注云："徐、豫、秦、晋、齐、鲁、燕、赵、楚、吴皆已历览。"（《诗集》卷七《感事留别诗二首》）这些年的游历不但扩大了他的视野，也更激发了他的爱国思想。

鸦片战争以后，1844年福州成为通商口岸，林昌彝家乡的乌石山为英军占领，因而他切齿愤恨，画了一幅《射鹰驱狼图》以示志向，所谓"射鹰"即"射英"，并将自己的居所改名为射鹰楼。又用了十余年的时间，编成了一部二十四卷的《射鹰楼诗话》，成为纪录鸦片战争前后历史的画卷和表现爱国热情和民族精神的珍贵文献。同时他还写了《平夷十六策》和《破逆志》，提出了驱除英军的措施和方法，体现了他经世致用的治学态度，后来林则徐称此为"真救世之书，为有用之作，其间规划周详，可称尽善，此百战百胜之长策，与弟意极合"。可见他的主张颇能切合时用。

在此期间他结识了不少当时著名的诗人和学者，如魏源、汤鹏、朱琦、张际亮、姚燮、陈偕灿、王柏心等，尤其值得一提的是他与林则徐的关系。林则徐是昌彝的族兄，比他年长18岁，又因是禁烟抗英的名臣，所以深得昌彝的敬佩。道光三十年（1850）七月昌彝第六次落第还乡，时林则徐也正寓居乡里，于是时相过往，谈诗论事，甚相投契，甚至欲共立湖上诗社。林则徐为其《诗集》所写的题词及有关《射鹰楼诗话》的笺书即作于此时。同年十月，林则徐应召征粤，可惜旋即病逝。

咸丰三年（1853）四月，林昌彝进呈所著《三礼通释》二百八十卷。咸丰帝于是年九月十八日下谕："该举人林昌彝留心经训，征引详明，赐官教授，以为穷经者劝。"由此他得了教授之职，先后在福建的建宁、邵武两府司教。然而官场的倾轧令他寒心，写于此时的《寓言四首》就发泄了对人心险恶的慨叹，其一云："群犬来乞怜，我便投之骨。吃骨反噬人，狰狞笑汝獗。"（《诗集》卷七）他的同僚利用前任崇安县学篆余某服毒自尽的事，指使其家属借尸勒诈，于是他不久就离职回乡，《答友问》一诗表现了他当时的处境与心情：

四面张弧奈彼何，含沙鬼蜮伏江河。

上阶粉蝶顽童扑（余摄郡学篆仅一年），入座青蝇吊客多。

怪事无劳呵壁问，坦怀不作碎壶歌。

梅花风骨吾家物，独向寒泉荐菊过。

（按："祸兴李子，四面张弧"，语见建郡城隍降陈宅外）

他以四面张弧、含沙鬼蜮比喻小人的网罗与陷害，然后表示自己胸襟坦率，愿与梅菊为邻，不欲与此辈为伍。他回乡后以著述为业，咸丰十年（1860）便写成了读书笔记《砚精绪录》。

同治元年（1863）元旦他渡海来到广州，其《渡海》诗正说明了他豪情不减、抗英之志不衰的情怀：

楼槛排山鬼岛开，白头今诣粤王台。

射鹰诗话平夷志，载汝轮船波海来。

次年课徒无量寺，并在广州刊刻了他的《衣讔山房诗集》。郭嵩焘署广东巡抚，延请他为家庭教师。1865年刘熙载督学广东，招他襄校文卷，在舟中问六书原委及《说文》声音诂训，他遂有《同舟问答》之作。次年正月回闽，然未满一月，廉州（今广东合浦县）守戴肇辰延他掌海门书院，不半载，士习文风为之寝变。此后他来往于粤、闽两地。同治八年（1869）他的《海天琴思续录》在广州刊印，同治十二年（1873）他曾为王韬的《瓮牖余谈》作序，以王韬与魏源并称，视为当世奇士。以后便不见有关他行踪及著述的记载。刊于光绪五年（1879）的《小石渠阁文集》卷末有"补遗"《四臣表》一篇，此本为福州海天琴思约舫刊印，为其家刻本，据"补遗"二字知当时昌彝已不在，因推断他卒于光绪初年。

林昌彝一生著作等身，其中以治经的著述最多。据他自己所说，就有《三礼通释》、《诗玉尺》、《读易寡过》、《今文尚书二十九篇定本》、《左传杜注刊谱》、《礼记简明经注》、《说文二徐本互校辨伪》、《温经日记》、《小石渠阁经说》等；据桂文灿《经学博采录》，知他还有《六朝礼记集说补义》、《段氏说文注刊谱》、《卫氏礼记集说补义》、《春秋地理考辨》、《圣学传心录》、《士林金鉴》等著述。另外还有《衣讔山房诗集》八卷，《小石渠阁文集》六卷及《赋钞》一卷，《诗外集》一卷，以及诗话性质的著作五部：《射鹰楼诗话》、《海天琴思录》、《海天琴思续录》、《敦口集》、《诗人存知诗集》（后二种未刊）。

林氏家族中尚有林则徐女婿沈葆桢，沈葆桢之子沈瑜庆，沈瑜庆之女婿林旭，皆为文化名人（详见本书沈氏家族）。此外还有林则徐曾孙林炳章，曾任民国政府去毒总社社长；林星卿（凌青），为当代著名的外交家。

"竹社""潜园"两姻亲

——近代·台湾郑、林文化世家

一

郑用锡与林占梅是清代咸丰、同治年间台湾新竹县著名的诗人。两人既为挚友，又是姻亲，对晚清台湾文坛贡献甚大。连横在《台湾通史》、《台湾诗乘》等文史著作中对二人均有记录。其中说到郑用锡"晚年筑北郭园自娱，颇有山水之乐。好吟咏，士大夫之过竹堑者，倾尊酬唱，风靡一时，至今文学犹为北地之冠"（《台湾通史·郑用锡列传》）；而林占梅"手建潜园，尊酒论文，座客常满"（《台湾诗乘》）。二人分别以"北郭园"和"潜园"为文学活动中心，团结、凝聚了当时台湾一大批爱好诗文的雅士，形成了一个文学圈，这个文学圈在郑、林去世后仍然遗风犹存，其家族成员如林汝梅、郑用鉴、郑如兰仍秉承以文会友，诗词酬唱之传统。

郑用锡（1788--1858），字在中，号祉亭，新堑（今新竹）人。道光三年（1823）中进士，为"台湾土著之登甲科第一人"—亦即首位台湾籍进士，曾官礼部铸印局员外郎，后因母亲年迈而辞官奉养。返台后主持"明志书院",以教授读书为乐,晚年筑"北郭园",邀集文人诗友吟咏雅集,咸丰年间又发起成立"竹社",以诗词创作实绩而领台湾文风之先,著有《北郭园集》。一开始效法宋代"击壤"诗人邵尧夫,极喜用浅白之句表达乐天知命之追求,《北郭园集》中有"感怀"之类写景、咏物、述史多呈"击壤"风,如"一局残棋袖手观,园林拓地水云宽。人间熟梦知多少,敢托高名不爱官'(《和迂谷题赠北郭园原韵》);"兴到时将墨细磨,长笺一幅自吟哦。此中别有长生术,自古神仙脉望多"(《杂咏》)。细检其诗,寄寓己之真性情,有些道家风范。也有刻画当时现实的吟咏之作,抒写对劳动者的同情之心,描述百姓"举室呼哀"之惨景,如《台湾诗录》中所选《感事》:

剥啄声何急,官书一纸来。催科真不拙,避债已无台。

筹饷难稽日,宣威似震雷。青衿者谁子,举室正呼哀。

可看出其诗有杜甫《三吏》、《三别》之遗风,反映了他对民众的关切之心。又有"鸩毒来西土,斯人何久迷"等诗,对英国人在台湾偷贩鸦片之现实作了揭示,具有"实录"作用。

郑用锡的从弟郑用鉴(1789—1867),字明卿,一字人先,号藻亭。他仕途不畅,22 岁入泮,70 岁始得保举为孝廉。曾主持过明志书院教席 30 年,是一位易学研究者兼诗人。著有《易经图解》和《静远堂诗文集》等,也为"竹社"中坚人物。郑用鉴诗以摹物状情见长,如:

日长不觉意都灰,怕整衣冠畏客来。

夜榻未移思月就,晨书偶阅趁风开。

经旬砚垢无人洗,作答书迟任友催。

莫笑灌花凭雨到,小庭花木信天栽。

历数懒散文人落寞无所事事之举止,可能是作者本人多年未仕的真实写照,诗工句整,但与其从兄郑用锡之诗相比,稍逊一筹,社会意义远不如郑用锡。

郑用锡之侄郑如兰（1835—1911），字香谷，号芝田。早年曾从丁日健学诗习文，蒙拔荐为优等增补贡生，著有《偏远堂吟草》。郑如兰之诗吟喜用典故，如：

> 将星光映客星明，海上楼船策太平。
>
> 万里封侯班定远，一行作吏谢宣城。
>
> 摇鞭春试章台马，出谷声迁十苑莺。
>
> 量取东瀛千尺水，汪伦送别有余情。

其诗用典穿梭轮转，接踵而至，但缺少生活气息，大有掉书袋之病。另一类诗则较优，能专主性情，一洗馆阁气息。正如陈衍《偏远堂吟草·跋》中称"偏远堂诗专主性情，其学陶、白也固宜"，如：

> 园开北郭好吟哦，和雨和烟诗思多。
>
> 杨柳千条煮数本，商量淡墨画如何。

淡如水墨，有陶潜遗风。

二

郑用锡的姻亲林占梅、林汝梅兄弟亦是"新竹"诗坛中坚。

林占梅（1821—1868），字雪邨，号鹤山，新竹人。他个性豪爽，轻财好施，工诗好吟，精乐善琴，结交广泛。少年时随岳父黄骧云（道光己丑进士）游学京师，鸦片战争中捐银万两，为国尽力，是一位极为关注国事之诗人，有《潜园琴余草》。

道光年间，英国入侵者犯台，林占梅捐资助防，朝廷遂奖以贡生加道衔，后又捐资协助防堵台湾嘉义、彰化等地泉、漳移民械斗事，升至布政使衔。闽省督抚因其急公好义而奏请简用，皇帝下旨召见，他却不欲仕宦，以病辞职，筑"潜园"于新竹西门内，凡有过往新竹之文人雅士皆礼待之。咸丰年间又创设"梅园"，与郑用锡之"竹园同领新竹一地文事之盛"。同治元年又与金门举人同宗林豪创立"潜园吟社"，从之游者40余人，为台湾文坛之一大盛事。

林占梅的诗题材涉及游记、家居、时势、平乱、感怀、地震诸事，凡举国事、家事、友人事，无不忧虑之，一泻于诗。力倡直抒胸意，率写性情，时有"愁惨之词"问世（《潜园琴余草·杨序》）。如《有劝予勿多为悲歌感慨，口占答之》）：

> 平子讴歌愁易集，灵均词赋感偏多。
>
> 我生斯土非燕赵，其奈情随笔上何！

这与诗友、姻亲郑用锡诗之"乐天知命"恰好成对照。林占梅有深厚的书画音乐素养，其诗也具素雅、淡泊的一面，往往能将乐律之优美和书画之意境融于诗篇中，其中有体现出人生的感悟。如《再游北郭园，戏柬郑荫堂（如松）孝廉》：

> 曲折林扃荔百株，青山楼外胜披图。
>
> 退闲异日重来此，一席君能借我无。

林占梅生活之年代，彰化、嘉义一带泉、漳移民常有聚众械斗争夺地盘之事，而作为坐拥万贯家财的诗人，为平息械斗事曾四处奔走。当时他所到之处，往往眼见械斗后村庄夷为废墟，不免心中发而为诗。这些是《潜园琴余草》中最有存世意义、带有民俗特征的诗篇。且看其七律诗《过茅港尾庄》：

> 腥血吹风扑面凉，萧条何处觅村庄。
>
> 千堆白骨皆新冢，十里平沙是战场。
>
> 落日昏黄闻鬼哭，啼禽鸣咽断人肠。
>
> 当年此地人居密，转眼荒凉倍可伤。

诗中所描绘的械斗之后凄惨景象，具有史诗般的"实录"功能。

林汝梅，字若邨，林占梅之弟，也为工诗善画之人，潜园吟社的骨干人物。连横《台湾诗乘》中说他"负经济才，好道书，遂习焚符秤斗之术"。既"好道书"，其诗也呈黄老飘逸之风，如《自题画幅》之二：

几竿修竹一池莲，涤尽尘襟品欲仙。

曲水流觞传癸丑，令人长忆永和年。

另有林豪，生于 1831 年，卒于 1918 年，字卓人，一字嘉卓，号次逮，为林氏兄弟同宗。1862 年应族人之召由金门抵淡水。林占梅筑潜园时，邀其主盟该园诗会。他在台居留 40 余年，是一位方志学家，曾三度纂修《淡水厅志》、《澎湖厅志》、《金门志》，主讲文石书院。在从事学术研究同时，也雅好诗文，著有《潜园诗选》、《诵清堂古文集》、《诵清堂诗集》等。作为学者，他精于台湾历史、地理、民俗，曾一夕之间写成《〈淡水厅志〉订谬》。其诗多为咏史、记事之作，文辞质朴，有学者诗章之风。王松《台阳诗话》赞誉其咏史记事诗时说："满屋散钱，个个上串，惟其线索在手，故能以古人之词为我之词，随意掇拾，所谓不着一字，尽得风流者。"

由洋务而维新

——近代·福州沈葆桢家族

一

　　1820年3月20日，沈葆桢出生在福州城西之侯官。沈氏家族早先由河南迁移浙江，1724年再由浙江迁至福建侯官定居。沈家在福建很快成为地方士绅，前三代的长子直到沈葆桢的祖父沈大伀都以幕友为职，成为地方官员的助手，擅长管理粮仓、盐榷和财务。沈大伀作为士绅兼幕友，具有儒家文化所熏陶出来的品格，他往往劝告富有者降低地租，关心教育，甚至会强使邻居的小孩上学。沈廷枫是沈葆桢的父亲，过继给乏嗣的叔父为子，受到良好的教育，年轻时通过三年一度的州府考试，成为廪生。20岁时跟随同邑吴兰孙读经。吴氏是闽县人，1818年的进士。吴兰孙对沈廷枫的勤奋及学问十分赏识，便派他在礼仪上充当祭酒。时林则徐尚未显达，在闽省巡抚衙门充任幕友，他观阅了沈廷枫的文章后十分钦佩，将他的妹妹嫁给沈廷枫。其后，林则徐任封疆官员，邀请沈廷枫入幕。对沈氏家族的社会地位提升有直接关系。

　　沈廷枫生有八个子女，只有六个成人。为糊口养家，沈廷枫迟至 45 岁才中举人。他曾三次赴京应试进士，均落第而归。他设馆教书来维持生计，同时将培后人作为自己的重要人生鹄的。

沈葆桢生于这个生计羞涩之书香之家，但也受到良好的文化学术熏陶。他是沈廷枫的第四子，童年很好学，受到其父的精心培育。他当时所习课目有儒家经典、史传、柳宗元家训和历代哲贤名言，学习中常与父亲沈廷枫讨论评注《礼记》、《春秋左传》，不断向父亲提出疑问。沈廷枫与当时的鳌峰书院有极深的渊源，并受到书院教授们的赏识和尊敬。这所书院以"实学"著称，这自然影响到沈葆桢后来在洋务运动中的改革举措。

林则徐是对沈葆桢有着重大影响的人物。1832 年，林则徐看中沈的可贵品质，将次女林普晴许配与他。此后五年，林氏任江苏巡抚，沈葆桢常出入林的苏州官署，耳闻目睹林则徐与龚自珍、魏源等一流人物的密切来往交谈，使他预先感受到时代大变革的气氛。1837 年，沈葆桢年届十七，师从林则徐族弟林昌彝。林昌彝是"三礼"研究的翘楚，与其族兄林则徐和魏源极为相契。他以研究"三礼"来强调社会改革的必然性，以务实的态度和爱国的热忱来熏陶沈葆桢。1839 年，沈葆与其师林昌彝一起中举。也就在通过乡试那一年沈葆桢与林普晴结了婚。林普晴是他表妹，这种亲上加亲的联姻，使林、沈二家的纽带更为牢固。沈葆桢与林普晴是自幼的玩伴，林对沈自幼便有特殊的好感。婚后初期沈家拮据，沈葆桢准备进京应考，林普晴不得不承担大部分家务。为筹措经费，林普晴甚至将嫁妆卖掉。沈葆桢于 1840、1841、1845 年三次赴京考试，然均告失败，直到 1847 年才考中进士。林普晴在林家受到良好的教育，她生育子女后也致力于教育后代，并协助为官的丈夫，曾告诫沈葆桢矫正心胸狭窄和易怒的缺点。

鸦片战争后，故乡福州成为通商口岸，外国人的侵略正步步为营向内地延伸。这一切使沈葆桢痛心疾首，他坚定不移地参与禁烟活动，力主引进西方军事和海军技术，从而成为家族中继承岳父林则徐遗志提倡近代化的后继人之一，成为闽省洋务运动的代表人物。

在咸丰、同治年间，沈葆桢被视为林则徐血统及道德文章的传人，续办船政的重任落到了他的肩上。在任船政大臣的8年中，闽省成为东南诸省洋务运动的兴盛区域，四方知名人士如热心于船政的法国人日意格、德克碑，熟悉洋务的署理福建布政使周开锡、叶文澜、黄维煊、徐文渊、贝锦泉以及学者谢章铤、郭柏苍、林纾、刘存仁等云集福州，开始了早期中国近代化的尝试。而沈葆桢所参与的每一次海疆事件都震撼着国人，如1874年日军入侵台湾，沈氏受命率福建水师前往台湾，与日军对峙。海外列强的舰船也经常驶抵马尾港，这种中西冲突、融合的大背景孕育了沈葆桢的极具海防特点的洋务思想。他引进西方技术，在所创设的马尾船政学校中分造船和驾驶二个系统，造船效法法国，而驾驶师从英国引进。为了能独立造船，沈氏派出留学生去欧洲学习，首批学员中有魏瀚、陈兆翱、陈季同、刘步蟾、林泰曾5人，后来均成为中国工程界或翻译界精英人士。他又多渠道地收集科技书籍，以充实船校藏书。沈葆桢十分警惕日本军国主义势力，通过牡丹社事件，他充分认识了日本侵略中国的野心，任职时极力主张大力开发台湾，购买铁甲战舰，以抵制日本日益扩大的海军势力。在众多晚清大臣中，沈葆桢最先重视海防海军的建设。他决心将台湾建成海防要塞。抚台时，他架设闽至台的电报线，撤销渡台禁令，在台湾全岛开辟大道，兴办基隆采煤业，加快台湾开发。他熟悉台湾海防，尤其注意来自台湾北面的干扰，这些思想和举措，在台湾近代史上曾发挥过重大作用。他还建设中国首座近代煤矿，铺设中国第一条电报线，为中国由传统步入近代作出了积极贡献。

沈葆桢有《沈文肃公政书》、《夜识斋剩稿》等。

二

　　沈葆桢的儿子沈瑜庆（1858—1918），字志雨，号爱苍，是林则徐外孙。沈氏因其父而入仕途，曾升任贵州巡抚。作为文化人，他是同光体闽派中坚，还与陈衍共同编纂过《福建通志》。因其出身望族，加上诗艺修养极高，在晚清诗坛上有相当地位。他花费重金购置的位于福州城内的涛园，是陈衍等同光体闽派诗人谈诗论学、飞觞吟唱的好去处。陈衍《石遗室诗话》谓沈瑜庆："见人佳文字，辄咨嗟叹赏不已。亲炙知名士，如蚁之附膻。"但是，就诗学意趣而论，沈瑜庆并不是人云亦云者。他与同光体闽派的许多著名诗人日相交往，诗风却与之有所不同。沈曾植序《涛园诗》，曾谈到其作诗的豪气：

　　"昔君偕余登钟阜之颠，下视台城，长江汤汤流天外，日落西山，草木异色。余涉忧患多退思，君慷慨俯仰，偶然有凌轹一世之意，相与瞻眺吟讽。归而就君斋读君诗，磊砢豪宕多奇语，今集中往往轶之矣。余顾谓君：近人言同光体派，闽才独盛。假有张为图者，太夷为清奇僻苦主，君为博解宏拔主！入室者谁，及门几人。君当时意气遒上，颇自任，犹若有不足者然。"

　　在这段文字里，沈曾植承认沈瑜庆与郑孝胥一样，是同光体闽派的领袖，只是在诗歌风格上与郑孝胥略有差异。沈瑜庆的"博解宏拔"，与其溯源杜、韩，偏学苏轼有关。王赓《今传是楼诗话》云："涛园生平熟读《左传》、坡集，得力最久，每以入诗。海藏楼挽诗，所谓'共推左癖如元凯，酷慕诗流作坡老'者也。"其诗《戊戌十一月二十三日写经竟书后》云："春及东坡百日期，牛衣身后梦犹疑。谁知呵冻书丹夜，独对清斋礼佛时。望帝烦冤天许醉，世尊救苦事何裨。桐宫左右精灵绕，嫠也招魂恐未知。"此诗作于林旭等戊戌六君子殉难百日之后。林旭是沈瑜庆的女婿，痛失家人的切肤之感和对蒙冤烈士的怀念之情，在诗中有着曲折的反映。诗用了与苏轼有关的典故，就风格言当然也近于东坡，悲凉之中透着一种豁达，而正是此种豁达，愈令读者动情。此类诗应是沈瑜庆诗集中最有意义的作品。受林则徐的影响，晚清凡有重大的国是变故，特别是有关外强侮辱的事件，沈瑜庆多有诗记载。而且，他生在官场，长在宦海，这些历史事件都是亲历，相当一部分还亲身参与。其诗集《正阳篇》，就是中日甲午战争时他在两江总督张之洞手下"总筹防局，接应北军饷械，兼午夜草奏治军书"，"目击感愤，间形诸诗"，以及日后"记忆补缀"而成的，陈衍认为"他日有为《国朝诗纪事》者，此编当十采七八，则真必传之作矣"（陈衍《〈正阳篇〉序》）。故汪国垣《光宣诗坛点将录》以"天微星九纹龙史进"当之，称："进于史矣，是为史诗。涛园之言如是尔。涛园《题〈崦楼遗稿〉》云：'人之有诗，犹国之有史。国虽板荡，不可无史。人虽流离，不可无诗。'"《崦楼遗稿》是其女即林旭遗孀的诗集。沈瑜庆这些纪事诗，一般都有很长的自序交代背景。就艺术性而言，与同光体的宗学杜、韩也出一辙。陈衍就说他："诗皆学杜，叙皆学韩。"（《〈正阳篇序〉》）

三

林旭是沈瑜庆的女婿，著名的戊戌六君子之一，为康梁变法运动中殉身者。他出生于1875年，卒于1897年，字暾谷，号晚翠，福建侯官人。林旭"少孤，喜浏览群书"，学问广博，任官归里的沈瑜庆"异其博赡"，将女儿嫁给他。他"赘于金陵，从游武昌，遍识一时所谓名流，若陈宝箴、三立父子，梁鼎芬、蒯光典、屠寄之伦"（《林旭传》），他在"光绪十九年旋里，领乡荐为第一，入都与诸名士交，试礼部不售，则发愤为歌诗"，系同光体闽派中坚，与其岳父沈瑜庆同名。光绪二十一年，丧权辱国的马关条约签订，其时林旭正在京城应试，上书恳请拒和，后为内阁中书，常与杨锐等抨击时势，慨叹国难。旋又入张元济等人创设的西学堂，学习西学。后在北京创立宣传维新变法的闽学会，并师从康有为，对康有为学说极为推崇，曾作《春秋董氏学·跋》，称扬康氏学说。康有为组织保国会，林旭也奔走其间。他应举经济特科后，由王锡蕃荐于朝廷，与谭嗣同、杨锐、刘光第同参与新政。屡为光绪召见，听取其维新建议。1898 年 9 月 24 日，慈禧发密旨，令步军统领衙门将张荫桓、徐致靖、杨深秀、杨锐、林旭、谭嗣同、刘光第 7 人拿解刑部审讯。28 日，未经审讯，即将康广仁、杨深秀、谭嗣同、林旭、杨锐、刘光第 6 人处斩，林旭遇害时年仅 24 岁。

　　林旭是一位诗人，他的诗表达了甘以殉身变革社会的心志。中日甲午之战，清朝惨败，割地赔款议和，引起人们极大愤慨。在《叔峤印伯居伏魔寺往访之》一诗中写道："掷鼠忌器空持疑，喂虎割肉有尽时；书生不自有科第，能为国家乍么计？东家翰林尽室避，犹闻慷慨排和议。"指出帝国主义像虎狼无厌，割地赔款无异于割肉饲虎，终至亡国，因此变革政治图强虽然是"掷鼠忌器"，也不能再迟疑了。变法失败，他被捕入狱，自知必死无疑，于是写下《狱中示复生》一诗："青蒲饮泣知何补，慷慨难酬国士恩。欲为公歌千里草，本初健者莫轻言。"前两句表示即使"泣血"也已经迟了，惟有慷慨赴义以报国恩；后两句对出卖变法运动的袁世凯和率军入京捕杀维新派的董福祥，表示鄙视和讽刺。诗人视死如归，为维新变法献出了自己的生命。他的夫人沈鹊应闻讯沉痛地写诗悼念。其《读晚翠轩诗》中一首云："谈笑临刑亦大难，道旁万众总汍澜。书生自说君恩重，廿载头颅十日官。"

赞扬林旭无畏牺牲，谴责清廷的昏庸残暴。林旭等"戊戌六君子"被杀，宣告了改良主义的道路式微，但也激励着闽省义士前赴后继，殉身以继承林旭的遗志。著名的黄花岗之役，七十二烈士中福建籍就有19人。其中烈士陈更新抱病广西，闻知即将起义，毅然前往，并留一诗："料峭春寒动酒悲，剧怜贫病过花时。伤时愧比陈同甫，落魄何如杜牧之？末路知交三尺剑，满腔热血两行诗。头颅拍拍差无价，三十当前好自为。"表示对国事的忧伤，更表示愿为革命事业作出贡献。

父子叔侄兄弟同榜进士

——近现代·福州陈宝琛家族

一

陈宝琛出身于"世代簪缨"的家族。其先祖为颍州陈氏，唐季自河南固始入闽，由长乐而螺洲。到清末陈宝琛一代发展到家族之顶峰。

陈宝琛的曾祖父陈若霖，乾隆末年进士，在乾隆、嘉庆、道光三朝历任巡抚、总督、刑部尚书，谓"三朝元老"。陈若霖有三子：陈景福、陈景亮、陈景曾，三子中次子陈景亮最优，仕途畅达。陈景亮为南方人，但因其父任高官于北京，他就近参加顺天府乡试，中了北闱头名举人，称为"南元"。由此，青云直上，膺命为云南布政使，然年四十即致仕还乡。陈景亮的长子陈承裘，进士出身，曾发分刑部浙江司行走，亦早年还乡，为闽中大绅士。陈裘承有七男三女，男的除第五子幼殇外，均为科第出身，长子陈宝琛，同治戊辰（1868）进士，由翰林院庶吉士而官侍从；次陈宝瑨，光绪庚寅（1890）科进士，户部郎中；三子陈宝璐，光绪庚寅（1890）科进士，翰林院庶吉士改刑部主事；四子陈宝琦，光绪乙未（1895）

举人；六子陈宝瑄，光绪癸已（1893）举人。七子陈宝璜为光绪甲午（1894）举人，光绪庚寅（1890）进士，除陈宝璐、陈宝璐两人外，又有陈承裘孙子陈懋鼎也列名其中，"父子叔侄兄弟同榜进士"的盛事，成为当年京中及闽省知识界茶余饭后之美谈。

陈承裘在故乡闽县螺洲曾倡修孔庙。孔庙按清例原只设于省、府、县，因为他的祖父陈若霖乾隆时官居尚书，所以破例修庙，开乡设孔庙之先例。陈承裘还仿社仓的办法，举行平粜，市惠于乡人；又修社学、设义塾，罗致乡族子弟。当太平天国起义军进入漳州后，省垣告急，陈承裘又督办福州南乡团练。他一生好名，也致力于育婴、敬节等慈善事业。总之，这个满门进士、举人的大家族，自陈若霖而陈景亮、陈承裘而陈宝琛六兄弟，形成了货真价实的八闽望族，其中，文化最有成就者当属陈宝琛。

二

陈宝琛，字伯潜，号弢庵，1847 年生。13 岁为闽县县学秀才，18 岁中举人，21 岁登同治进士科，入词臣之列—翰林院庶吉士。经 3 年，授翰林院编修；又 3 年，擢翰林院侍讲，充日起居注官。此后，和皇帝载湉接近，并得垂帘听政之慈禧的宠眷，仕途一帆风顺，官至内阁学士，参与草拟诏书、敕令等核心机要事。在同僚中，他因早达而自负。作为儒学大家，在中法战事中他直言敢谏，先后上疏数十次，多关边防、御侮、进退等朝中大事，有朝中"清流"之誉。他自入翰林院后，与张之洞、张佩纶和宝廷交谊甚厚，四人均傲岸自高，不避权贵，被称为"枢廷四谏官"而入"清流党"之列。陈宝琛的上疏，甚得慈禧、光绪赏识，他的奏章往往不交部议，即蒙饬令迅办。当时，陈氏会办南洋事宜，吴大澂会办北洋事宜，张佩纶会办福建海疆事宜，是三位重权在握的钦差大臣。

1884 年 7 月，陈宝琛在江西典试时，奉旨启程赴抗法前线，行至南康时，一日之间接到三道谕旨，要他北上会同李鸿章妥筹中法和议细目。陈氏赶抵上海，正拟附轮北上，恰遇祖父病故，按例应报请在行馆侍服 21 日。此时，法使巴德诺逗留上海不肯赴天津，清廷改派两江总督曾国荃为全权大臣，委陈宝琛为和谈会办。陈氏极不愿参与议和，以"拙于辞令，不习洋情，筹防义不容辞，谈和才实不逮"为辞力拒此职，但未获准。后法将孤拔率法舰占据台北基隆，清政府电陈氏"不必再议，惟有一意主战"，并令"即回江宁办防"。陈氏遂离沪至南京。同月 23 日，法军向中国舰队发动袭击，福建水师败北，陈宝琛请旨"派江西援军速进"，清政府电令曾国荃派军赴援，但曾氏拒援，陈宝琛只得奏请由他自己募兵练，并称如"成效毫无，将臣从重治罪"，但清廷仅准许他"就现在各军设法整"，陈的一腔热血遭遇冷水泼顶，只得悻悻而罢。他上奏弹劾曾氏"任用姻私，失知人之明"，而曾国荃挟功自傲，以湘军名将自居，瞧不起陈氏纸上谈兵，两人芥蒂甚深。后陈宝琛因力荐唐炯、徐延旭，而唐、徐皆溃败，遂以"荐人失察"之过，被降五级调用处分。陈于是闲居林下 20 年，转而热心于闽省文教和建设事业，曾出任福州鳌峰书院山长，创设东文学堂，又将书院改为全闽大学堂，后又改为福建高等学堂，并将东文学堂改为全闽师范学堂，均由他出任监督，成为福建高等教育的开创人之一。1905 年，他受命任福建铁路公司总理，并赴南洋各埠募股，均因经营不善而未成大事。1908 年溥仪登基，经往年友好张之洞荐，陈宝深于 1909 年任总理礼学馆事宜，次年复内阁学士兼礼部侍郎衔原官，又以硕学通儒充资政院钦选议员，1911 年以原衔充补汉经筵讲官、实录馆副总裁。武昌首义后民国肇始，已经 65 岁的陈宝琛效忠清室，仍在故宫小朝廷任帝师。常以"卧薪尝胆"、"遵时养晦"观念灌输给溥仪。1917 年 7 月 1 日，张勋复辟，陈氏出任"内阁议政大臣"，位同首辅。1923年，陈宝琛引荐郑孝胥、罗振玉入宫任职。由于他是帝师，清亡后成为遗老领袖。遗老们对陈氏的敬仰和尊重，使陈氏不但在遗老群体中地位显赫，也为其在诗坛赢得大名。刘禺生《洪宪纪事诗》即称他："陈伯潜宝琛先生，硕学清望，名节文章，均足为一代人文师表，不仅仅师傅溥仪，具大臣进退风度也。清室既覆……，徐世昌管理清室，伯潜与梁节庵两先生为师傅。世昌相袁，伯潜先生以师傅兼理清室。南北坛坫，奉为泰斗。"作为溥仪之智囊，他曾怂恿溥仪复辟，但陈氏始终未去任伪满职，晚年常常哀叹"求为陆秀夫而不可得"。

三

　　陈宝琛是清末民初同光体闽派诗代表之一，除善诗文外，其诗坛地位与他的"帝师"身份和传统知识分子的人格魅力有关。汪国垣说他"行辈最尊，诗名亦最著"（《近代诗派与地域》），陈宗蕃《沧趣楼诗集》跋中亦称其诗"清雅简古，实为一代之宗"。陈宝琛之艺术旨趣与郑孝胥、陈衍相通，早年还师从陈衍学诗。他在《陈君石遗七十寿序》中曾言及自己学诗经历："予初学诗于郑仲濂丈，谢丈枚如导之学高、岑，吴丈圭庵引之学杜，而君兄弟则称其类荆公，木庵且欲进之以山谷。"李之鼎也说他"与海藏楼郑苏堪均以诗鸣当代，诗学临川，杼机缜密"（《宜秋馆诗话》）；陈衍则说他"年未四十丁内艰，归里不出者二十余年，抚时感事，一托于诗。弃斥少作，肆力于昌黎、荆公，出入于眉山、双井"（《近代诗钞》）。陈宝琛乡居二十余年，躲过中国近代史上政局最为复杂而动荡的一段历史。他以在野之身，对时局的一些看法往往引起民众共鸣。他的诗歌作为政见的载体，在当时有广泛的影响。如"沉郁悲愤，为时传诵"之《感春》四首之一："一春无日可开眉，未及飞红已暗悲。雨甚犹思吹笛验，风来始悔树幡迟。峰衙撩乱声无准，鸟使逡巡事可知。输却玉尘三万斛，天公不语对枯棋。"据陈衍《石遗室诗话》解读："三、四略言冒昧主战，一败涂地，实毫无把握也；五言台谏及各衙门争和议，亦空言而已；六言初派张荫桓、邵日濂议和，日人不接待，改派李鸿章以全权大臣赴马关媾和，迟迟不行；七、八则言赔款二百兆，德宗与主战枢臣，坐视此局全输耳。"当陈宝琛乡居时，以诗言史，无所顾忌，具有某种意义的"史诗"性质。这些诗委婉道出历史真相。所以，汪国垣《光宣诗坛点将录》说："弢庵太傅，高风亮节，士林楷模。当溥仪被挟持至津门，弢庵伏地陈七不可，且言：'上必去，臣亦不能相从矣'。痛哭而返。有诗数首，词至哀恸。"

陈宝琛有《沧趣楼诗集》、《听水斋词》问世。

陈宝琛家族尚有其他名人，如邵积诚，为陈宝琛儿女亲家。邵氏1868年与陈氏同登馆选翰林院庶吉士，后授为侍讲。1882年到四川任提督学政，同年陈宝深也授江西提督学政。林炳章，是陈宝琛女婿，林则徐曾孙，光绪癸巳（1893）科举人，翌年成进士。林尔康，是陈宝琛妹婿，为台湾巨富林维源侄子，曾以侍郎衔兼内阁侍读学士，协同刘铭传办理全台开垦抚番事，林尔康后在厦门鼓浪屿筑别墅"菽庄花园"。林尔康有三子，长子林熊征，次子林熊光留学日本，幼子林熊祥娶陈宝琛的小女，结成中表之亲。

开拓新福州 厦大倡国学

——近现代·闽南黄乃裳林文庆翁婿

一

　　黄乃裳，名黻臣，乃裳其字，别号慕华，闽清县人，是中国华侨的先驱者之一。1849 年 7 月生于闽清六都湖峰村，早年在故乡半耕半读。1866 年，与族叔黄福居同受洗于美国传教士薛承恩牧师，成为闽清首批基督教徒，并于翌年得许扬美牧师授劝士执照，开始学习传道。1869 年考入美以美年议会，被派往福州东街福音堂传教。嗣后，一直随许扬美布道于古田、龙溪、沙县、顺昌、延平等地，又应美国传教士保灵之聘，任天安堂文案，后被年议会举为书记，负责编辑年会录达 5 年。

　　黄乃裳于 1873 年结婚数十年中，先后生育了 4 个女儿，7 个儿子，分别是：女儿黄端琼、黄淑琼、黄口琼、黄伍琼；儿子黄育东（景岱）、黄育甫（景崧）、黄育西（景岐）、黄育偶（景峒）、黄育侃（景岳）、黄育卓（景峰）、黄育杰（景嵘）。其中长女黄端琼于 1896 年嫁林文庆，使黄、林两家关系密不可分，而黄乃裳一生与林文庆也交织在一起。黄乃裳的二弟黄乃英、三弟黄乃模分别毕业于马尾船政学堂和北洋水师学堂，均是中国海军先驱者。黄乃英为电线工程专家，敕授登仕郎。黄乃模曾随邓世昌赴英接收"致远"舰，回国后任该舰三副、二副。中日甲午海战时，他与邓世昌及"致远"舰全体官兵壮烈殉身，赠"武威将军"。

黄乃裳的文化活动始于 1874 年，这一年，他与美国传教士武林吉创办《郇山者》月报，宣传科学知识。第二年，他撰文劝人种牛痘预防天花，载于《郇山者》月报，并与保灵夫人合撰《除缠足论》5 篇，除揭橥报端外，又印刷传单数万份，散发于民间。凡此种种，均表明他是闽省接受、宣传新科学思想的先行者。当然，这与他的基督教文化背景极有关系，他是通过外国传教士较早了解西方科学文化的福建闽南人。

黄乃裳在传道过程中，深感教会中因缺少中国传统文人学士而被轻视，于是在 28 岁那年（即公元 1876 年）励志学习八股文，翌年参加院试，以第二名考中秀才。但是他依然热心介绍西方科学文化。他不仅协助薛承恩译《天文图说》、《圣经图说》、《卫斯理传》，与武林吉译《丁大理传》，并任教于福音书院，兼职于美以美会。黄乃裳与传统中国士人走一条不同的人生道路，他从西方文化和中国文化双向来汲取知识，所以，其一生之文化视野远远高于蜗居一处、固守儒学的传统知识分子。

1894 年，他在福音书院教务之余，参加甲午正科乡试，以第三十名举人而闻名。1895 年又赴京参加会试，在京参与"公车上书"，接受变法维新思想。同年 6 月，在《闽省会报》上揭文《英华格致书院关系国家说》，吁请重视新式教育，重视格致之学，培养精于西学之人才，发展民族工商业，以行动响应维新运动，同时助美国传教士薛利高译《大美国史略》。1896 年，他自筹资金创办闽省首份近代报纸《福报》。1898 年，他与长子黄景岱同应王锡蕃经特科之荐，被举为拔贡。此年正遇"戊戌变法"，中国士人中激荡着改革的风潮，举国上下精神为之一振。黄氏为京城风潮所吸引，参加闽学会，并与林旭等 360 余名福州举人上书总理衙门，抗议驻青岛德兵闯入即墨县城文庙捣毁孔子及子路像。他频频与康有为及"六君子"交往，讨论变法新政，也曾 8 次上书，痛陈兴革。慈禧政变始，他力劝林旭往美国使馆躲避，林氏谢辞，至被捕。黄乃裳因参与维新而入案，幸得友人关照，逃亡出京，返回闽省。在闽省为《大美国史略》一书撰序，借以抒发戊戌变法失败后的激愤心情和追求民主政体的愿望。1899 年，他决定远赴南洋觅地垦殖，携眷南行至新加坡，经女婿林文庆推荐，任《日新报》总编辑。他遍走英、荷属东南亚各地，在北婆罗洲沙捞越拉让河流域诗巫附近，寻找到一处适合垦殖的土地，改名为"新福州"，由林文庆和丘菽园担保，同沙捞越土王订立农垦条约。1900 年 6 月底，他从福建招募农民到新福州进行大规模垦殖，三年后初见成效。他针对当时港主开设赌场贩卖鸦片等不良习气，抵制烟酒，禁止聚赌。因沙捞越政府依靠上述专利作为财政收入支柱，对黄乃裳举动极为不满，在多次警告未见成效时，终于 1904 年下逐客令。垦场功败垂成，黄乃裳蚀本新币四万多元，郁郁携眷离开新福州到新加坡。新加坡《图南日报》创办人陈楚楠、张永福等人，因报纸销路不畅，约请他共同经营该报。在黄乃裳主持下，《图南日报》翻印邹容《革命军》，易名为《图存篇》，他携带五千册回国宣传。先至上海谒见美国传教士林乐知及蔡元培、陈其美、林森等人，后至潮州，假托办学，与许雪秋等联络，发动潮州黄岗起义，以策应孙中山民主革命。早在 1900 年，孙中山抵新加坡时，黄氏即前往拜访，受孙中山启发，遂引为同志。1905 年，他加人同盟会，成为南洋方面早期同盟会会员。同时，黄乃裳曾主办厦门《福建日日新闻》，又在陈宝琛受命总办漳厦铁路时，协助其向南洋招股。1907 年在闽清创立教育会，又创设简易师范学堂于福州。1910 年在福建咨议局议会上，提出"保护外洋华侨案"、"西浙木商船帮建议案"、"划地禁烟限期肃清提议案"、"筹办简易识字学塾修正案"等议案。又任英华、福音、培元三书院教务长，组织桥南体育会，力倡以体育改变国民体质，并从体育会中择员编练炸弹，以从事武装反清。其家便是学生炸弹队员聚集场所，辛亥福州起义的人员很多匿居其家，翌日参与起义。1920 年，已届 72 岁之黄乃裳欣然接受孙中山邀请，到广州出任元帅府高等顾问。1921 年病故。

马来西亚华人为纪念其垦殖功绩，特将诗巫市一条街命名为"黄乃裳路"。

二

黄乃裳的女婿林文庆，字梦琴，原籍福建海澄。其父林天尧是鸦片种植园助理管理人员。林文庆童年入福建会馆附设书院，攻读四书五经，后改入官立英文学校，旋升入莱佛士学院。1887 年获英女皇奖学金，入英国爱丁堡大学医学院，1892 年获医学内科学士和外科硕士学位。后又被香港大学授予名誉法学博士学位。林文庆以接受英国教育为主，但对汉语也有精深的造诣，谙熟闽、粤方言，又精通马来语、泰米尔语、日语，是一位天才的语言学家，这对其开展社会活动，带来一定优势。

1893 年至 1921 年，林文庆一直以行医为职业，短暂在爱德华七世医学院任讲师。他在行西方医术时，极为关注并以很大精力从事研究和传播中国传统文化。1897 年他与人创办《海峡华人杂志》，又与邱菽园组织"好学会"，开设中国古典文学讲座，热心于新加坡华教事业。他创办新加坡首所女子学校中华女校，其夫人黄端琼也任教于该校。他为推广普通话，在自己家中开设华裔普通话学习练习班。除对华社的文化事业倾注心血外，他又筹创新加坡华人银行、华侨保险公司以及橡胶园，担任过中华总商会副会长和新加坡市政局委员、立法院华人议员，曾于 1918 年被英皇特授于不列颠帝国勋章。

林文庆早年在英国便结识孙中山。1900 年，宫崎寅藏来新加坡为孙中山与康有为的合作进行疏通时，被当地政府拘捕。孙中山由西贡赶赴新加坡营救，也遭拘禁，后经林文庆奔走而很快获释。在中国北方义和团运动后，林文庆鉴于帝国主义列强引征德皇威廉二世的所谓"黄祸"论作为侵略中国的借口，针锋相对地以激愤之言提出"白祸"论，并以帝国主义与中国签订的不平等条约所带来的灾难为例，说明"白祸"比"黄祸"更可怕，他援引杰克逊的"条约只有平等，才能持久"之言，指出只有终止外来者的一切特权，中国人民对他们的仇恨才能随之消失。此后他加入同盟会，曾作为中国代表，出席在伦敦和德国召开的世界人种第一次代表大会和世界卫生会议，并任中国代表团秘书。1912 年，应孙中山之聘，到南京任临时政府内务部卫生司司长。

1921 年林文庆被陈嘉庚聘为厦门大学校长。厦大开学后，他亲自对学生进行英文口试，并通报闽省各公私中学，对闽省外语推广起到积极的作用。林文庆的厦大校长职务一直担任到 1937 年厦大改为国立大学为止。在任职期间，他以"止于至善"作为厦大校训，以激励学子"人人为仁人君子"，体现了儒家教育思想。在林文庆主持下，厦大常常进行尊孔、祭孔活动，孔子的诞生日也被列为节日。厦门大学成立的国学研究院，由林文庆兼任院长，不遗余力地倡导国学研究。作为一位饱受西方文化熏陶的自然科学家，他对中国传统文化亦有精湛的研究。如他 1929 年完成的屈原《离骚》英译，被英国汉学家翟理斯称为研究汉学的佳作，泰戈尔曾为之作序推荐。他曾兼任在上海出版的英文杂志《民族周刊》

主编。重要著作有《从内部发生的中国危机》、《东方生活的悲剧》、《新的中国》等，从中西会通的视野来讨论中华文化的前途。作为以医学为职业的科学家，他是英国爱丁堡皇家医学会会员、英国医学会马来亚分会会员、比利时根脱医学会通讯会员、日本京都医学会会员，是一位享誉东南亚的著名大夫。1941年底，太平洋战争爆发，林文庆在日军侵占新加坡后被迫出面组织"维持会"—"华侨协会"。因并非所愿，所以在二战结束后，英国当局豁免了对他的谴责，但也留下了人格上的污点。1957年于落寞中病故于新加坡。

林文庆既挚爱中国文化，又浸淫于基督教文化，呈现出极其复杂的二重性，这可以说是那个时代文化界的典型个案。

寒门畏庐勤求索

——近现代·福州林纾家族

一

福州市的林氏家族，因为在中国近代产生了林纾而跻身于文化家族行列。林纾，1852 年 11 月 8 日出生于福州光禄坊玉尺山的商人家庭，幼名群玉，亦名秉辉，年长后字琴南号畏庐，一生用过笔名有冷红生、畏庐子、践卓翁、餐英居士、射九等，据《客云庐小说话》称，林纾其名，是他中举后参加礼部试时才开始使用的。

林纾的先祖居住在金陵（南京）一带，后来其家族迁居闽县莲塘村，传至林纾这一辈，已繁衍到第十代。《畏庐续集》有林纾的《先大母陈太孺人事略》一文，其中述己之先祖为农夫，到他祖父时，已"辍耕治艺于城中"。林纾曾听祖母回忆，祖父每月"治艺所得钱数寥寥无几，生活拮据"，祖母、姑母还得"穷治针凿"借以度日。林纾的父亲刚行走时，家中每日只早晚两餐稀粥，而吃饭时要"先取其稠且厚者"，让双目失明的曾祖母先吃，然后喂林纾的父亲，其余人则"饮其馀渖而已。"

　　林纾的父亲林国铨，字云溪，因家境困顿，大约在十三四岁时开始从商。27 岁时，随盐官在闽北建宁办盐务，积攒了一点钱，遂在福州城内玉尺山典下房屋居住。林国铨的家境好转后，林纾叔父林国宾（字静庵）已有条件可以上学读书。但是，在林纾 5 岁时，林国铨租船运盐去建宁，途中船只触礁而沉，使刚刚有起色的家产损失殆尽，林国铨只好渡海去台湾淡水经商，再作拼搏。林纾 8 岁时，其弟林秉耀出生。林纾曾在《先妣事略》中记载："耀生二日，府君客游台湾。资尽，困不能归。岁大锓，澳门贼以筒艇阑入内港，聚江南桥下，谬言与南船竞铁锚，发炮互轰。纾适家横山，距江三里，飞弹虻然，日夜从屋上过。比屋奔徙略尽，宜人（按：林纾母）以无食故，不得去。先大母（按：林纾祖母）方病，大姊稍省人事，键纾不令出，拥弟及妹环宜人而泣。宜人方缝旗抚慰大姊，言'抵夜尽三旗，可得钱四百许。明日，大父母及尔兄弟当饱食。'"

　　因家贫加上盗匪横行，童年给林纾留下的记忆是悲惨的，这也给了他许多生活的教益，使他过早体会到人生的艰辛。林纾大约 10 岁以后，家境有好转，林国铨在台湾的贩盐业逐渐顺畅，其叔父林国宾也谋得一个塾师职位，虽然出身低微，但使家族有些许书香气。林国宾是对少年林纾产生较大影响的家族成员，使他从懂事起就喜欢读书。应该说林国宾是林氏文化世家的一个起点。

　　林纾幼年所受文化熏陶的另一途径来自外祖父家。

　　林纾的外祖父姓陈，曾为清朝"太学生"。某日，林纾幼时随外祖母上街，路过某书塾门前，闻屋内琅琅书声，而驻足聆听，且一字一句跟随着默念，反复几遍，居然也能成诵并铭记于心。于是，书塾成为他心中圣地，不时前去偷听默记。8 岁那年，他也正式入书塾念书。到 12 岁，师从薛则柯老塾师读书。后来林纾作《薛则柯先生传》，称其"能颠倒诵七经"，因科举无名而孤寂贫穷。虽无功名，却在开蒙林纾时，不讲应试用的制举文，而专授欧阳修古文和杜诗，且要求林纾"务于精熟"，可以说，以后林纾厌恶科举的八股时文，挚爱古文杜诗，当归功于薛则柯的早年训育。《林畏庐先生年谱》记其早年读书心得："余自八岁至十一岁间，每积母所赐饼饵之钱，以市残破《汉书》读之。已而，又得《小仓山房尺牍》而大喜。母舅怜之，始以其《康熙字典》贶我。时吾攻读甚勤，尝画棺于壁，而挈其益，立人于棺前，署曰'读书则生，不则入棺'，若张座右铭者。"他以如此勤奋的精神矢志读书。一次，他发现叔父读过的《毛诗》、《尚书》、《左传》、《史记》，如获至宝，爱不释手。司马迁的文笔，给年幼的林纾以巨大的熏陶，使他终生与《史记》结缘。据史料载，至 16 岁时，林纾所购读之残烂古书已达三橱之多。

林纾虽然出身于寒门，但寒门之家的文化色彩孕育了他独特的性格和纯朴的美德。林纾的母亲极为纯厚善良。林纾 5 岁时，其叔母生下林秉华后去世。林纾母亲将林秉华视作己出。年幼时秉华与林纾几个弟妹齐在厨房等吃饭，林纾的母亲总是先喂林秉华，又将好吃的菜多拣给秉华。这使年幼的林纾"面有妒容"。其母告诫说："华无母，尔弗知乎？脱余不幸先尔叔母死，叔母之处尔辈，不犹是耶？"（《先妣事略》）母亲的宽仁厚德，是另一种平民式的文化熏陶，培育了林纾一生待人至诚乐于助人的品格。

林纾的外祖母姓郑，是那个时代的知识女性，"知书明大义"（《谒外大母郑太孺人墓记》）。林纾 5 岁寄食于外祖母家，正值荔枝成熟，林纾馋涎欲滴，外祖母用旧布衫换回荔枝让其吃。林纾的四子林琮在《外曾祖母郑太孺人事略》中记其告诫其父的话："孺子既获尝荔，当知他人啖荔，其甘亦止是，无足羡也。孺子不患无美食，而患无大志。"外祖母的训诲之言，使他受用终生，及至中年以后，他仍用这段话诲其子女，并自谓"生平得力于太孺人之训者为多"（《谒外大母郑太孺人墓记》）。年迈的外祖母见林纾用零钱购残旧之书日渐积多，对他说："汝能变业向仕宦，良佳。但城中某公，官卿贰矣。乃为人毁舆，捣其门宇。不务正而居高位，耻也。汝能谨愿，如若祖父，畏天而循分，足矣。"（《先大母陈太孺人事略》）祖母和外祖母对林纾训诲志趣有区别，但其中所包涵家族的"小传统"意识却是分明的。应该说，林纾一方面承袭来自儒家经典的大传统余绪，一方面又承袭来自祖父母辈的身体力行的"小传统"，为以后造就一代译才打下了文化基础。

二

林纾在 16 岁那年（1867），因家贫不得不中断学业，丢下三橱精心积攒的古籍，到台湾淡水随父经商，每天在琐屑枯燥的记帐中苦熬青春。三年后，他回福州与同县刘有棻之女刘琼姿完婚。刘有棻，自曾祖一代起便世代攻读孔孟典籍。可是，到刘有棻一代仍没有人能科举成名。林纾《外舅刘公墓志铭》称其岳父"四世儒而莫倡"。但是，既然为"四世儒"，家学渊源，使他也颇具儒者才识，一生喜读《通鉴》，善诗，崇奉忠孝节义、礼义廉耻。所以，刘有棻是他人生旅程中又一位提携者。林纾结婚后，每到岳父家，刘有棻必以《呻吟语》、《五种遗规》等理学典籍相训育。林纾每次参加童子试，刘有棻会亲自送往试院。在《外舅刘公墓志铭》中，林纾曾回忆道："五更天阴，四顾无人。公挟余坐明伦堂庑下，论道学源流，勉以立身安命之道。"其青少年时代，"畏天循分"之家教，再加上刘有棻的影响，使林纾头脑中传统道德的观念更为浓烈了。20 岁这年，在刘有棻资助下，林纾又师从陈蓉圃读书，但仅仅一年，他又不得不自谋生计，以做塾师作为糊口手段。22 岁时又师从"石颠山人"习绘画。

青年林纾在乡间是以"狂生"自居的，他与同邑林崧祁、林某被视为"三狂生"，读书绘画、研习剑术、师从拳师，有侠气，也有狂态。他在《七十自寿诗》（其二）中忆及少年时：

> 少年里社目狂生，被酒时时带剑行。
>
> 列传常思追剧孟，无心强派作程婴。
>
> 忍寒何必因人热，趋义无妨昌死争。
>
> 到此一齐都忏悔，道书坐对短灯檠。

不过，尽管被乡里目为"狂"，但在岳丈资助下，林纾一直在读书，甚至 28 岁时还正式入县学读书。那时其文名已被福建督学孙诒经所赏识。到 29 岁，被"补弟子员"，成为正式的秀才。后一年（1882），他以"补弟子员"出身，一跃而成为闽省壬午科举人，从而使他人生掀开了新的一页。

三

在一个重名分地位的时代，举人出身终于使林纾从寒门子弟的圈子中脱颖而出，在更高的文化层面结交文化名流。他先后结识了陈衍、陈宝琛、郑孝胥、李宗言、高凤歧、方家澍、卓孝复等名士。同时通过李宗言又结识了李宗言弟弟李宗炜及其舅舅沈瑜庆、沈瑜庆的女婿林旭，高凤歧的弟弟高而谦、高凤谦（字梦旦），高凤歧的表兄魏瀚等人。差不多那个时期的福州一代文化名人他均与其结交。

举人身份使他意外地获得饱读诗书的机会，促使他学识大增，文名更显。李宗言家族藏书连楹，林纾与李宗言兄弟辈相识后，经常向其家借读藏书，至达三四万卷。举人身份又为他正式参与文化学术活动提供契机。在"福州文社"的雅集中,他与李氏兄弟、陈衍、高凤歧等常相唱和。这位寒贫之书生终于从短屋陋巷中崛起。

但是,林纾由举人而进士的道路却不平坦。论操行,他虽狷介傲岸却无异端邪说;论才学胸藏万卷,文笔恣肆。但他先后七次参加礼部试,始终未能中进士,于是"立誓不为官"(《畏庐尺牍》),而这倒为他在文学创作和翻译方面做出巨大贡献提供了充裕的时间和驰骋的空间。政界可能少了一官员,但文坛却得到一位不可替代的大家。

林纾首部诗集《闽中新乐府》是 1897 年由魏瀚出资在福州刻板印行的。这是一部仿白居易讽谕诗为儿童们创作的通俗歌诀。因其时事性和政治现实性,印行后影响甚大。闽籍侨界文人邱炜萲谓此书为"养蒙者所宜奉为金科玉律",曾以《训蒙歌诀》再版于南洋,由此使林纾文名远播海外。1897 年是他人生长途中具有界碑意义之年,除《闽中新乐府》声振文坛外,这位目不识"蟹行文字"(外文)的落第举人,奇迹般跻身译界,正式步人翻译西洋文学的道路。他在魏瀚、王寿昌鼓动下,与他们一同译介法国小说。由王寿昌手执法文原著,口译小说,林纾则"耳受手追",予以整理成篇。这部中国文学翻译史上反响巨大的《巴黎茶花女遗事》,终以奇特的方式问世于中国。嗣后,他依靠他人口译,自己"笔达"的方式,为中国翻译了多部世界名著。

1898 年百日维新前后,挚友沈瑜庆的女婿"戊戌六君子"之一林旭喋血菜市口,使林纾极度震惊,"扼腕流涕,不能自己"(《花随人圣庵摭记》),政治上的激情似乎冷却了许多。他怀着难言的悲愤撰写了《林明府政略》悼念林旭,并开始更大的译介事业。辛亥革命和"五四"新文化运动时期,晚年林纾在思想上显得落伍,由于他曾参于"称帝"和"复辟",又力拒五四新文化运动,以致被人称为"封建余孽"。然而此前他却是新文化运动的启迪者之一。其著述除翻译外，有《畏庐文集》、《畏庐续集》、《畏庐三集》、《畏庐诗存》、《林琴南文钞》、《畏庐文钞》、《春觉斋论文》等多种。

四

"林译小说"与"严译名著"并世而立，是林纾对中国文化的最主要贡献。他向国人介绍翻译了一百八十多种西方文学作品，成为进一步打开中西文化交流大门的先驱者之一。"林译小说"打破了当时只注重工艺制造、法律政制的单一译风，"带领我进了一个新天地，一个在《水浒》、《西游记》、《聊斋志异》以外另辟的世界"（钱钟书《林纾的翻译》），而这个世界又吸引国人吸取他人经验，发展改造本国文学。张恨水在《写作生涯回忆》中说：通过学习"林译小说"，"在这些译品上，我知道了许多描写手法，尤其是心理方面，这是中国小说所寡有的"。"林译小说"有相当的文学价值，提高了翻译小说在中国的地位，尤其是"林译"词藻妍练，文笔雅洁，摄其意境神韵，风味宛在，某些译文甚至优于原文。林纾在译作中使用自由活泼的文言译笔，促进了中国语言、文体的变革。他的译文一反论文之"义法"，而取通俗、富有弹性的文言，保留若干"古文"成分，又在词汇、句法上有所变化，甚至杂以口语、外来语或欧化语，延长了古文生命。"林译小说"传输了民主思想，促使人们对中西文学进行比较研究，由此哺育了一批文学新人，许多中国现代文化人在青年时代大都受过"林译小说"的熏陶，可以说林纾对新文化有一种潜在的推进作用。

其后人较有作为者有长子林珪、次子林钧、四子林深等。

译界巨子

——近现代·侯官严氏家族

一

严复，乳名体乾，初名传初，入马江学堂后易名宗光，字又陵。后改名复，字几道。晚年自号瘉壄老人，别署天演宗哲学家，又别号尊疑尺庵。其家族祖居福建侯官阳岐（也作阳崎），位于福州市郊区南台岛西南端。先祖严怀英，字仲杰，河南光州固始人。大约在唐末天祐（904—907）年间随王潮入闽，官朝请大夫。严复《关海大兄八十寿序》曾述其先祖，"惟阳崎严氏，始由中州固始迁闽，当五季倥偬俶扰之世，盖占籍以来近千载矣。而族姓寥落，至今可名而数者，都数十百家；其为主事，所驱远游四方者，指不胜偻。故阳崎之严，虽传次疏逖，皆相亲附犹一再从者然"（《严复集》）。严怀英大约是一位儒学界人士，否则他不会因阳岐"山多浪石，水无浊流，天然明秀，为人文荟萃之乡"而择居此地。传至严复的曾祖父严焕然已是二十四代，其间代有显赫之士。

严焕然是清嘉庆庚午（1810）举人，曾任松溪县学训导。他有五子：长子严秉符，次子严秉忠，三、四子名不详，五子字烨昌。严秉符有子二人，长子幼殇，次子严振先（1821—1866），字腾蛟，号志范。严振先有子二人，长子亦幼殇，次子为严复。严复这一支自其祖严焕然始"皆以医为业"（《侯官严先生年谱》），严焕然和严振先父子为侯官名医。严振先，曾设医所于福州南台。《侯官严先生行状》说他"弃儒为医，以仁义精术有声州里间。闽垣夏秋多疾病，无贫富悉与医治，即陆获苏，活人无算"，看来，严复之父严振先是一位从儒学而儒医，并在医业生涯中实践儒家仁义品格的人，严复后来说他"寓钓龙台，以医名一时"（《严复集》）。

严复的童年随父亲严振先居福州南台。7 岁时外出上学，约二年后回故乡阳岐，随其五叔祖严焕昌读书。严焕昌，字厚甫，为光绪五年（1879）举人。《福建通志》将其列入高士传，记载说他：

"性孤介。稠人中默不语。雅擅诗赋，泛览渊博。妇美而贤。闭门桔林之下，对诵唐人绝句万首。甑里屡空，泊如也。或风雨边连日，懒不入市易米，则连日忍饥卧。妇病，走村祠野庙以祷，诵兆示人，自谓无虑。妇卒，只身赴山中寄食僧寮。妇家有婢，招君归，纳篷进室。未几亦卒，遗一女，出入相随，不能如丧妇时得浪游。是时，君年五十余，忽委禽某氏。媪曰：'婿能得科老，而贫无嫌也。'后妻来数日，法人马江之役，君愤不顾身，纠上下崎诸严练为乡兵，以备巷战。和议成，以办团得教谕。又数年卒。"

从上述记载可知严焕昌之个性奇特，颇有道家风范，又精于诗赋，其言其行颇得魏晋之精髓。但他又是一位炽热的爱国者，曾将"诸严"召集以抗法国入侵，后以此得"教谕"一职，完成了以道入儒的人生历程。他企望严复也能以科举而入仕，以光宗耀祖。所以，他对严复的启蒙大致以《大学》、《中庸》为主。

严复有子五人，长子严璩，次子严瓛，三子严琥，四子严璿，五子严玷。孙辈有严群等人，除次子严瓛早逝，均为文化名人。严复家世大致可归纳如下：

```
                                    ┌ 严璩
                                    │ 严瓛
                  ┌ 严秉符—严振先—严复—┤ 严琥—严修
                  │                 │ 严璿
                  │                 └ 严玷
严怀英——严焕然——┤ 严秉
                  │
                  └ 严煊昌
```

二

　　严复生于 1854 年 1 月 8 日，11 岁师从本乡黄宗彝读书，通读"四书"、"五经"，并学习宋明理学典籍。14 岁父亲严振先去世，家贫无力再从师求学，入洋务派新创设的马江船政学堂，这是严复人生的一个关键性转折。1871 年，他以最优等成绩在学堂卒业，旋被派往"建威"练船作练习生，游历新加坡、槟榔屿及中国辽东湾、直隶湾等海口城市。1872 年改派上"扬威"军舰，巡历黄海及日本长崎、横滨等口岸。1874 年，又随"扬威"军舰赴台湾，并负责测量台东旗来各海口。广泛的随舰船游历，使他眼界大开，这是他幼年在蒙学中所不可能受到的熏陶，为他后来将西方文化引人中国奠定了基础。1877 年，他奉派入英国格林威治海军大学。时郭嵩焘为驻英公使，常与严复共同探讨中西学术政制之异同，引为忘年交。1879 年后，严复完成了在英国的学业，奉命回国任福州船政学堂教习，后调任天津水师学堂总教习。差不多同时，他阅读了斯宾塞《群学肄言》，叹服之余，反省自己生平独往偏至之论，始悟其非。他结合《群学肄言》看中国儒家诸经，觉得《群学肄言》已兼具《大学》、《中庸》之旨，而出之以精义。由此他深感国人鄙夷西洋新知，徒尚词章而不求真谛之弊端，每每向知交痛陈其害。但由于职微言轻，又非科举正途出身，往往被旧学人士视为低人一等。于是，这一年他愤而回闽乡试，落第后复任北洋水师学堂总教习。他不因落第而气馁，以屡败屡试之信念，于1888年、1889年两度赴京应顺天乡试，难能可贵的是，他一边应乡试，一边加强对西洋文化的学习，从而成为那个时代对西方文明最了解的学者之一。有感于1894年甲午战败，他开始从事《天演论》的翻译，并撰著《论世变之亟》、《原强》、《救亡决论》、《辟韩》诸文，其大旨在尊民叛君、尊今叛古。张之洞见《辟韩》诸文，命屠仁守作《〈辟韩〉驳议》，严恐罹不测，后由郑孝胥等人请情，始平息。1896年，严复协助张元济在北京创办"通艺学堂"，力倡新学，又在天津设"俄文馆"，任总办。翌年，与夏曾佑等人创办《国闻报》，开始在该报连载《天演论》译本，同年又作《拟上皇帝书》万言，力劝光绪变法自强。1898年，被光绪召见，又译《计学》，后更名为《原富》。1900年，他结束在北洋水师学堂长达20年的任职，在上海开名学会讲演名学，因"名学"为中国学人闻所未闻，所以风靡一时。又与容闳组织"国会"，被推为副会长。1902年，奉张百熙之聘，任京师大学堂编译局总纂。而此时吴汝纶为学堂总教习，二人同寓京师，过从甚密。严复理解吴氏的中国不可不谋新，又忧其旧学之濒临消失之矛盾心理，强调新学愈进则旧学愈益昌明，盖他山之石可以攻玉也。这一阶段，他的译述颇著，有《穆勒名学》、《法意》、《社会通诠》、《群己权界论》等，加上更早翻译的《群学肄言》、《原富》等，一一出版问世。并点评《老子》，以为老子之说与达尔文、孟德斯鸠、斯宾塞诸西人学说相通。1904年，他曾为开平矿务局利权纠纷事去伦敦，与孙中山相晤，与其讨论"民品"问题，返途中访问了法国、瑞士、意大利、德国。回国后协助马相伯创办复旦公学，又继马相伯短期任复旦公学校长。1908年，应学部尚书荣庆之聘，任审定名词馆总纂，被赐文科进士出身。

1911年武昌起义后，奉袁世凯之命赴汉口会见黎元洪，参与南北和谈。翌年，出任北京大学校长，兼任文科学长。年底辞校长职出任海军编译处总纂和袁世凯总统府法律外交顾问。辛亥革命后，严复的政治观有重大逆转，积极倡导尊孔读经，参与发起孔教会，甚至批评卢梭的《民约论》。1915年，他又应杨度之邀，列名筹安会。面对混乱的政局，晚年的严复一度闭门谢客，于1921年卒于闽。

严复是一位对中国学术文化有重大开创之功的近代学者，他的"严译名著"是中国近代学术史上专有名词，与"林译小说"并重而彪炳于清末民初文坛。康有为有诗"译才并世数严林"，可见其名气之大，影响之尊。严复在近代政治史、思想史、文化史及翻译史上不同寻常的地位，在于他首次系统地、原本地将西方学术思想和政治制度介绍过来，终近代之世，未有来者超越他。严译向国人介绍了进化论、唯物论的经验论、古典政治经济学和政治理论，也介绍了自然科学新成就和西人哲学的方法论，并以新的西方世界观给古旧中国思想界带来震撼，在中国社会引起空前而广泛的反响，使他成为那个时代向西方寻找真理的先进中国人之一，成为中国近代启蒙思想家之一，其影响不仅仅对变法时期和维新时期，对此后的鲁迅、毛泽东等都产生过影响。"严译"之原本差不多每本均由严复精心选择，其翻译态度极为认真，"一名之立，旬月踟蹰"，加上他独到的文风和精湛的技术处理，从而使之成为近代学术史、文学史上经典之译述。他提出翻译要遵守"信、达、雅"三原则，尤以"达"为鹄的。这三原则的提出，对中国译述事业具有重要作用，至今仍有其价值。

三

严复后人中，应以其长子严璩最有名气。严璩，号伯玉，

1874 年生，仕途早达，在清末官场中远较其父得意。1894 年他赴英国留学，1900 年返国，1908 年已为二品卿衔大员，受"特恩"回闽任"财政正监理官"。在此之前，他便早早地做了四品京卿和道员，又任过广东全省电政监督。孙玉琦任清廷驻法钦差大臣时，他随任做参赞，还被清政府派去越南视察，参与与法国办理交涉，撰述《越南视察报告》。民国成立后，严伯玉以财政和洋务专家的身份，在财政、盐务部门任要职，任过长芦盐运使、财政部参事、公债司司长。其父严复去世后，曾三度任北洋政府财政部次长、全国盐务署署长，又继王宠惠后任"华俄道胜银行清理处"督办。严伯玉虽为政府大员，思想保守，但有时亦有爱国思想的表现。如 1924 年，许世英内阁财政困难。时财政大权被帝国主义操持，盐务、海关由洋人监督控制，许世英内阁请严伯玉出任财长，他答应任次长代理部务（财政总长由许世英以国务总理兼摄），与洋人几经周旋，把关税、盐税划还外债赔款所剩之款作为抵押，发行民国十三年春节国库券八百万元。在孙科任行政院院长时，严伯玉亦担任过国民政府财政部次长。1942 年于上海病逝。

严群是严复同宗孙辈中著名文化人。1907 年生于福州。1929 年由协和大学哲学系转燕京大学，主修希腊哲学。1931 年由燕京大学毕业入燕大研究所专攻柏拉图、亚里士多德哲学。1935 年赴美国哥伦比亚大学留学，专攻希腊哲学史与古典希腊文、拉丁文，并开始翻译《柏拉图全集》。1938 年转入耶鲁大学研究院。1940 年返国任燕京大学哲学系主任。1947 年由竺可桢聘其到浙江大学任教。其翻译著作有《柏拉图全集》，并著有《亚里士多德之伦理思想》、《柏拉图》、《朱子理气太极》、《朱子论阴阳五行》等。1985 年去世。

旧诗中的新意识和新小说的宗教感

——近现代·漳州许南英许地山父子

一

　　许南英和许地山父子是中国近现代著名的文学家。许南英（1855—1917），号蕴白，又号窥园主人，台湾台南人。许氏家族原籍广东揭阳，先代渡海居台湾府城。许南英是光绪庚寅进士。早年与丘逢甲先后受教于诗人、学者施士洁，中进士后钦点主事，签分兵部车驾司，加员外郎衔。后辞官返台湾，为蓬壶书院山长，组织浪吟诗社、斐亭吟社及崇正社，是台湾卓有诗誉的文化人。日本割据台湾时，他统领团练局，协助刘永福守台南。1895 年为避日本侵略者追捕，离台内渡居于福建龙溪，后宦游广东。1911年返闽居于漳州、厦门两地，并与当地各诗社诗人往来频繁，酬唱之作颇多，被"南社"诸社友尊为创社人之一。1915 年赴苏门答腊棉兰，为侨领张鸿南编辑生平事略，1917 年病逝于印尼棉兰族次。著有《窥园吟草》、《窥园词》。《窥园吟草》存诗 1039 首。

　　许南英是一位饱受华夏传统文化熏陶之文化人，他早年邀友结崇正社，"以崇尚正义为主旨，时时会集于竹溪寺"（《窥园先生诗传》），又以"浪吟"二字揭示其诗学主张，倡导诗应"不用人怜知舌在，从教鬼泣是诗成"（《题〈菽园赘谈〉》），"兴观群怨皆天籁，托兴随人籁自鸣"（《谈诗》），显现其诗"性情挚处言偏淡，意理真时味愈长"的特点。1891 年他发起建立浪吟诗社，正气扬波作浪吟，以克己洁身为做人原则，"生平景仰苏、黄，且用'山谷'二字命字他的诸子"（《窥园先生诗传》），他的三子字"敦谷"，四子字"地山"，皆为崇敬黄山谷而来。他的大量诗、词以"性情挚"和"意理真"见长而不炫才，这又与黄山谷所倡"无一字无来历"不同。中日甲午战争后台湾割让于日本，此事对台湾一代文人影响甚巨，诗风也为之一变。当时台湾诗人几乎都由先前的闲情逸致一变为愁思满腹。许南英之诗风转变尤其明显。割台前他的诗，充满一种不欲仕宦，林下闲居之隐逸味，而这次历史巨变后，则呈现出欲挽狂澜而不能的悲愤无奈之情。如《奉和实甫观察原韵》之第六首：

> 投笔从戎恋虎头，巨川欲济苦无舟。
> 涕零阙下陈同甫，谈笑军前李邳侯。
> 仗剑定应除丑虏，执鞭窃愿逐豪游。
> 满腔热血向谁洒，诸葛先生近豫州。

又如《和哭庵道人易实甫观察台舟感怀原韵》

> 投鞭快语听苻坚，将帅弢铃只望天。
> 教战卫公空好鹤，思乡蜀帝共啼鹃。
> 成蛇始信难添足，群蚁如何不慕膻。
> 半壁东南留半壁，余生效死亦时贤。

从中可见许南英之忧患之情。

许南英是那个时代新学新知的追求者，决非迂腐士人，他的学识和处境促使他敏感地追随世界潮流。其子许地山在《窥园先生诗传》中曾说他"对于新学追求甚力，凡当时报章杂志，都用心去读。凡关于政治和世界大势的论文，先生尤有体会底能力。

他不怕请教别人，关于外国文字有时问到儿辈。他底诗中有很多当时新名词，并且时时流露出他对国家前途的忧虑，足以知道他是一个富于时代意识的诗人"。早在 1904 年，许南英便借诗以议论"学界改良"和"自强保种"问题，他在《留别阳春绅民》之五中说："欧铅亚椠日输将，学界从今亟改良。后起青年勤淬厉，前途黄种卜灵长。孤寒有士皆分席，慷慨何人肯解囊。合为诸生开望眼，相期祖国焕辉光。"后又作《日言》，语涉世界地理、异国人名、经济术语、政治新名词，在诗中显示其新学功力，大有步黄遵宪新诗革命后尘之势。1913 年，台湾诗人林尔嘉、林景仁父子在厦门倡设菽庄吟社，施士洁、许南英、汪春源也加盟，许南英在社中吟咏唱和，每多思念台湾故土，企盼江山一统之音。

二

许地山是许南英的儿子，名赞堃，号地山，笔名落华生。1893 年生于台南，长于大陆，其父许南英甲午战争后由台湾返回大陆，因清政府不准内渡官吏保留台湾籍贯，落籍于福建龙溪。1897 年至 1910 年，许地山随父往广州，13 岁入广东韶舞讲习所，14 岁改入宦中中学堂，其兄许赞书加入同盟会，往来于侨间宣传革命主张，其父又有新学思想，使许地山早年便接触到西方文化和民主思想。除在学校努力学习外，他还酷爱音乐，熟悉音律，擅长琵琶演奏，尤顷心于广东"粤讴"，不仅会吟唱，且能自编自吟，显示出非凡的文艺才干。19 岁时，为谋生而任福建省立第二师范教员，1913 年又去缅甸仰光任华侨中学教员。1915 年归国，次年任漳州华英中学教员。1917 年考入燕京大学文学院，接触"五四"新文化运动的新思潮，逐步形成他极浓郁的平民主义和人道主义人生观。1920 年毕业后，转入燕京大学神学院从事宗教研究，并与瞿秋白、郑振铎等人创办《新社会旬刊》，又与沈雁冰、郑振铎、王统照、叶绍钧等发起成立的文学研究会，以"文艺为人生"为其宗旨。1921 年许地山在《小说月报》上发表处女作《命命鸟》，以独特的艺术手法和反封建的主题引起中国文坛的关注。1922 年毕业于燕京大学神学院，留校任助理，同年结集出版散文《空山灵雨》，次年留学美国哥伦比亚大学研究院，从事宗教史和宗教比较学的研究。1924 年转赴英国伦敦人牛津大学研究院，研究宗教史、印度哲学、梵文及民俗学，并结识老舍，成为知交挚友。1926 年由英国返国，途经印度，在印度大学研习梵文及佛学，1927 年任燕京大学文学院助教，并创作了大量富有浪漫色彩、充满宗教哲学气息和异域情调的小说、散文，开创了新文学运动中举足轻重的一个流派。1928 年，他擢升为燕京大学文学院、宗教学院副教授并兼任北京大学、清华大学印度哲学和人类学教职。1930 年升任教授。1933 年应中山大学之邀前往讲学。途中绕道台湾，探视亲友。同年 12 月，赴印度大学从事印度宗教及梵文的研究，次年底返北京。这一段时间，他潜心于民俗学、宗教学研究，完成《云笈七籤校异》、《中国道教史》上卷等学术著作。1935 年，离开燕大，应香港大学之聘，任中文学院主任教授。在香港大学作了一等系列革新，设立文、史、哲三系，并任香港中英文化协会主席、中华全国文艺界抗敌协会香港分会常务理事、新文学会理事等社会公职，也参与营救瞿秋白事。1941 年 8 月 4 日，因病逝于香港，终年 49 岁。

许地山的文化生涯，颇具特异色彩。他既是一位宗教史研究者，又是一位文学创作大家。其文学作品带有强烈的宗教理性品格和极具个性色彩的浪漫精神。他研究领域偏重于道家与佛教，而在文学中却具有更多的基督教内涵。这是一个十分奇特的现象。许地山可以说是现代中国最多直接的宗教体验、并在作品中浓郁地体现出真切深邃的宗教感的作家，为中国新文学运动作出过重要贡献，因而在中国新文学史上具有特殊的显著地位。

中学西渐的文化怪诞使者

——近现代·厦门辜鸿铭家族

一

辜姓是中国姓氏中人数十分稀少的一个姓。《元和姓纂》载："泉州晋安有此姓"；而《姓氏考略》则说："其先因被辜而自悔，以辜为氏。"类似的姓氏有救氏、赦氏、谴氏等。梁实秋在《辜鸿铭先生轶事》中引上述史料说辜鸿铭先人被"辜"，作为厦门辜氏家族的后人，辜鸿铭对此深信不疑。"常告人以姓辜之故，谓始祖实为罪犯，又言始祖犯罪，不足引以为羞；若数典忘祖，方属可耻云。"（《辜鸿铭先生轶事》）林语堂译丹麦勃兰得斯《辜鸿铭论》，译文按语中也引《元和姓纂》语，说"相传为厦门同安人，其望出于晋江"。从辜鸿铭十三世祖辜仁荪算起，可粗略理出其以下家族世系（中间有几代不详）

辜仁荪（发）—辜礼欢—┌辜国材（后代居福州）
┤辜安平（后代居台湾）—？—辜显宋—辜振甫
└辜龙池—辜紫云—辜鸿铭

据辜鸿铭堂弟辜显荣的传记，该族十三世祖辜仁荪约于清康熙初年移居台湾鹿港，乾隆初年又作为华工移民至马来亚，所以辜显荣自称"台湾人"。有清一代，闽、台之渔民、农民为生计所迫，经常漂洋过海去南洋寻找活路，往往被洋人拐骗去东南亚一带卖给荷兰或葡萄牙商人，辜鸿铭的祖辈大概是以这种方式来马到亚的。辜礼欢是一个穷困的劳工，可能还是一位基督教徒。在土著、华人、印度人共同定居的多种族群体中，辜礼欢是一位受人尊敬的首领式人物。乾隆五十一年（1786），一支以船长赖特率领的殖民队伍——东印度公司先遣队，由印度驶人马来亚槟榔屿，辜礼欢作为首领带领几名印度基督徒表示欢迎，并以一张渔网相赠作为见面礼，使赖特十分高兴。这一年赖特占据了槟榔屿，并将其更名为威尔斯王子岛，正式委任辜礼欢为"甲必丹"（即民族的首领），协助殖民政府处理本地某些刑事案件。由此，辜礼欢由一位民间的首领式华人，一跃而成为当地的正式首领。辜礼欢任甲必丹后，由渔业改而经商，兼作垦殖业。大约在乾隆五十五年（1790），赖特给他一笔东印度公司的开发款，在东印度公司的协助下，在槟榔屿开辟胡椒园，同时又获得承包该屿与吉打两处镇酒税。这一切运作与努力，使辜礼欢地位、财富、声望大有扩展，成为威尔斯王子岛公路委员会中唯一非英籍委员和华人中贵族成员。辜礼欢于 1826 年去世，据说留有八男三女，较有名望者是辜国材、辜安平、辜龙池。

辜国材是东印度公司重要人物莱佛士的助手，在嘉庆二十四年（1819）莱佛士率船舰登陆新加坡时，辜国材即为随员之一，协助莱佛士开辟新加坡，大兴土木，促使新加坡成为自由港。关于辜国材的史料绝少，看来，他应该是一位兼通西政治运作，具有西学修养之人，否则，不可能被莱佛士视为智囊之一。

辜安平在青少年时被其父辜礼欢送回国内读书，后进士及第，曾为林则徐部下，是一位正宗的具有中国传统文化修养的文化人。其后奉调至台湾，成为现代台湾辜氏大家族的台湾始迁祖。其孙子辜显荣被日本封为贵族，是著名的实业家。其曾孙辜振甫是当代台湾具有举足轻重的名人，为台湾海峡基金会董事长，1993年"汪辜会议"中台湾一方的首席代表。他生于1917年，卒于2005年1月3日。1975年曾获韩国高多大学荣誉经济学博士学位，后又获美国宾夕法尼亚大学荣誉法学博士学位。雅好艺文，有诗集《杂存》，小说《浮云》及《言论选》问世。夫人严倬云是严复孙女。辜氏家族是现代台湾集文化、实业一体的庞大家族。

辜龙池为辜鸿铭祖父，由槟榔屿移居吉打州，在当地政府中任职。因其工作中屡有建树，获吉打苏丹所赐拿督勋衔。后由吉打定居槟榔屿。其子辜紫云是辜鸿铭生父。辜紫云供职于槟榔屿吕蒙双溪的牛汝莪橡胶园，深得英国牧师布朗的信任，被委任为橡胶园的负责人，他具有种植和管理的才干，与传统的中国知识分子不同。辜紫云所娶妻是西洋人，所以，其子辜鸿铭外表具有西洋人大眼睛高鼻子深眼窝的特征。这位混血儿深得布朗欢喜，因而被布朗收为养子。

二

辜鸿铭，名汤生，字鸿铭，后以字行，号立诚，自称慵人。他出生于南洋，读书于西洋，做官于"北洋"，又娶姨太太于东洋，自称东西南北人，别署汉滨读易者。其西文姓名初用闽南话KohHong-beng，回国后改拼KuHwngMing。因其祖籍是福建省同安县，同安在明清两朝属泉州府，所以或称祖籍泉州。清末又属厦门道，他又自谓厦门人，其英文名即AmoyKu（辜厦门）。

东南亚的华人，皆有眷念祖籍国之共同传统，如辜礼欢在事

业发达后将独生子辜安平送回国内学习，以至进士及第。辜紫云
与布朗因往来经商和公务，常常返往于中国大陆与南洋之间。辜
鸿铭幼年时，在中国大陆、台湾许多地方都暂居过，少年时还在
香港短期学习英文，在厦门进过教会学校，在广州也留有他的足迹。
王国维在 1917 年 12 月 21 日《致罗振玉书》中曾说："辜氏贫不
能自存，拟在台湾依其族人"。

　　大约在 1869 年前后，辜鸿铭随布朗夫妇前往英国苏格兰接
受教育，开始他欧洲 11 年的游学生涯。他先入苏格兰公学接受启
蒙，嗣后进入爱丁堡文法学校。这是一所传统的贵族学校，对拉
丁文、希腊文、英国古典文学都有严格的要求和扎实的训练，这
为辜鸿铭精通多种西方文字奠定了童子功。1870 年，他又随布朗
到德国，在布朗柏林的家中学习德文，偏重于对《浮士德》和莎
士比亚戏剧的攻读，同时又广涉数学及其他自然科学，先后在柏
林大学、莱比锡大学读书，嗣后获柏林大学哲学博士、莱比锡大
学土木工程学位。1873 年，辜鸿铭回英国，在牛津大学念了一段
时间哲学，又入爱丁堡大学，师从史学家、文学家卡莱尔，专修
英国文学，兼修拉丁文、希腊文、数学、形而上，道德哲学、自
然哲学、修辞学，及至 1877 年，以优异成绩毕业于爱丁堡大学。
毕业后，又去法国巴黎大学读了一段时间，从一位老学者那儿接
触到中华文化原典著作《易经》，这位老学者鼓励他对《易经》
进行研究，这成为他号称"汉滨读易者"、"读易老人"的最初
原由，也成为日后英译儒家经典的初始原因。同时，他又在罗马
作短暂游学。这一段读书生活，使辜鸿铭广涉文、史、哲、理、
工和神学，并取得多个学位。

　　1878 年，辜鸿铭结束留学生活，返回槟榔屿，旋即奉派前往
新加坡海峡殖民政府辅政司工作。大约在 1880 年左右，辜氏在新
加坡会见了途径新加坡回国的改良派人士马建忠，开始了他人生

的一大转折。两人一见如故，倾谈三日。马建忠的教诲，使浸淫于西学之中的辜鸿铭茅塞顿开，大有相见恨晚之感。40 年后，辜鸿铭回忆这人生转折的一幕：

"我在新加坡同马建忠晤谈是我一生中一件大事。因为正是他——这个马建忠，使我再一次变成一个中国人。尽管我从欧洲回来已经三年多，我还不曾进入和不知道中国的思想和观念世界，喜欢使自己保留一个假洋鬼子样。我同马建忠晤谈三天后，即向殖民当局提出了辞呈，没有等到答复，就乘坐第一班汽船回到我的槟榔屿老家。在那里，我告诉我的堂兄，即我们家那位家长，说我愿意蓄辫和改穿中国衣服。"（转引自温源宁《天下》杂志第 4 卷第 4 号）

辜鸿铭从马建忠处真正了解到中国思想文化的精髓。这之前，他只知道并欣赏过惟一的中国文学作品是翟里斯译的《聊斋志异》，而马氏告诉他，《聊斋》不过是纯小说而非真正的文学，劝他应该读"唐宋八大家"，特别是唐代大作家陆贽的文集。辜氏这位荣膺多个博士学位、饱饮西学的中国人，当时他屈居于新加坡政府作一个英人的属吏，这个职位使他无法一展其才能。马建忠的一席话，给他展示了去祖国办洋务，学西方，寻求强国之术的人生通道。当然，辜氏比马氏的人生鹄的更高更大，他欲学习祖国东方文化，向西方宣传儒家文明，借此"拯救整个人类"危机，甚至带有一种浓烈的"宗教救世"希冀。返回家中，他弃西装革履，留蓄发辫，自习中国典籍，欲重新打铸自己的人生。

1881 年，辜鸿铭在一支英国探险队中任译员，随队去中国广州，拟往缅甸曼德拉探险。在到达云南时，他预感到这次探险困难太多、前途莫测，便辞去译事，转居香港读书，专攻中国学术，其间曾往来于上海、香港之间，1883 年以匿名揭文《中国学》于《华北日报》，这是他首篇对 19 世纪以来西方汉学研究中种种错误及影响所做的批评，形成了辜氏以后治汉学的雏形。他对儒经的钻研精神愈来愈强，甚至到了废寝忘食的疯狂地步。1884 年是他在中国的一个界碑，这一年他结识了洋务派首脑张之洞。而这时法越战事方炽，清政府命张氏署理粤督，张氏僚杨汝澍赴闽侦事，在上海至香港船上碰到辜鸿铭，将辜氏荐于张氏，辜鸿铭由此进入张之洞幕府，任张氏洋文案，兼管税务方面督办行政等事。是年，日本冈鹿门游中国，在上海三井洋行邀张之洞座谈，辜氏叨陪末座。当时辜氏对中国文化尚属浅涉阶段，思想上还是一位西化论者。1885 年，梁鼎芬任端溪书院山长，辜氏在张之洞、朱一新、梁鼎芬、沈曾植等一些著名儒学倡导人指导下，广涉经史子集，博览儒学经典，从而叹说"道固在是，无待旁求"，似乎在中国传统学术中找到了"道"之根源。在张府作幕僚，他时时欲以自己的言行以及世界性视野来影响张之洞，并以中国传统教化来华外国人。承担着中西文明传播的双向工作。如 1886 年，张氏创办广东水师陆学堂，电致驻德使臣李凤苞、徐景澄在德国选择"艺优性德"的军人来广州任教官，张之洞以中国官衔分赐给四、五、六品武官，令用中国顶带军服，行半跪拜礼，而德人恐失礼仪，颇觉为难，辜鸿铭以理启发，使德人服从。又如，1888 年，传教士花之安、阿查立等与辜鸿铭讨论汉学，辜氏与阿查立均不满在西方世界中颇有影响的理雅格所译"中国经典"，阿氏鼓励辜氏重新翻译。于是，辜氏计划着手译《论语》，这是他大量汉著西译的开端。

　　辜鸿铭一直是张之洞的贴身心腹，1889 年张氏移督湖广，辜氏随之赴鄂。1891 年，俄国皇储来湖北游历，同行有俄储内戚希腊世子十余人，张氏大宴之，辜氏任译员，以俄、法、希腊语应对，使俄储和希腊世子大异其才，以镂皇冠金表相赠。同年，中国国内教案频仍，长江沿线动荡之极，辜氏用英文撰专论，刊于上海《字林西报》，谴责在华传教士借不平等条约之特权在中国国土上行不法之事。其文为英国《泰晤士报》摘要转载，引起英国民众对中国的同情。由此，辜鸿铭的名字由中土传至西方，并引起初始的关注。1895年，甲午战败，《马关条约》签订，中国思想界掀起从政治制度及文化观念上学习西方的热潮，维新改良思潮空前活跃。而辜氏随着对中国学术钻研的深度展开，反其道而行之，以一种迹近畸变的自尊自爱自立品格，主张维护中国古老的社会秩序和沿习两千多年并被神化的儒家传统。张之洞倾向于康、梁维新之说，要辜氏广译西报中有关中国的论说以及西方的制度典章供维新派参考。而辜氏撰《上湖广总督张书》，对此大发异议，指出西人开报馆立议院三弊病，力倡儒家"尊王之旨"、"义利之辨"，力拒康、梁维新之说。嗣又撰《西洋礼制考略》、《西洋官制考略》、《西洋议院考略》等，对张之洞施以文化保守主义影响，并从另一角度理解日本之所以强国的原因："日本之所以致今日之盛，固非徒恃西洋区区之智术技艺，实由其国存有我汉唐古风，故其士知好义，能尚气节故也。"辜鸿铭的观点肯定对张之洞的施政取向产生过作用，1898年，张氏发布《劝学篇》，"绝康梁以谢天下"，提出"旧学为体，新学为用"之主张。该年，辜氏英译《论语》刊行，名曰《孔子的讲学与格言：一部引用歌德和其他西方学者的言论参证注释的特别译文》。辜氏是中国人首次独立将儒学经典译介于西方的学者，奠定了他在中国文化史上汉译英的先驱地位。他又将英译《论语》赠于来华访问的前日本总理伊藤博文，又当面批评其揶揄孔子的言论。1900年，义和团事起，针对该事件，辜氏撰述了一系列英文专论，刊于日本横滨《日本邮报》、上海《字林西报》，直指八国联军的入侵，强调中国以礼教立国，呼吁有关国家以理智、道德、公理来处理该事件。同时，他又以同样观点撰《尊王篇释疑解祸论》，为慈禧开脱罪责，将事件责任推到康有为身上。该年，辜鸿铭设义塾于武昌，编辑《蒙养弦歌》，自费刊行作为儿童启蒙教材。

1901 年，他又间接参与《辛丑条约》谈判事务，出版《尊王篇——一个中国人对义和团运动和欧洲文明的看法》（直译为《总督衙门来书》）在沪刊行。1902 年，辜氏针对当时军、学两界共唱之《爱国歌》，作《爱民歌》："天子万年，百姓花钱；万寿无疆，百姓遭殃。"1903 年，辜鸿铭与梁鼎芬随张之洞北上。1904 年，日俄战争在中国东北领土上开战，辜氏又撰多篇专论，在《日本邮报》上刊发。是年，其英译《中庸》在报上连载。1906 年 3 月，辜鸿铭将《然则治之，知之：日俄战争之道德因素》和《尊王篇》寄给俄国托尔斯泰。托翁收到辜氏的著作和信件十分高兴，以自己著作的英译本回赠，于 10 月又给辜氏长信一封，表示对辜鸿铭的思想著作有兴趣，且挚爱中国传统与文化遗产。托翁信中严厉地谴责了欧洲列强对中国的欺凌，表达了对中华民族的同情和敬意，号召中国人冲破政府的束缚，并认为崇尚武力是欧洲文化中腐烂的一页，违背了人类生活的永久法则，而中国语言中的"道"是中国文化一贯追求的本质目标。他反对中国模仿欧洲文明，告诫中国应当保持传统文化与宁静和谐的农民生活，做到卫道干城，领导东方并示范于世界。从信中可以看出，托尔斯泰与辜鸿铭在根本观点上无异，都具有文化保守主义的共同旨趣与立场，托翁是辜氏所谓"牛津运动"的盟友。1909 年，辜鸿铭代表中国文化界人士，通电祝贺托翁 80 寿辰。

辜鸿铭一直在张之洞幕中任职，曾任外务部员外郎，旋晋升郎中，擢左丞。1910 年，清政府以其"游学专门列入一等"，"钦赐文科进士"。在张之洞去世后，他为纪念张氏而撰《清流传》，英文名《中国牛津运动故事》，其中痛惜张之洞对西化思潮的抵制及其失败。该年（1910），又撷拾幕府所见闻，成《张文襄幕府纪闻》一书，且辞去外务部职，移居上海任南洋公学教务长。1911 年，武昌起义爆发，辜鸿铭在上海致书《字林西报》，阻止刊登有关起义文章。该年卫礼贤据《尊王篇》、《清流传》而编译的《为中国反对欧洲观念而辩护：批判论文》在德国出版，成为哥廷根大学哲学系学生必读书。

辛亥革命后，辜鸿铭在青岛、上海、北京游历，与中外名士如陈友仁、卫礼贤往来，他的文化保守主义姿态和为人的独特性格越来越为中外学界所熟悉，并大加渲染，成为学界饭后餐余讨论的热门话题。他对中国文化向世界传播的努力及其实绩，越来越受到国际汉学界的青睐。1913 年，辜氏成为该届诺贝尔文学奖的提名人之一，英译《中庸》在伦敦第三次重印人。1915 年，辜鸿铭将第一次世界大战爆发后多次英文演讲稿以《春秋大义》（又名《中国人民的精神》）为名汇编出版，德国人史密斯将其译成德文，改题为《中华民族的精神与战争的出路》在德国出版。1917 年，德国勃兰得斯发表《辜鸿铭论》，评论辜氏思想。同年，辜氏撰《义利辨》，反对对德宣战，又参与张勋复辟闹剧，名列李经羲内阁外务部侍郎。当时，这位文化保守主义的执着追求者，以一贯的我行我素作风，活跃于政界和学界。

1917 年，辜鸿铭应蔡元培之邀，任北京大学教授，主讲英国古典文学。在讲坛上，辜氏从儒家立场出发，宣扬传统伦理道德，抨击陈独秀、胡适的新文学观。陈独秀曾在《新青年》揭文《质问〈东方杂志〉记者》，将辜鸿铭、康有为、张勋诸人"列为一类"，并由此而掀起"东西文化问题论战"的序幕。"五四"新文化运动中，由于辜氏毫无掩盖的反对姿态，责骂青年学生，他遭到以罗家伦为首的北大进步青年的围攻和质问。他以一贯的姿态，在《密勒氏远东评论》等刊物，发表《反对中国文学革命运动》等文章。其间，曾因蔡元培的辞职和复职，他也在北大短期内辞职或复职。他的顽固守旧的文化观，更引来世界思想文化人士的关注，英国毛姆、日本芥川龙之介、印度泰戈尔等著名文化人均在中国与其晤谈，欲通过这个旧文化代表人物来了解中国文化界的一种倾向。

1924 年 11 月，辜鸿铭经日本鹫泽吉次推荐，访问日本。由于他对日本人坚毅品格和日本妇女温柔性格的赞誉，使日本学界对他有亲切感。而他又是中日友好论者，力倡同文同种，以抵抗欧美压迫，所以他"惠然肯来"，而日方又真诚欢迎。他在日本作了五场讲演。日本《大东文化》杂志几乎刊载了他在日本的全部讲演辞，后又以《辜鸿铭讲演集》为名出版。13 年后，日本列岛竟一度再掀不正常的"辜鸿铭热"，1941 年又将其当年在日讲演重新结集为《辜鸿铭论集》扩大发行。当然，日本再度"辜热"的闹剧，是为配合日本军国主义所谓"大东亚文化建设"，带有侵略性的目的。辜鸿铭身后之悲剧在于，当年他轻率的态度和偏激的思想，又加上随心所欲的讲演辞，为这场历史的闹剧埋下伏笔。

1928 年，山东军阀张宗昌曾聘辜鸿铭为山东大学校长，但他已染时疫，未到任便去世于北京，终年 72 岁。

三

辜鸿铭文化保守主义的一生，以其古怪而著称；他了解西方，熟悉西学，却一贯以排斥西方为己任；他顽固地固守传统，甚至连纳妾、缠足这样的"国渣"也主张保持，这个人的一生言行，构成了一个极有分析意义的文化个案。他甚至带有一种愤世嫉俗的心态，睥睨一切，我行我素，骂人骂世，与世作无谓的抗争，以其偏激性格展示其"怪杰"的一面。他死后，有些人居然请政府为他国葬。未能以国礼葬之，唐绍仪引为极大憾事。纵观辜氏思想，乃是一个源于西方文化保守主义又结合中国传统文化精神，在中国近代特殊背景下，在中国特殊土壤中形成的近于畸形的思想。人们不必因其保守观而否定其学术贡献，也不必因其学术贡献而讳言其思想观点。作为闽学中最后一位"畸零"者，他的学术文化遗产亦有其认识作用。

从海军提督到物理学家

——近现代·福州萨镇冰家族

一

　　萨镇冰，字鼎铭，原籍雁门（今山西省代县），1859 年生于福州。幼承家学，随父读书，7 岁又师从闽省大儒王崧辰攻经子诸书，接受正统的孔孟之说。年青时，其父因家居艰辛，曾迁入萨家祠堂寄住，萨镇冰被迫放弃科举的道路。1869 年他考入沈葆桢创设的马尾船政学堂第二期，学天文、驾驶。并于 1872 年以第一名的优异成绩毕业（同期毕业者有林颖启、陈文庆等 13 人）成为中国海军事业先驱之一。后任"扬威"等舰二副，1875 年航行海外，经新加坡、小吕宋、槟榔屿至日本而返，此为萨氏首次出国航行。1877 年，萨镇冰被沈葆桢选派到英国格林威治皇家海军学院，同行者有严复、林颖启、刘步蟾、叶祖珪等，成为中国首批留英学生。在学习结束后萨镇冰入英舰实习，航经地中海、大西洋、美国、非洲、印度洋等处，1880 年离英回国，任"澄庆"军舰大副，后调天津水师学堂任正教习，努力为中国培养海军人才。1884 年又调任"威远"舰管带，1894 年授副将衔。甲午战争中，萨镇冰奉命守卫威海卫附近的日岛，威海战败罢职回福州，在城中教习子弟西学。1899 年，慈禧太后召见萨镇冰，任命为北洋水师帮统，并兼任"海圻"号舰长。1903 年又委任他为广东南澳镇总兵官，旋升北洋水师统领。1908 年后每年受命派舰访问南洋，抚慰侨胞，为中国政府宣抚华侨之始，其声望日著。辛亥革命后，曾被袁世凯任命为海军大臣，未就任。1917 年黎元洪执政时任海军总长，张勋复辟时曾授海军部尚书，也未就任。北洋军阀混战代，数度出任海军总长，1927 年国民党政府初期，被聘为海军部高等顾问。1933 年 11 月"闽变"中，萨镇冰应邀出席在福州召开的"中国人民临时代表大会"，并发表演说，支持"闽变"当局提出的反蒋抗日原则。"闽变"失败后，他蛰居福州，与族弟萨嘉曦续修《雁门萨氏家谱》，常共故旧赋诗饮酒。抗战时，曾赴南洋宣传抗日，刊有诗集《客中吟草》。解放前夕，以病拒赴台湾，并与福建知名人士联名发表文告以示拥护新政权。1949 年 9 月，萨镇冰被特邀为全国政协代表，当选为全国政协委员、中央人民政府人民革命军事委员会委员。1952 年 4 月 10 日病逝，终年 93 岁。其晚年喜撰诗词，对新中国成立，多有颂诗，如"虽在耄年闻讯喜，壮心忘却鬓如丝"，"何期及见新邦盛，偃武修文在眼前"，以示晚年目睹盛世之喜悦之情。抗美援朝的胜利，使他极为兴奋，回顾对比甲午战争以来诸多惨痛史，他喜而赋诗："师入三韩大有声，海东形势一番更。美军屡败终难振，华裔方兴孰敢轻。"临终前五日，仍手不释卷，曰："朝闻道，夕死可矣！"

萨镇冰从清代到新中国诞生，饱经动乱，几近百年。其一生对中国海军的近、代化做出过重要贡献。

二

萨镇冰的先世萨拉布哈，原名思兰不花，为西域回回族人。

蒙古征服西域后,把治下的西域等地人称为色目人,所以,萨镇冰之祖先是色目人。萨拉布哈因辅佐元帝创业,屡建奇功,深得元世祖忽必烈信任,"命仗节钺"(节为符节,钺为斧钺,古代授予将帅,作为权力之象征)。其子阿鲁赤,因有膂力,元英宗时留镇云代(山西大同代县一带),遂居雁门。阿鲁赤之长子萨都剌,字天锡,号直斋,是元代著名诗人,著有《雁门集》。其诗题材广泛,风格多样,古体雄浑,律诗沉郁,绝句清丽,卓然独立于元代诗坛,人称其"真能于袁(桷)、赵(孟頫)、虞(集)、杨(载)之外,别开生面"(《元诗选》)。他于元泰定四年(1327)中进士,曾官淮西、江北道,后任南台侍御史,赐姓萨,这为萨氏受姓之开端。后因萨都剌弹劾权贵,被贬至福建任闽海道肃政廉访司知事,晚年寓武林。阿鲁赤的次子野芝,字天与,任江西建昌路总管。野芝有子曰仲礼,字守仁,元统癸酉进士,官福建中书省检校,遂定居福州(闽侯),这是萨氏家族定居福建的始祖,萨镇冰是萨天与的十六世孙。萨氏到萨镇冰的祖父时,家族开始式微。其祖父萨九畴,字聿藩;父萨怡臣,字怀食,号纳吉,为清朝秀才,一介寒儒,以教授儒经为生。福州孔庙每年春秋二祭时,萨怡臣为赞礼官,带领童生演习礼仪。萨怡臣死后,因其子萨镇冰已显贵,故被追封为"建威将军"。据江春霖《先芳集序》载,萨氏家学源远流长,不但萨拉布哈祖孙辈为元代名阀、诗人,在有明一代"代有达者",清时,"从康熙迄光绪,登科第者五十余人",直到现代,文化传承,更是名人辈出。

三

萨镇冰有一子一女,其子萨福均,字少铭,1910 年毕业于美国普渡大学,同年回国,长期从事铁路工程和管理工作,曾任粤汉铁路、川汉铁路工程师，云南个旧铁路总工程师、国民政府铁道部参事兼管理司长和工务司长等职。建国后任西南军政委员会交通部长兼西南铁路公程局副局长、中央人民政府铁道部参事室主任。

萨镇冰的孙子萨本远，清华大学毕业，也是留美学者，并获博士学位。

萨氏家族现代成员中最为著名的是萨本栋、萨本铁兄弟。萨本栋，字亚栋，号仁杰，是中国著名物理学家、电机工程学家和教育家，1902年生于福建闽侯，1913年以优等成绩考入清华学校。1922年7月赴美就读于斯坦福大学和伍斯特大学。1924年获斯坦福大学工学士学位，1925年获伍斯特工学院电机工程师职称，1927年又获该学院理学博士学位。此后，为美国西屋电机制造公司所聘，做了一年的研究工作。1928年应清华大学之聘，任理学院物理系教授，受到叶企孙、吴有训等教授推崇，被选为教授会评议员。1935年底，北平学生掀起"一二·九"运动，萨本栋正在美国讲学，在海外他对国内学生的爱国行动给予支持和同情。1936年由美返国，与朱自清、张荫麟、叶公超等66位名流联名发表《北平教授界对时局的意见书》，提出"政府应立即以武力制止走私活动；政府应立即出兵绥东，协助原驻军队剿伐借外力以作乱之土匪"等八项要求，1937年6月，他被任命为厦门大学校长。在任校长的七年中，厦大处于极端艰难且多迁徙的时期，年仅36岁的萨氏，以陈嘉庚毁家兴学之精神自勉，决心通过努力，培养出德才兼备的人才，以拯救祖国。他千方百计为厦大创办工科各系而奔走，陆续创办了土木、机电、航空三个科系，为国家培养一批急需人才。1944年应邀到美国讲学，先后在麻省理工大学及斯坦福大学任访问教授，讲授交流电机，后又在麦可罗希尔公司出版讲稿《交流电机原理》。1945年应聘为中央研究院总干事兼物理研究所所长，1946 年当选为中央研究院院士。抗战后领导中央研究院由重庆返南京，并在南京建立数理化中心。1949 年1 月 31 日因患胃癌在美国旧金山去世，终年 47 岁。有著述《交流电路》、《交流电机原理》、《普通物理学》（上、下）、《普通物理实验》等，其中后二部书在解放前一直为国内大专院校作为教科书使用。

　　萨本栋的弟弟萨本铁也是留美博士，后为清华大学教授。萨本栋的儿子萨支唐博士是现化半导体物理学专家，系美国伊利诺大学教授。1980 年 5 月，曾由美国回故乡探亲。

台湾诗界革命巨子

——近代·台湾丘氏家族

一

　　台湾省爱国诗人、晚清"诗界革命巨子"丘逢甲（1864—1912），字仙根，号蛰庵，1911 年后改名仓海，号仲阏；另有仓海君、南武山人、海东遗民等别号。丘氏家族先世由河南迁福建上杭，再迁广东蕉岭。二世祖丘兆创在南宋末年与谢翱同为文天祥幕府参军。文天祥抗元兵败后，丘兆创返闽入粤，到蕉岭定居，为广东蕉岭丘氏之始迁祖。据丘逢甲《还山书感》首句"南渡衣冠尊旧族"，他在自注中曰："予族由宋迁闽"。在《南岩均庆寺诗》序中又言，"吾丘氏自闽迁粤，在宋元间"。《题岳忠武王书前后出师表石刻》自注其先祖丘兆创娶岳飞后裔事："先祖兆创公曾参文信国（即文天祥）公军事，娶于岳，故忠武王曾孙女也。"丘逢甲所存诗篇中，多次提及这位先祖抗元勤王之伟业，又屡屡讴颂岳飞、文天祥的爱国精神，以之作为丘氏家族的精神支柱。曾祖丘仁俊在清初郑成功收复台湾后，由广东移居台湾彰化县，成为大甲溪附近翁仔社的一分子。翁仔社是高山族一部落，以民气尚武为特点。丘逢甲的祖父丘学祥，也以尚武作为人生追求，据丘氏后人丘琮撰《仓先生丘公逢甲年谱》，丘学祥"锄强扶弱，有任侠风"。到了丘逢甲父亲丘龙章一辈，丘氏家族开始由武入文，且文武兼及。丘龙章，字诰臣，号潜斋，为咸丰初年台湾府学生员，嗣补廪贡生。同治年初，台湾戴万生起义，丘学祥、丘龙章父子弃家财冒险救粤籍壮丁两千人于刀斧下，父祖二辈人的尚武侠义，对丘逢甲人生及创作带来重大影响。丘逢甲有子丘琮、丘琮、丘琰、丘球等，琰、球两人早年病逝，丘琮撰有《丘仓海传》，丘琮编有《仓海先生丘公逢甲年谱》，皆为研究丘逢甲的重要文献。

二

　　丘逢甲一生经同治、光绪、宣统三朝，亲历中法战争、中日战争、戊戌变法、庚子事变直至辛亥革命等中国近代诸多重大事件。丘逢甲之人生差不多是以投身爱国反日战争，组织台湾义军护台抗日为主，随着中国近代的历史节拍而与时代共进。其诗歌创作大约在万首左右，是近代"诗界革命"的中坚和力倡者。

　　丘逢甲父亲丘龙章是一位教师，"以教读为生，往来台南北，家无常处，生计困苦，断炊常虞"（丘琮《岵怀录》）。由于出身于贫寒知识分子家庭，丘逢甲自幼刻苦，四岁入塾读书，由丘龙章教授。《题嵩甫弟遗像》诗忆及年幼时与三弟随父攻读事："少为失母雏，出人相扶将。以父为之师，读书同一堂。"整个少年时代，因经济困顿只能师从父亲。他以聪慧的天性，较早步人创作之途，"六岁能诗，七岁能文"（《仓海家兄行状》）。9岁那年，祖父丘学祥去世，他随父回彰化奔丧，后来一直在父亲身边学习。光绪三年，丘逢甲应童试，成为秀才。据说，其时正好 14 岁，赴试途中因年幼道远，由其父背负行路，士人笑说"以父作马"，丘逢甲应对"望子成龙"。其试为全台湾第一，又以年最幼，交卷最早，引来台湾学使丁日昌注意，询其名，丘逢甲答曰"逢甲"，丁日昌以其名命对，出题"甲年逢甲子"，丘逢甲对曰"丁岁遇丁公"。灵敏而迅捷地对对子，使丁日昌颇为惊异，又命他作《全台竹枝词》百首，不到天晚，竟写毕呈卷。丁日昌赠他"东宁才子"印，以资鼓励。不久，唐景崧驻台南，任兵备道。唐氏雅好艺文，聘进士施士浩主持海东书院，丘逢甲也至书院读书。丘氏视唐景崧为师，广泛阅览，结交学人，识见日广。光绪十四年去福州应乡试中举。十五年又赴北京会试，中试第八十一名进士，殿试赐二甲进士出身，授工部主事。但是，丘逢甲似乎无意仕进，引见后回台湾省亲，留在台湾从事讲学，曾主讲台中衡文书院、台南罗山书院、嘉义县崇文书院，并兼《全台通志》采访师，从事地方文献收集整理工作。他在青少年时代主要以读书应试、交游讲学为主，既接受中国儒家经典中传统文化思想，又因台湾是中西文化交融地而接触西学，国势日蹙，危难在即的历史背景，使他在学习中忧患意识油然而生。其子丘琼在《丘仓海传》说他"幼负大志，于书无所不读，老师宿儒咸逊其渊博"。丘琼说他"自公童年，边警日急，中法事变，台岛首当其冲，尤感国家民族之患，由是益留心中外事故、西方文化，慨然有维新之志"；又说他"平居好学，新刊旧著，瞬即读破。报章译述，亦涉猎广博"。这是丘逢甲青年时代真实的写照。读他日后诗作，可见其对中外文化均研究有素，也关心当时新思潮。又因其"身躯魁伟，如齐鲁壮士"，气度非凡，以致有人怀疑他为"武进士"。就学养而言，丘逢甲显然是出于家学，丘瑞甲《岭云海日楼诗钞·跋》即说其"诗学乃出自庭训"，后又师从丁日昌、唐景崧等人，遂以诗文鸣于学界。在赴北京应试时，他与黄遵宪相识，使他诗学日进，跻身于"诗界革命"行列中。被唐景崧称为"丘才子"的他，在台湾文坛声誉鹊起，连横《台湾诗乘》中说光绪以来，台湾诗界群推施法舫、邱仙根二公，各成家数。"黄遵宪在光绪十六年所作《岁暮怀人诗》有怀丘逢甲诗，赞誉他"初祖开山破天荒"，在台湾诗界具有"初祖开山"的地位。

丘逢甲与诸贤在诗酒酬唱中度过了青年时代，迎来了他人生中抗日护台的斗争生涯。中日甲午战争中，中国海军连遭重创，日军袭击澎湖，海路中断，台湾成为孤悬之岛。丘逢甲向台湾巡抚唐景崧请战，愿率士民共守台湾。嗣后，他获准督办团练，奔走呼号，捐资招募，召集乡勇，以抗日守土之大义鼓励民众。丘氏一族，兄弟子侄均入营，后又改名为"义军"，丘逢甲为团练使，三弟丘树甲奉檄办理全台义军营务处，佐义师抗日。因唐景崧与刘永福不和，他曾在唐、刘之间调停，但终未见成效，最后丢失中国台湾。当《马关条约》签订后，消息传到台湾，绅民大愤，集会抗议。丘逢甲向唐景崧甚为强硬地提出："如果日本人来接收台湾，那就只有开战。"但无能软弱的清政府终于无力保护台湾。丘逢甲在悲愤之余，聚集义军，自号"东都大王"，首倡台湾自主，号召建立台湾民主国，以唐景崧为大总统，以丘逢甲为义勇统领。台湾民主国之创建，得到"无天可吁，无主可依"的台湾民众拥护，这是亚洲首个民主政体，早于辛亥革命17年。但是，台湾民主国未得清廷和列强承认。不久，日军进犯，台北陷落，唐景崧逃往大陆。台湾中南部军民在丘逢甲、刘永福领导下，继续抵抗，终因力量悬殊，难挽败局，他只得离开台湾。他极其悲愤地写下《离台诗》六首，痛斥宰相割地，深恨孤臣无力，冀望有人扶持江山，卷土重来。可惜的是，这一时期，丘逢甲"积各体诗达数万首，甲午之役，与台湾俱亡"（《岭云海日楼诗钞·跋》）。所剩不多的诗作，往往沉郁苍凉，声泪俱下，可视作甲午战争中台湾民众的抗日史诗。

　　丘逢甲离台迁粤，致力兴学，先后讲学于海阳、潮阳、澄海、汕头各地，主持韩山书院、东山书院、景韩书院，以维新思想和实用之学开拓民智民风。戊戌变法前后，丘逢甲政治倾向极为鲜明，已完全站在力主变法的维新派一边。光绪二十六年，丘氏曾奉命去南洋调查侨民，并筹款兴学，与南洋兴中会、保皇派人士均有接触。返粤后与老友黄遵宪相过从，其酬赠诗作中指斥慈禧干政，批评大臣嬉娱，忧国之思，渗透字里行间。翌年，在汕头创设岭同文学堂，此乃广东民主学校之首创。光绪三十年，在家乡设自强社课，指导族中子弟向学，又在乡筹办员山、城东两所家族学堂，以丘氏始祖丘创兆命名,这也是广东地方首创的族学。又派人在闽、粤两省间为同宗或异姓筹办族学，单以"创兆"命名的丘氏族学，闽、粤间不下十数所。光绪三十二年夏，丘逢甲受两广总督岑春萱之招，任两广学务视学及广州府中学堂监督，旋即被举为教育总会会长。光绪三十四年，他又被推为中国同盟会岭东盟主，由维新志士转而成为革命志士，至1912年2月25日逝世，终年49岁。

　　丘逢甲作为清末诗界革命巨子，在中国近代文学史上具有杰出的地位。钱仲联《近百年诗坛点将录》奉他为诗坛都头领二员之一，称"其深到之作，魄力雄厚，情思洗挚，人境亦当缩手"，将其与黄遵宪并称。柳亚子曾作诗赞之曰："时流竞说黄公度，英气终输仓海君。战血台澎心未死，寒笳残角海东云。"在其生前，他往往被梁启超、黄遵宪引为同道。丘逢甲内渡后所作诗集名为《岭云海日楼诗钞》，以抒写台湾沦陷后的悲愤、对故乡的怀恋和收复失地的壮志为主题，表达了炽热的爱国感情，形成了悲郁怆恻中寓凌厉雄迈之气的风格，时人誉为"有渔阳参挝之声"，"平日执干戈卫社稷之气概"（《丘仓海传》）。1900年后，诗风和创作倾向有所变化，以有关时事之作为多，思力深广，语言更明晓畅达，更接近白话并多用新词，鲜明地表现了诗人民主、自由的思想。

近代出版业之"梦旦"

——近现代·长乐高氏家族

一

　　福建长乐高氏家族是近代闽省人才众多之大家族，以高凤岐、高而谦、高凤谦（梦旦）以及其表兄魏瀚和高凤谦女婿郑振铎为其核心。其中高凤谦（梦旦）是商务印书馆编译部主任，鉴于对商务印书馆早期的巨大贡献，他在中国近现代文化出版史上占有重要的地位。

　　高凤谦的长兄高凤岐，字啸桐，以桐城派古文名家，中壬午科举，后官至太守。高凤谦的二兄高而谦，字子誉，亦是举人出身，清末曾任外务部右丞、云南交涉使、划界大臣、四川布政使。辛亥革命后居上海。1913 年 12 月至 1915 年 9 月任驻意大利公使，1917 年任外交部次长。高氏家族又有后人高鲁，字叔钦，后改曙青，1905 年毕业于福州船政学堂，同年去比利时布鲁塞尔大学留学，后入同盟会，并获得工科博士学位。辛亥革命后，高鲁随孙中山归国，任南京临时政府秘书。1912 年任中央观象台台长，为中国近代气象天文事业创始人之一。1924 年被推为中国气象学会名誉会长。1924 年任中央研究院天文所所长。1929 年任中国驻法公使。1931 年返国任闽浙监察使、国民党政府监察院监察委员，1947 年病逝。著有《相对论原理》等。

高凤谦女婿郑振铎（1898—1958），笔名西谛、CT、郭新源等。1917 年入北京铁路管理学校学习，后任商务印书馆编辑。五四运动时期在北京参与新文化运动，与瞿秋白合编《新社会》旬刊。1921 年参与发起成立文学研究会，1923 年主编《小说月报》。1931 年以后相继任燕京大学、清华大学、北京大学、复旦大学、暨南大学教授，致力学术研究，并从事编辑文学期刊工作。抗战中留居上海，坚持进步文化活动，为保护中国文物做出重大贡献。中华人民共和国成立后任中国科学院考古所所长、文化部副部长、文物局局长等职。他是 20 世纪著名的文学研究者、文物考古学者、文化活动家，著有《中国俗文学史》、《中国文学史》（插图本）以及《郑振铎文集》等。1958 年 10 月 17 日，出国访问因飞机突然失事而遇难殉职。

高凤岐的表兄魏瀚是林纾翻译西洋小说的合作者（口译）之一，也是中国早期留法学生之一。魏瀚（1850—1929），字季渚，1867 年考入福建船政局学堂，习造船。1873 年随沈葆桢和刘步蟾一同游历英法，魏瀚赴马赛、蜡孙两造船厂考求制船工艺。他在留法时学习列上等，掌握了驾驶、制船工艺，回国任福建船政局"总司制造"（即总工程师），使船政局进入新的阶段，并指导试制第一艘巡洋舰"开济号"，此舰为当时"中华所未曾有之巨舰"（《中国近代史资料丛刊·洋务运动》）。中法战争后，他又建议按照法国的双机钢甲兵船"柯袭德"号仿制新式兵舰，于 1887 年造成首艘钢甲船"龙威号"，魏瀚为主要监制人之一。后因造舰而谤议丛生，他于 1899 年离厂，为张之洞所罗致，充任外交、制造、法律、翻译等任务，还主持过河南许州、临颍段铁路施工。魏瀚曾在1903年以"四品卿衔会办船政"之职，利用国际外交法律手段，革除船政局外人杜业尔之职，并据理力争，夺回国人造船的业务大权。魏瀚作为中国工程早期技术人员，为振兴造船业殚精竭虑，但却屡遭贬斥。辛亥革命后，1912年他任福州船政局局长，1915年率部分海校学生赴美国学习飞机、潜艇制造业，同年被任命为代理驻英海军留学生监督。

<h2 style="text-align:center">二</h2>

高凤谦，字梦旦，晚年以字行。他早年随母习四书五经，后随长兄高凤岐习作文。年幼时曾应童子试，得补博士弟子员，后无意于科举仕进，在家以读书自娱。年青时好为实学，作文皆写实体，因崇尚晋代裴頠的《崇有论》，所以揭橥于报端之文往往署"崇有"这一笔名。可看出，在年青时高梦旦便有矫正时俗浮虚为己任之志。梁启超创设《时务报》时，他投文该报，专论废除拜跪之事。梁氏读后大为叹服，书札往返，订为知交。某日高梦旦拜见梁氏，一操闽语，一操粤语，无法对谈。于是以笔为工具，作笔谈终日。维新变法失败后，梁启超遁往日本，其同党多被株连，亲友皆为高梦旦担忧，而他怡然自若。乙未年，林迪臣主持杭州政事，大力推行新政，创设西湖蚕学馆，开中国实业教育先河。高梦旦应召赴杭，林氏新政的具体操作事宜，皆为高凤岐、高梦旦兄弟策划主持。后蚕学馆改名求是书院，求是书院又更名浙江大学堂，监督劳乃宣聘高梦旦为总教习。浙江大学堂曾选派学生赴日本，高梦旦任留日学生监督，由此他考察日本教育，得知兴盛之途首在教育，而教育之根本在注重小学。这使他萌发编辑小学教科书的志愿，遂辞职而专事教科书编译工作。1903年春，商务印书馆依照蔡元培所制定的计划，开始编辑小学教科书，高梦

旦由日本返国，与张元济面晤，谈及小学教科书对一国教育及人才培养的重要性，两人一拍即合。张氏聘其入商务印书馆，委托他订议编辑计划，并任国文部长。很快该书之首册告竣，不及两周，纸贵洛阳，不胫而走。初战告捷，他又延揽人才，分任编辑，修身、历史、地理、唱歌、字贴等教科书接踵问世，并由小学扩充至中学、师范，这些教材为全国多数学校采用。在商务印书馆首创之功中，高梦旦当与张元济并列齐名。嗣后，高梦旦深感中国法律之书的失缺，创议译介教科书《日本法规大全》，聘译员十余人，3年而成书，全国各级政府以至公共机关几乎每处订购，由于发行量巨大，使商务印书馆出版业务再上一台阶。当时学校勃兴，而科学之研究又缺少高质量的工具书。于是高梦旦再创议编纂《新字典》和《辞源》，并在编译所中另设辞典部。《新字典》先行问世，而《辞源》一书经8年努力，方始成书，出版后如教育书一般畅销，其权威性为学界所公认。高梦旦在商务印书馆由教科书起步，继而组织译介出版法律书，又编纂出版大型工具书，这是他成功的出版人生三部曲，商务印书馆也由此成为中国最大的民营文化机关。

三

高梦旦是中国近代出版业充满人格魅力的学者型编辑人物。他与张元济、蔡元培等开辟草莱的人士一道编辑出了商务首批近代新式教科书，继张元济后担任编译所所长，参与了张元济在商务的一切重大举措，具有"能断大事，虑无不中'（蒋维乔语）的判断能力，以"成事不必在我，成功不必在我，成名不必在我"的博大出版家胸襟，培养了一大批编辑人才，而他总是功成不居，将成功之喜悦与大家共同分享。20世纪文化传播及改革中许多重大事件，他不但是参与者，往往是中间起到核心作用的人物，但成事后，人们又往往只铭记参与其事的译著人或首倡者，而淡忘了在成功过程中不遗余力的促成者。如林纾之林译小说大多在商务印书馆出版，而林氏与高氏不仅仅是同乡人，更是友谊极为深厚的同道人。高梦旦进商务后，竭力支持林纾译介外国文学，促进了林纾小说风行全国。劳乃宣是中国简化字的倡导人，这些简化字法是高、劳二人共同讨论研究的成果。王云五的"四角号码检字法"中也包含着高梦旦的研究心得，他将自己研究所得无私地提供给王云五，甚至可以说，高氏推行四角号码检字法比王云五更为热心。所以，胡适在《高梦旦小传》中称誉他的"可爱之处"是"因为他最能忘了自己。他没有利心、没有名心、没有胜心。人们说他冲淡，其实他是浓挚热烈"。

高梦旦是一位重视人才，主动求贤让贤的出版家。鉴于自己年迈，他专程赴北京请新进学术青年胡适来编译所主持工作，胡适又推荐自己的老师王云五掌编译所所长之重任。王云五接任后，高梦旦自己退居于编译所下属出版部部长岗位上，并襄助王云五，为商务印书馆作出一个主动让贤的榜样。又如，1921年胡适来商务考学，高梦旦设家宴为胡适接风，又让商务中新进青年郑振铎、沈雁冰、胡愈之作陪，将这些有为青年介绍给胡适，后于1923年将女儿高君箴嫁给郑振铎。1936年中苏文化协会拟议中苏名人追悼会，将高梦旦与章太炎、丁文江、曾孟朴并列。

商业巨子的文化情结

——近现代·闽南陈嘉庚家族

一

陈嘉庚，又名甲庚，字科次，1874年生于泉州府同安县仁德里集美社（今厦门集美市的"颍川世泽堂"）。陈氏祖先原籍为河南光州府固始县，为秦代颍川郡辖内，所以陈氏族中称为"颍川衍派"。北宋末年因避战乱，陈氏祖先举家南迁，先居江西，而后迁徙福建。集美之开基祖为陈素轩，初定居于同安苎溪上庐，因陈素轩儿子陈基时，娶嘉禾里林氏为妻，往来须渡水，诸多不便，于是迁至集美。陈氏家族到陈嘉庚一代，已为十九世，共有500余家，2000余人，分为六七房，无别姓杂居。集美位于半岛终点，称"尽尾"或"浔尾"，"集美"乃是闽南谐音之雅称。陈嘉庚的曾祖父陈时赐，有兄弟5人。鸦片战争前因农村凋蔽，陈氏五兄弟有2人出洋谋生，3人乡居。其出洋的一支定居于槟榔屿和新加坡。陈时赐娶妻颜氏，生有三子，以耕渔为业。而陈嘉庚的祖父陈簪聚，娶妻张氏，也以耕渔自给，生有三子：长子陈缨节，次子陈缨酌，三子陈缨杞。陈缨杞，又名杞柏，字如松，为陈嘉庚之父，大约在19世纪70年代到新加坡，开米店，兼营地产。

待陈嘉庚出世时，其家已为中等产业之华侨。陈嘉庚幼年由其母孙氏抚育。1882年9岁时，入本社"南轩私塾"读书，塾师为本族陈寅，教授四书五经，仅仅照本宣科，实为迂腐之学究。翌年，伯父陈缨节自南洋返乡，筹办家塾。于是陈嘉庚由私塾转入家塾。可是，家塾所聘之詹某仍为一腐儒，只教背诵，不作讲释。所以，陈嘉庚幼年上学多年，识字不多。14岁那年，家塾由邑庠生陈令闻主持，他授《四书集注》，善于阐释，使陈嘉庚两年中学业大进。但传统教学，只知"国故"，而不知各国，这使他后来从事教育事业，对旧式教育之弊端大加革新。他的母亲孙氏对其影响颇大，孙氏讲述的岳飞、郑成功的故事，在他幼年心中播种下爱国之种苗，培养了他对同胞的天然骨肉感情。集美这个地方，曾是明末清初郑成功抗清驱荷兰入侵者之战场，相传陈氏一门有许多人参与郑成功军事，至今海滨的山丘上还留有"延平故垒"和"国姓井"。他自幼爱诵读《正气歌》和《三国演义》、《古文精义》等书，接受"天下兴亡，匹夫有责"之古训，形成崇尚忠良、痛恨奸邪的观念。1890年，17岁的陈嘉庚由父亲陈缨杞函召，首次出洋至新加坡，协助其父和其叔经营米号。后族叔返闽，由他接任"顺安"米号经理。1893年他曾返乡小住2年，与秀才张建壬之女张宝果成婚。1895年第二次出洋，仍旧经营米号，并拓展事业，颇见成效。后陈缨杞由于种种原因经营失败，陈嘉庚牢记父亲家业破败之教训，以"勤俭兴业，奢靡败家"为座右铭，重整家业，做大了所经营的事业。同时，与其胞弟陈敬贤参加孙中山的民主革命，加入同盟会，在各方面尤其是经济上给孙中山以巨大支持，在孙中山誉为"革命之母"的华侨界中享有极大的声誉。

从文化教育角度而言，陈嘉庚最大的贡献在于爱国兴学。他一生在海内外创建许多华人学校，在中国教育史上写下光辉的一页。1913年1月他开办集美小学，为他开设新学奠定第一块基石，而后，一方面努力经商，一方面将所获利润用于办学，并以自己在南洋侨界的影响，多方奔走筹资，兴办了大量的学校。在这个过程中，他的胞弟陈敬贤功不可没。

陈敬贤生于1888年，12岁随陈嘉庚往新加坡，刻苦读书，16岁便与其兄合力经营实业，合力办学。他曾向其夫人王碧莲表示，"国弱民贫，振兴实业，培养人才，教育实利赖之"，因而为倾力协助陈嘉庚兴办教育而付出毕生精力。1936年陈敬贤去世后，集美学校将礼堂改名为"敬贤堂"，并为他树立纪念石碑。

陈嘉庚、陈敬贤兄弟除先后在国内创办了集美师范、集美中学、集美幼稚园外，还在海外办学，育才于海外，提高华侨的知识水平。陈嘉庚侨居海外近60年，创设五所华文小学和中学（道南、爱同、崇福、华侨中学、南侨女中），二所中等专业学校（水产航海学校、南侨师范），资助过一所英文中学（英华），且曾拟办星洲大学。另外，中华女校、南洋女中以及后来的南洋大学亦得到过他的支持和赞助。陈嘉庚的义举，得到各界好评，赞扬说"在全部华人的教育事业史上，嘉庚先生是前无古人的"，"桃李满天下这句颂词，数当今之世，恐只有陈嘉庚先生一人可以当之无愧"。

陈嘉庚兴学史上的丰碑当推厦门大学。他创办了诸多中学和专科学校后，意犹未尽，觉得振兴民族文化尚需现代大学，"法治之根本，非在中小之学校也，以弟鄙意，端赖正当专门大学"《战前陈嘉庚言论及分析》）。1919年他第五次回乡，得知闽省尚没有一所新式大学，不但专门人才缺少，而且中等教育师资也无处培训，于是决意倡办厦门大学。倡办厦门大学，他除抱为国家培养人才之目的外，还想让广大华侨青年有升学深造的机会。他多次实地踏看，选定厦门东郊演武场为厦大校址，并请来热心教育的黄炎培参观校址，在陈氏宗祠发表演说，说明筹办厦大的动机和计划。再赴上海设立筹备委员会，邀请当时知名人士蔡元培、郭秉文、余日章、胡敦复、汪精卫、黄炎培、叶采真、邓萃英、黄孟奎、李登辉等人参与筹备。厦大初步建成后，又邀林文庆任校长，自己为永久董事长，其弟为董事长，主持校务工作。厦大从校舍到人员在当时国内均为一流，学校函聘汪精卫、孙科、宋子文、王世杰、孔祥熙、黄奕住、曾江水为名誉校董；陈敬贤、林文庆、陈延谦、李俊承、黄廷元、黄伯权、洪朝焕、黄鸿翔、林鼎礼为校董。罗致国内外专家、学人，师资堪称雄厚，如林语堂、鲁迅、顾颉刚、陈衍、沈兼士、孙伏园、台静农、罗常培、周辨明、朱谦之、张颐、张星烺、陈万里、郑天挺、郑德坤、朱君毅、杜佐周、刘树杞、秉志、钱崇树、姜立夫等一流学人均来此工作过。学校出版的《厦门大学学报》、《国学季刊》、《自然科学丛刊》、《民众科学》等刊物成为那个时期国内顶尖的刊物。

　　抗日战争时期，陈嘉庚作为华侨领袖人物，以极大的爱国热情投身于民族解放斗争之中，组织"南侨慰问团"，走遍中国大江南北，与中国共产党建立了良好的关系，为中国人民解放事业做出了卓越贡献。1949年春天，毛泽东专电邀请陈嘉庚参加新政协，称"先生南侨硕望，众望所归"。陈嘉庚欣然归国观光，参加开国大典，并投入到新中国建设热潮中。他继续关注厦大，并重视社会教育。1961年8月12日在北京逝世，享年82岁。中央人民政府于8月15日举行陈嘉庚公祭仪式，由周恩来、朱德领先执绋，时人誉为"华侨楷模"、"华侨之父"、"兴学家"、"教育家"、"一代伟人"，毛泽东为他而撰的"华侨旗帜，民族光辉"的题词更是准确、简洁地概括了他光辉的一生。

二

　　在陈氏家族中，陈嘉庚的女婿李光前是受陈嘉庚办学精神影响最深的一员，也是陈嘉庚事业的后继者。

　　李光前，原名李玉崑，别号光前。1893 年生于福建南安县芙蓉村。他幼年在故乡读私塾，1903 年去新加坡寻父，并入新加坡养正学堂读书。旋返国，曾就读于南京暨南学堂、北京清华高等学堂、唐山路矿专门学堂。1911 年南返新加坡，任教于陈嘉庚创立的道南学堂和崇正学堂。旋又进政府测量局所办测量专科学校。1916 年，李光前由测量专科学堂毕业后，经陈嘉庚和庄希泉引导进入商界，开始在庄希泉与朋友合资的中华国货公司处理英文文件和贸易事项。后来，陈嘉庚先生向欧美扩展橡胶业，急需通晓中英文人才，聘用李光前为经理。四年后李光前与孙嘉庚长女陈爱礼结婚，成为陈嘉庚的东床快婿，陈氏家族中的重要一员。1927 年李光前开始独立经营，终于成为新马橡胶和黄梨大王。

　　陈嘉庚在创办集美学校及厦门大学时，李光前鼎力相助，将自己所经营企部分利润作为办学经费。1936 年，陈嘉庚向李光前募捐 5 万元，连同自捐和他捐之款共 16 万元，购买橡胶园 400 英亩，作为厦门大学基金。此后，厦大历年经费，均得李光前大力支持。1942 年陈嘉庚避难印尼，无法支付厦大办学位费，李光前便汇 100 万元给学校。1951 年，李光前得知厦大被蒋军飞机轰炸，又筹资 600 万港元支持陈嘉庚修复并扩建厦大校舍，先后兴建了南大礼堂、图书馆、生物馆、化学馆、物理馆等建筑，面积近 6 万平方米。1952 年，李光前与陈嘉庚、陈六使先后捐资 280 万港币，修复、扩建集美校舍。李光前特别热心于家乡教育事业，在 1939 年就独资建造南安芙蓉乡"国青小学"，后又在 1943 年创办"国光中学"。1952 年又建梅山学校，并捐建"国青医院"、"国青影剧院"。其独资在家乡创办文教卫生设施，建筑面积达 75400 平方米，经费达 500 万元。作为热心于文化教育事业的商界人士，李光前还继任《南洋商报》董事会主席，在他领导下，《南洋商报》

为宣传华夏文化，动员侨胞抗日救国作出有益贡献。同时，他是南洋学术事业的鼎力支持者，在他的资助下，南洋学会的许多学者如刘士木、连士升等人的著作才得以问世。新加坡著名学者郑子瑜先生曾在《忆黄曼士先生并提到南洋学会一些旧事》中回忆：当时南洋学会为出版事要常常劝捐，有一次他随黄曼士应李光前之邀前去商谈捐资之事，李氏即慷慨表示，"愿意捐一笔款项，赞助南洋学会的会员们作有关南洋史、文学、经济等各方面的研究，不论专职或兼职，给予或多或少的研究费，将来研究完成撰制的论文，编成学会的丛书，也由他提供全部的印刷费"。"李氏基金会"自 1952 年成立，到 1967 年李光前去世止，共捐赠给文教及公益经费达 2000 多万元。李光前去世后，广大师生哀惜"教育文化事业丧失了一位伟大的导师与保姆"。新加坡总理李光耀在唁电中说："李光前先生是我们社会中受人尊重的一员，这不仅是因为他聚集的财富，更由于他对我们的社会进展作的贡献，尤其是在教育方面。"（《华侨历史学会通讯》）。

三

陈氏家族中，陈嘉庚的堂侄陈六使也是一位热心教育，维护中华文化的实业家，东南亚第一所华文大学—南洋大学即由他倡建。

1897 年陈六使出生于福建同安集美乡，排行第六，故称"六使"。19 岁那年，他浮槎南渡，在陈嘉庚马来亚橡胶园工作，因善于经营，被派往新加坡胶厂主持工作。1925 年，与其兄陈文确创办益和树胶公司，成为南洋胶业巨子。第二次世界大战前后，深孚众望的陈六使历任新马中华总商会会长、福建会馆主席、中华树胶公会主席、南洋商报董事主席等职。陈六使对文化教育的贡献当首推倡建南洋大学。

战后马来西亚华人学校发展迅速，但中学毕业后大批学生失去深造机会，而政府又规定以英文和巫文为官方语言，华文无用武之地。加上中小学华文学校教师匮乏，办学甚为困难。陈六使在 1953 年 1 月 16 日新加坡福建会馆第十届三次执监委员联席会议上发表演说，指出马来亚华文教育面临危机，为维护中华文化计，号召侨胞共举创设大学。演说毕，当即宣布捐款 500 万元。当地闽籍人士纷纷发表意见，表示赞同，对陈六使毁家兴学之壮举尤表敬意。星洲代表连瀛洲、黄奕欢等大批著名人士纷纷解囊。但是，某些英国殖民官员和持种族偏见的有关人士乃至某些华人对此表示怀疑甚至反对。陈六使不为所动，努力做各方面的工作。1953年 2 月 18 日，英驻东南亚最高专员兼马来亚大学校长麦唐纳在官邸会见陈六使及李光前、陈锡九、连瀛洲、黄奕欢等人，陈六使坦陈筹办新大学的理由及设想，得到麦理解，并同意新大学采用"南洋大学"校名。由此，广大华人办学热情益加高涨，召开了新加坡中华总商会董事暨 279 个侨团大会，陈六使被推为主席，再作演说，表示"我们一定要办大学，而且一定要办成功，使华人的文化在马来亚与各民族共同长存"。4 月 7 日南洋大学筹委会发布《创立南洋大学宣言》，成立了以陈六使、胡文虎等 11 人为首的首批执行委员会，并于 7 月 26 日，在福建会馆捐献的裕廊律十四条须久石这块荒芭上举行奠基礼。1956 年 3 月 15 日，海外华侨首创的最高学府南洋大学正式开学，在华侨教育史上写下了灿烂的一页。陈六使在开学典礼上致词，他说："今日为海外华侨最光荣的日子，因为数百年前华侨南渡，经历无数的磨折与苦难，终于凭本身力量与奋斗，今日建立起一所大学。"陈六使倡建南洋大学的功绩是陈氏家族继建厦门大学后，又一大手笔，为华侨教育史所铭记。陈六使于 1972 年去世，新加坡参加送殡行列长达里余，执绋人士逾二千，以南大校旗盖棺下葬（按：南洋大学 1980 年停办后并入新加坡大学，原址改办南洋理工学院）。

保存华夏文化的栎社

——近现代·台湾栎社中的林氏族人

一

日据时期的台湾文学经过前期短暂沉寂后，很快呈现诗社林立的局面，在台湾各地 60 余家诗社中，以栎社为主轴，栎社中又以林氏家族中林朝崧、林南强为首，二林成为栎社的台柱人物。

林朝崧（1875—1915），字俊堂，号痴仙，又号无闷道人，台中雾峰人。20 岁时，正逢割台巨变，遂内渡泉州，遍游内陆名山大川，数年后又奉母命返台湾。1902 年，林朝崧创设诗社—栎社，集台湾诗人互相唱酬，使台湾文风盛极一时。后又筑"无闷草堂"于雾峰詹厝园，纵情诗酒，以 41 岁之壮年而早逝。他的诗作直到去世后十多年才由社友辑集，以《无闷草堂诗存》问世。林朝崧的堂弟，也为栎社成员的林献堂为《无闷草堂诗存》作序，说他"幼即耽诗，为诸生，不日课举子业而课诗。沧桑之后，诗酒两嗜，无日不饮，无饮不醉，而亦无醉不诗。所著《无闷草堂诗存》，含思宛转，托兴绵渺，务为雅俗共赏之音"。林朝崧在"甲午战败"后，以极其苦闷悲愤之情，以诗酒自遣，从对酒之嗜、诗之爱中，寄托了无以言表的"含思"。关于栎社成立之盛况，可参见林朝崧之侄子林南强《栎社二十年间题名碑记》一文：

"栎社者，吾叔痴仙之所倡也。叔之言曰：'吾学非世用，是谓弃材；心若死灰，是为朽木。今夫栎，不材之木也，吾以为帜焉。其有乐从吾游者，志吾帜。'同时赖丈绍尧及予闻其言而赞之。既而，傅君鹤亭、陈君沧玉、陈君槐庭、吕君厚庵、蔡君启运、从兄仲衡闻其风而赞之，始定社章，立题名录，为春秋佳日之会。自是和者寖众，丙午（光绪三十二年）庄君太岳、张君子材、陈君豁轩、郑君济若、王君学潜、黄君旭东、郑君汝南、蔡君惠如，丁未（光绪三十三年）林君望洋、魏君品三、张君升三、袁君炳修、陈君基六，己酉（宣统元年）林君少英入社。是岁三月，集全岛词人大会于瑞轩（林季商宅），再会于菜园（林献堂宅）。时梁任公、汤明水两先生亡命海外，适然戾止；觞咏之欢，有逾永和。然而耆旧风流，抑亦盛极不可复继矣！溯自壬寅结社至是二十年矣，经营肇始于痴仙，规模大具于鹤亭，提携羽翼，则又灌园之力为多。计前后大会者三次，小集者数十次。"（《栎社沿革志略》）从中可知这一诗社差不多网罗了台湾中南部能诗之大家，包括当时著名的文化人连横、庄太岳诸人。除林朝崧、林资修外，林氏尚有林望洋、林少英等人，亦在其中。

林朝崧《无闷草堂诗存》作年起自乙未（1895），止于乙卯（1915），几乎与整个日据前期同始终。日据前期台湾诗人的颠沛流离之苦、思乡爱国之情、山河破碎之恨和抗日爱国思想，在《无闷草堂诗存》中都有深刻的反映。1898 年林朝崧回台小住期间写有《出门即景》，诗云：

　　出门多路歧，天荆连地棘。群山当眼前，俱含憔悴色。

　　万树无鸟飞，深藏避弹弋。兽蹄交康衢，前去恐不测。

　　回车凛然归，羲光渐西昃。萧萧风吹衣，取道花林北。

诗中歧路、瘦山、荒途、落日、凉风之意象，无一不表现出在台湾沦于日人之手后诗人乱、疲、孤、荒、暮、凉的心境。他的《将往晋江，先有此作》一诗也以"豺虎游道旁，眈眈向人视。却行归故居，已非旧邑里。昔日桑麻田，强半成海水。无数蛟与蚬，率族来踞此"之句表达心中的悲愤。1901年回台定居以后，林朝崧立誓不受日聘，不与日本侵略者当局合作。他常在诗中流露出强烈的抗日爱国思想。其《可怜词》云：

> 水浅蓬莱又几霜，黍离宫前忆前王。
>
> 可怜梦里槐安国，傀儡衣冠易散场。

其《盆梅》诗云：

> 不辞风雪老天涯，傲骨偏遭束缚加。
>
> 打破金盆归庾岭，人间才有自由花。

对日本侵略者的仇恨和鄙视，对家乡锦绣山河的热爱和惋惜，对现实的不满和反抗，构成了林朝崧抗日爱国诗篇的主要思想内容。他的《追怀刘壮肃》集中地体现了这三个方面的内容。诗云：

> 乾坤东港谁家地？金碧楼台笼海气。
>
> 日浴咸池水尽红，珊瑚万树鲛人泪。
>
> 当日仙洲筑将坛，淮南丛桂忆刘安。
>
> 雷声千里开驰道，铜柱萧萧影尚寒。
>
> 灿烂黄金新世界，等闲掷过恒河外。
>
> 空费经营一片心，弯弓六载扶桑挂！
>
> 万事人间总可哀，骑麟被发莫归来。
>
> 匆匆海底扬尘后，闻说昆明亦劫灰。

这首诗以愤怒的质问开篇，继之以沉痛的叹惜和焦虑的期待，表现了对日本侵略者当局的不满情绪。作者感情上一波三折，无不寓于诗中。

在艺术性方面，林朝崧的创作有过一个由狂吟入于苦吟的过程。其堂侄林南强曾说："初，吾辈常见先生于妓筵欢饮中，身不离席，口不绝谈。迨及中岁，则又见其一字未安，苦吟移晷。及今思之，非先生之才有时屈，盖先生之益以善用其才，独奈何其不永年也。"（《无闷草堂诗存·序》）《无闷草堂诗存》所收多是林朝崧1895年以后的"苦吟"之作。面对家乡大好河山沦于日本侵略者之手的严酷现实，林朝崧有"倾江热泪'（《无闷草堂诗存·题词》），又有"独赓诗史"之志。这"倾江热泪"和"诗史情怀"造就了《无闷草堂诗存》语含悲切、直面现实的特点。诗集中一些以"田园"为题的作品，也常有悲切之语、常存用世之心。如《春日游台中公园》写道：

娇鸟啼花报花开，大堤裙屐嬉春来。垂杨四面拦不住，远山飞入池中台。恍惚江东张园好光景，欲唤吴姬抚琴歌落梅。旧游如梦忽张触，临水照影惊于思。此间昔筑鲸鲵观，清明麦饭无人哀。杜宇冬青几风雨，碧血染地生莓苔。山丘一变作华屋，百年罗刹成蓬莱。地运盛衰关天数，何用胡僧谈劫灰！江山风月无定主，管领正要骚人才。看花对酒不作乐，地下奇鬼将人咍。黄金入手买歌舞，醉卧借草卧勿回。身前勿计身后事，贵贱俱尽随尘埃。君看石像耸云表，英姿飒爽褒鄂推。万人瞻拜徒为尔，一代雄豪安在哉？

林朝崧的"田园"诗写了山水之美、也写了田园乐趣，但其动人之处却是诗人不能忘情、不得尽欢的苦衷。

《无闷草堂诗存》书附《诗余》一卷，收词45首。其中也有佳作，如《望海潮·春潮》：

春来春去，潮生潮落，年年岁岁相同。鹿耳雨晴，鲲身月上，几番变化鱼龙。海国霸图空，剩苹州铺练，桃涨翻红，吞吐江山，军声十分万势犹雄。

群飞乱拍苍穹，愿杨枝入手，咒使朝东。弱水易沉，蓬山难近，骑鲸枉候天风。万感倚楼中，恨浪淘不到，块垒愁胸，判作随波鸡鹭，身世托渔蓬。

这首词写的正是"台湾山川之奇"和"民族盛衰之起伏千变万化"（《连雅堂语》），气势雄迈，得"豪放派"之风。

林朝崧生于台湾望族，青壮年时期正逢一展抱负之时而遇割台巨变，使其学无所用，才情一寄于诗，以击钵联吟号召同好成立诗社，对台湾的文化传承和汉学光大有着重要的贡献。

二

林南强（1879—1939），名资修，号幼春，台中人。1898 年与林朝崧、赖悔之共创台中栎社，为台中栎社的重要成员之一。日据时期，曾因参加抗日爱国运动而遭日方监禁。

林南强 16 岁时就有记战怀人的《诸将诗》（六首），以后又有《九十九峰歌·送梁纯庵先生归粤》、《次韵敬呈梁任公》、《奉和原韵呈梁任公先生》、《猛犬行》、《哭梁钝阉先生》等诗传诵一时。

林朝崧称林南强"千金一字不轻下，文成每有惊人语"（《送侄幼春过海游学》）。梁启超说他"呕心词赋歌当哭"（《赠林幼春》）。林南强诗作有惊人之语，亦有真情实感。如《奉和原韵呈梁任公先生》：

> 忧患余生识此人，夷吾江左更无论。
> 十年魂梦居门下，二老风流照海滨。
> 一笑戏言三户在，相看清泪两行新！
> 楚囚忍死非无意，终拟南冠对角巾。

诗中"楚囚忍死非无意，终拟南冠对角巾"是不同凡响的佳句，也是真情实感的表现，反映了诗人在日本侵略者统治之下忍辱负重、不忘中原的心态。

　　林南强的写景诗也多有情景交融的佳作。如《秋晚写哀》：

　　　　偶向郊原看夕晖，云烟满眼欲安归？

　　　　草凋草长天多事，人哭人歌境日非。

　　　　水浅小鱼争下濑，风高饥隼遽成围。

　　　　前途未定吾生晚，对此真无泪可挥。

　　诗中寓多事之秋、生不逢时之意，抒歌哭无泪、茫然有失之情，写水浅风高、万事日非之境，其意、其情、其境皆因日本侵略者的统治而发，又能绘出眼前景色。

　　林南强的诗还流露出对丧权失地的感慨。如《过鹿港》，其中写道：

　　　　轧轧蓝舆暮未停，柳堤花坞认曾经。

　　　　夕阳万瓦红于染，愁遇当年主簿厅。

　　林南强狱中诗《监中寄蔡伯毅》、《雅堂以信索诗监中，逾期不成，报以长句，兼呈小眉词长》、《狱中感春，赋落花诗以自遣》、《面会》等，表现了诗人坚贞不屈的节操。如《面会》诗云：

　　　　此会非常会，端如隔鬼门。

　　　　一丝难割绝，半面又销魂。

　　　　志业谁能悔，寒心强自温。

　　　　移山愚计在，传语望儿孙。

　　身陷囹圄而抗日之志不曾稍减，令人读后肃然起敬。

　　梁启超游台时以"海南才子"誉林南强（幼春），曾有《赠林幼春》以赠：

　　　　南阮北阮多畸士，我识仲容殊绝伦。

　　　　才气犹堪绝大漠，生涯谁遣卧漳滨。

　　　　呕心词赋歌当哭，沉恨江山久更新。

　　　　我本哀时最萧瑟，亦逢庾信一沾巾。

　　从中可见梁氏对林南强极为赞赏。

万金油大王的报业文化

——近现代·永定胡文虎家族

一

胡文虎，福建永定县人，1882年1月16日生于缅甸仰光。他的父亲胡子钦侨居缅甸以悬壶为业，在仰光开设永安堂中药铺，颇有名气。胡子钦有三个儿子一个女儿。长子胡文龙，早夭；次子胡文虎；三子胡文豹。1892年11岁的胡文虎被父亲送回故乡，接受传统教育，胡文豹则留在缅甸接受英国教育。4年后，胡文虎重返仰光，随父亲习中国医药，并协助管理"永安堂"中药铺。1908年胡子钦病故，胡氏兄弟继承父业，使永安堂业务做大做强。1909年，胡文虎周游祖国大地并到日本、暹罗（泰国）等地参观考察中西药业。翌年回仰光，将永安堂扩充为永安堂虎豹行，聘名医、药师多人，吸收中国传统膏丹丸散之优点，研制成万金油、八卦丹、头痛粉、止痛散、清凉水等中成药。不久，虎标万金油等畅销缅甸、印度、新加坡、马来亚各地，使他成为"万金油大王"和南洋华侨中巨富。1914年，他将仰光永安堂交给胡文豹经营，自己则往新加坡建药厂，并先后在新加坡、马来亚、香港各地广设永安堂分行。1932年又将总行由新加坡迁至香港，并在广州、汕头建立药厂，在厦门、福州、上海、天津、桂林、梧州、澳门、台湾以及菲律宾、越南、荷属东印度（今印尼）等地设立 10 余家分行。他的努力，使虎标万金油成为中国及东南亚各国老少皆知的著名中成药。

永安胡氏家族原是著名的"文武世家"。据《胡氏族谱》载，永安胡氏 500 多年来，产生状元、翰林、进士、举人不下百人，现代也有不少永安胡氏族人步入文官行列，或从事文化教育工作。胡文虎在致富后，继承祖辈遗风，对文化教育卫生慈善事业极为热心。

二

胡文虎有一个文化观点，认为中国之所以积贫积弱，教育不发达是其中一个重要原因。因此他对中国教育事业支持不遗余力。他除在新加坡捐建过十几所义务学校和中小学外，在中国国内先后捐助过上海复旦大学、广东中山大学、岭南大学、福建学院、广州仲恺工业学校、上海两江女子体育专门学校、汕头中学、迥澜中学、海口琼崖中学、福建大同中学等，其中有的捐建礼堂、宿舍，有的捐建图书馆、体育馆，上述院校中，即建有命名为"虎豹堂"、"虎豹楼"、"虎豹图书馆"、"虎豹亭"等建筑物，体现了胡文虎、胡文豹兄弟对教育事业捐助的热情。抗日战争前夕，胡文虎曾计划捐款三百五十万港币，在中国兴建一千所小学。后因战争爆发，只建成一部分学校，于是他将建校余款二百万港币存入香港中国银行，指定在战后作为建校之用。胡文虎本人是悬壶之医师，对卫生慈善事业更有一种天然的情感，他在海外所捐助的医院、养老院、孤儿院达 40 多所，其中以南京"中央医院"最为出名。香港大学于 1951 年设"胡文虎妇产科病系奖学金"。

三

胡文虎所有的文化活动中，首功当推其报纸出版事业。胡文虎差不多从开始经营药业时，即很关注报业文化，且对此事的兴趣经久不衰。1908年他便与人合股创办《仰光日报》，接着又独资创办《晨报》，可惜因主笔返国，缺少适当人选而停刊。1929年他在新加坡创办《星洲日报》（该报后来成为新加坡最有影响的华文日报），1931年他在大陆汕头创办《星华日报》，1935年又在厦门创办《星光日报》，同年底在新加坡开办中文晚报《星中晚报》。1939年在广州创办《星粤日报》，在香港创办《星岛日报》。不久又在槟榔屿创办《星槟日报》，在新加坡独资接办《星洲总汇报》，在缅甸创办《星仰日报》和荷属东印度《星巴日报》。1945年抗战胜利后，他在福州创办《星闽日报》，在上海筹办《星沪日报》。1949年3月在香港创立英文《虎报》，翌年又在泰国办《星暹日报》，在新加坡也设增刊英文版《虎报》。胡文虎先后创设中英文报刊10余家，形成一个星系报业托拉斯，在海外华人社会中产生重大的舆论影响。胡文虎将办报与捐资建学、创设医院三者看成直接服务于社会的事业，以"除热忱爱护国家，希望祖国富强，华侨地位提高外，对政党政治，素不参加"为鹄的（《星洲日报》1950年4月10日）。

胡文虎在抗日战争时，曾任国民参政会华侨代表。日军侵占香港后曾被软禁3天。二战结束后又全面恢复商业活动，并以主要精力用于扩充报业集团。1954年9月4日胡文虎因病去世。

四

胡文虎去世后，其女儿胡仙接管了报业事业，成为胡文虎星

报集团的继承人。胡仙早年读书于香港圣士提反女校,喜绘画和
手工艺品。父亲在世时已参与《星岛日报》管理工作,是幕后决
策人之一。1972 年星系报业有限公司更名为星岛报业有限公司,
胡仙出任董事长,负责处理报业中各种复杂问题,成为"世界中
文报业协会"自创办以后首位女性主席,后又被选为"国际新闻
协会"主席,成为荣任此职的首位亚洲人。

诗文之家 辛亥先烈

——近现代·福州林氏家族

一

闽县（今属福州市）的林孝恂、林孝扬、林孝颖、林景行、林觉民、林庚白以及林景行妻徐蕴华、林学衡妻林北丽等是中国近代史上一大诗文家族，其族人不仅献身于推翻清朝的旧民主主义革命，而且能诗善文，其中多人为南社中坚。

林孝颖是近代福建著名学者，以诗赋著称于闽中。

林孝颖胞弟林景行，原名昶，字亮奇，以别字寒碧行世，1886年生于福建侯官仕宦之家。幼年依母膝诵《文选》，有"神童"之誉。9岁随父宦游羊城就读，诗学谢灵运、柳宗元，13岁肄业于上海圣约翰学校。17岁游学日本，在日本中央大学攻读经济学，并参加反清斗争。1908年林景行回国省亲，正值徐自华等人在杭州举行秋瑾纪念会，遂赴杭州哀悼留日时学友秋瑾。客座中结识徐自华、徐蕴华姐妹及陈去病。是年冬，陈去病以林景行才貌双全而为女弟子徐蕴华作伐为媒，林景行、徐蕴华遂结秦晋之好。之后林景行再赴日本继续学业。1909年南社成立于苏州，林氏与徐自华、徐蕴华一起加入了南社。

1911年武昌首义，林景行匆促返国，奔走于戎幕间。其姊时在武昌陷入重围，他冒生命危险突围救之。1912年临时政府成立时，他聘为农林部秘书并被推为众议院秘书，在宋教仁属下从事工作，旋宋教仁被害，袁世凯追捕革命党人，林景行被迫北走燕都，继而避难辽东，在奉天兴华书院主讲日文，并自习德语。1916年袁世凯病亡，他始返沪杭，任上海《时事新报》总编，其间对时政多有评论，如《论今后政论者之责任》、《不已主义救国论》等长文多日连载，对当时党派之争、政府施政均有独到见解，为时贤所称颂。除自己撰写外，他还并请同乡、南社社友林学衡等撰写时评。1916年8月7日，林景行在报馆撰时评后出馆赴挚友梁启超之约，行至上海静安寺马霍路口时，为英商汽车所撞，医治无效而逝世。其夫人徐蕴华携女多方奔走，诉诸公堂，以讨回公道，终因帝国主义在华有"治外法权"，该案最终竟不了了之。到1920年，在其表兄李宣龚等人操持下，林景行遗体才葬于杭州孤山。次年，柳亚子受徐蕴华之托，撰写《侯官林寒碧墓表》，刻于墓门。解放后因墓主对辛亥革命有功，墓穴被保留，后迁至辛亥革命烈士陵园。

林景行诗书俱佳，诗承谢、柳，书学钟、王。曾自况"唐宋以下文皆不读"，并推崇德国哲学家倭铿之力行学说。林氏死后，柳亚子曾有"地下故人应待我，春来跃马酹孤山"之句以寄托哀思。林景行生平所作诗词，随作随散，后李宣龚为之搜集，以《寒碧诗》付梓。林氏逝世后，《时事新报》、《民国日报》均有大量悼念诗文披载，其女婿林庚白学衡以《汽车杀人》、《呜呼林亮奇君—西人汽车杀人》等文严斥帝国主义者驾车肇事，杀人者逍遥法外，怒斥"挟黄金以骄人，视弱国为可欺，横冲直撞非伊朝夕。"

林景行有子林幼亮、林幼奇，女林北丽。林北丽为林学衡庚白妻。

二

　　林氏家族另一极为重要的成员林觉民，字意洞，号抖飞，又号天外生，生于1887年。其生父林孝觊，字玉珩，叔父为林孝颖。林觉民自幼过继给叔父为子，少年时极其厌恶科举，1900年嗣父要他应考童生，他为父命所迫，无奈中怏怏赴试。但试卷发下，他仅书"少年不望万户侯"七字而头一个交卷，其反叛性格极为鲜明。1902年，林觉民入福州新式学堂全闽大学堂文科读书。时新学业已传入中国，林觉民自号"抖飞"，醉心于自由平等之说。因其个性鲜明，不畏强暴，且长于言谈演说，校长也极喜欢他。林觉民不满于官立学堂之腐朽，便与少年朋友在城北创设私立小学，在城东创设阅报所，与同学议论风生，讥评时政，革命反清意识日强。1905年与陈意映结婚，对妻子极为钟爱，曾书《原爱》，专论男女爱情之理。有位朋友阅其文说："读大著《原爱》，理义公正，才情高绝，乃知文学家自有真也！"（《林觉民传》）1907年从全闽高等学堂赴日本自费留学，一年后，所携带钱款告尽，补官费缺额，进入日本庆应大学文科，专攻哲学，兼习英、德文。时国内关于清朝政府无能之消息不断传至日本，留日学生常常聚首含泪商谈。林觉民悲愤地说："中国已到危险关头，大丈夫只有一死报国，为什么要仿效古人那样相对哭泣呢！而应该仗义执剑，危如累卵之局面或许可得挽救。"他的演说在留日学生中引起共鸣，因他与陈与燊齐名，被同称为"陈林"。又因他与林文及族弟林尹民共寓一室，而被称为"三林"。嗣父林孝颖闻知他加入同盟会，致书要其注意，林觉民复书说："大人所不安者，恐儿学非所用，将有杀身之祸。今习文科，文科主心理、

伦理诸学，岂有学心理、伦理之人而得祸者！"（《林觉民传》）1911
年春，同室林文收到黄兴、赵声寄自香港的来信，知在港同仁正
积极准备发动广州起义，留日闽籍学生决定，由林文赴港参与起
义事务，由林觉民回闽以相策应。两人同船赴港，黄兴见到林觉
民，说"意洞来，天赞我也！运筹帷幄，何可一日无君！"于是，
取消他去闽的计划。4月23日，林觉民偕林文、陈可钧、陈更新、
冯超骧等人潜入广州。翌日夜，林觉民灯下书二封绝笔书信，一
致父亲，一致妻子，至天亮才完稿，清晨，将书信嘱托友人，说：
"我死，幸为转达。"他对同行族弟林尹民和郑烈说："此举若败，
死者必多，定能感动同胞。使吾同胞一旦尽奋而起，克复神州，
重兴祖国，则吾辈虽死之日，犹生之年也，宁有憾哉！宁有憾哉！"
（《林觉民传》）27日，起义开始，林觉民随黄兴往攻督署，一
直攻入署内，未见总督张鸣岐，知中了敌人奸计，愈战愈勇，及
负伤力尽被俘。后赴刑场，泰然自若，从容就义，时年25岁。后
葬于黄花岗。林觉民4月24日所书绝笔信二封，成为中国革命博
物馆之珍藏品，为中国青少年爱国主义教育的最好实物。林觉民
有子林仲新，毕业于上海光华大学，曾任福建漳州市粮食局副局长。

三

　　林景行妻徐蕴华是南社著名女诗人。徐蕴华，字小淑，后以
轩名"双韵"为别字。浙江石门人，同盟会、光复会骨干。她毕
业于上海爱国女学，工诗词，有《琴言室诗稿》十六卷及《倡和
雪泥集》、《花韵轩鞠令谱》等未刊诗稿。其家族世代书香，据《清
稗类钞》载石门徐亚陶太守宝谦工诗文辞，一门风雅，论语溪门
望者，当首推之。太守尝与妇蔡氏唱和于月到楼，女孙畹、蕙贞、
自华、蕴华咸待分韵赋诗，里巷传为盛事！"1906年徐蕴华随姐

徐自华入南浔浔溪女学读书，时秋瑾经褚辅成引荐来校任教职，徐蕴华结识秋瑾，并师从其学诗，秋瑾曾有多首赠徐蕴华诗，中有"我欲期君为女杰，黄龙饮罢共吟诗"句。徐蕴华加入同盟会后，经秋瑾介绍入上海爱国女学求学，课余协助秋氏创办《中国女报》，并捐助 500 银元以解决报社经费之拮据。1907 年，秋瑾回乡主持大通学堂，组织光复军起义，曾向石门徐氏商措军饷的经费，徐蕴华倾手中零金相赠，秋瑾则以泪巾、小照回赠，并书"此别不须忧党祸，千年金石证同盟"绝句赠之。后秋瑾起义事败身亡，徐蕴华偕其姐徐自华安葬秋氏于西湖，并结"秋社"以纪念。1908 年，清政府平毁秋瑾墓，徐蕴华受秋社之托，潜赴杭州，冒死星夜起碑，运藏于朱公祠供案下，使秋瑾的"三绝"墓碑得以保存。1909 年与林景行结婚后，继续为秋瑾身后事作努力，并与徐自华倡建风雨亭。解放后，受上海陈毅市长之聘，任上海文史馆馆员，曾撰《秋瑾烈士史略》。

四

　　林景行之女林北丽的丈夫林学衡也是林氏家族中著名的诗人。林学衡，字浚南，号愚公，别署众难，晚年以字"庚白"行世，系福建闽侯人，生于 1897 年，卒于 1941 年。

　　林学衡家世代仕宦，父岑荪，曾任英驻华使馆中文秘书。林氏少有"神童"之誉，习经书，每羡诸葛孔明之韬略，而视时人奉为金科玉律之曾文正公家训、宋儒之说为粪土，可见其特立独行之性格。幼年曾入顺天府中学堂、天津译馆读书，因著文斥孔孟，与师长辩难而遭革除。他 14 岁应试得魁，入京师大学堂，常与孙炳文、张竞生诸思想急进者纵论国事，又识汪精卫，既而投身反清革命。在京师大学堂时，与同舍汪国垣、王晓湘、胡先骕等结诗社，相酬唱和，并与姚锡钧合刊《太学二子集》行世。武昌起义后，与梁漱溟、孙炳文、李石曾同创京津同盟会，谋西联吴禄贞、东援白雅雨以夺取宛平。后林学衡南下，与林森、陈铭枢、陈子范创"铁血铲除团"，得陈其美、张静江的经济支持。1912年与吕志伊、褚民谊创立《民国新闻》，又为于右任、邵力子创设的《民立报》撰文。经乡人林子夏介绍，得识柳亚子，两人一见如故，遂加盟南社。林学衡是孙中山亲信，1919年冬曾奉孙中山命至滇，游说唐继尧。唐氏一见倾倒，礼为上宾。后二三年，他奔走于各派军阀间，纵横捭阖，以维护孙中山之地位。"五四"时期，曾治社会主义学问。又复发箧尽读古书，上溯《诗经》、《离骚》，下逮曹植、阮籍、陶潜、杜甫、白居易等几十大家，晨夕吟诵，诗始大成，熔经铸史，兼擅魏晋唐宋之长。当时学人评南社有二大家，庚白（林学衡）精深，亚子博大。作为诗人，林学衡始终未能忘情世事，他任过铁路局长、《复报》主持人，参与社会活动。抗战时期，著《抗日罪言》，言极剀切，后拟创中国诗人学会及撰《民国史》，为中国诗史两途开一新壁垒。1941年12月19日，偕林北丽抵香港天文台，遭日军枪杀。1946年5月，由孙科主持，归葬于上海虹桥公墓。

林学衡一生，沉浮宦海又潜心文艺，韵、散两体均佳。后学在中国革命博物馆觅得其文计11集22册1700余题，由周永珍汇编为《丽白楼遗集》入《南社丛书》，中国人民大学出版社出版。

林学衡诗文颇有新思想，他曾说："吾侪处今之世，意境广而见闻新。但论读书，亦已视古人为多，奈何摹仿古人！"因此他的言行与常人不同，又喜以新事物入诗，如咏舞场霓虹灯云："舞终电柱如虹灿，人满脂香作态狂。"在京师大学堂与姚鹓雏同学，都自负诗才，林氏比姚氏更为狂放。他论诗以郑孝胥为第一，他居第二。不久，他又自认已登峰造极，综合古今，他居第一，杜

甫第二，至于郑孝胥之流，卑卑不足道。实则他的诗大约仅步李
商隐后尘。其妻林北丽也善诗，有《博丽轩诗草》，柳亚子赞她"有
意境、有格局、有神韵、有见解，凡是旧诗之三昧，所谓美具难并，
无一不备，而又非唐非宋非明非清"，自成一格。

五

　　福州林氏林孝恂一家，因其后裔林长民、林徽因而为林门增
辉。林孝恂，字伯颖，晚清翰林，家风颇为人称道。1889 年，他
以光绪己丑科进士授翰林院编修，曾任浙江省海宁知县。时值西
风东渐，林孝恂也能随时而移，并非一位埋首于书斋的腐儒。他
闲暇之际，习医练武，并接受西方的政治思想，醉心于声光化电，
绝非一般专学八股策论的传统学士可比。他学养深厚思想开明，
注重教育，连夫人游氏也好读书、工书法。林孝恂的眼光和魄力
还表现在他不惜耗资建林氏家塾于杭州万安桥，聘任求新又知故
的福建名士林琴南、林白水任塾师。该家塾分东西两斋，分别教
授新知旧学。于是林家子侄们的教育履历里陆续填上了中学和西
学的完备经历，人生旅途也延展到科举以外一个更多彩的层面。
林孝恂之长子林长民、次子林天民及同族后人林兆民、林尹民便
在林琴南、林白水两位先生指引下步入学坛。这种学术熏陶使林
长民于 1909 年断然放弃翰林头衔。如果说林琴南还仅仅是知识层
面的熏陶，而林白水的言行举止，更对他们兄弟在人格及爱国意
识上产生重大作用。林白水早年留日，不屑于在朝中为官，是一
位具有反清意识的志士。他在林氏家塾主讲新学，知识渊博，教
法新颖，常常涉及国内外重大政治军事问题，每每言到尽兴时，
慷慨激昂，击掌而谈，引得林长民、林兆民、林尹民、林觉民等
惊叹羡慕万分。林长民是林徽因的堂叔。林肇民、林尹民是林孝

杨之子。林孝扬，字眉叔，号乐天，以仁厚著称于世。他的长子林肇民，字璞初，少年时入日本士官学校学习，归国后在家乡倡言革命，鼓吹反清，林尹民是林孝扬次子，字靖菴，号无我。台北《革命人物志》称林尹民"英姿飒爽，风骨伟岸，有神力，能举石三百斤。"他能武也能文，在林氏家塾中课业绝佳，得伯父林孝恂器重。他于1906年东渡扶桑。在日本加入同盟会，并游说众人参加反满反清斗争，抱定"革命不成，何以家为"之决心，始终未婚，早作好殉国赴难的准备。1910年广州起义时手执双枪，所向披靡，弹尽而死，为黄花岗七十二烈士之一。

　　林长民，字宗孟，自号苣苳子，亦号桂林一枝室主，生于1876年，晚年因门前栽有双栝树，又号双栝庐主人。他与塾师林白水论学互相发明，关系似兄弟。光绪二十三年中秀才。又居家苦攻英、日文，其父林孝恂为他聘请加拿大籍和日本籍两位洋师，1906年赴日留学。旋回国就读杭州东文学校，后再赴日本早稻田大学政经科学习。林长民在留日时，担任过留学生公会会长，他有治才，善治一有口才，善辞令；有家财，善交际；又有胆识，遇事敢于担当责任。与林觉民、林尹民不同的是，他希望走以宪政改良的方式实现立宪政治。所以当林觉民、林尹民在宣扬革命时，林长民则注重结交朋友，与各种人物如日本犬养毅、尾崎行雄、中国张謇、岑春煊、汤化龙、徐佛苏等立宪派人士订为深交；也与君主立宪派杨度、同盟会宋教仁结识。1910年返国后放弃举业，拒绝清政府授予的翰林进士身份而出任福建官立法政学堂教务长。后一直从事立宪事业，1912年南京临时参议院成立，林长民受福建都督推荐，代表闽省参与临时约法的议定。临时参议院北迁后被推任为该院秘书长。1916年任立法院秘书长，1917年任段祺瑞内阁司法总长，同年参加宪政研究会。1921年与梁启超等主张恢复第一届国会，实施宪法。1925年为段祺瑞政府善后会议议员，继任国联讨论会会长。该年冬，中流弹身亡。他有诗才，擅长书法。

林长民、林肇民、林尹民、林觉民等"福州林氏兄弟，被时人称为"林氏四民"，英声蜚海内。

"林氏四民"之一林长民之女林徽因，是梁启超的儿媳，梁思成的妻子。她 1904 年生于杭州。1920 年随父林长民赴欧洲，入伦敦圣玛丽亚女子学院，并因父亲的广泛社交而识得当时英国最杰出的一批文化人。后去美国宾夕法尼亚大学美术系，兼修建筑系课程。又入耶鲁大学戏剧学院学习舞台美术。1928 年回国后在中国各著名大学任教。1931 年开始文学创作，为新月社重要成员，也为中国营造学社研究员，法式部主任。1949 年，北平解放，林徽因受聘为清华大学建筑系一级教授，参与中华人民共和国国徽设计和承担人民英雄纪念碑纹饰及花圈浮雕设计工作。林徽因是中国 20 世纪罕见的才女，是中国现代著名的文艺家和建筑家，"一身诗意千寻瀑，万古人间四月天"（金岳霖挽联），是对她一生最好的归纳。

引得大王的文化传承

——近现代·福州洪业世家

一

　　洪业，字鹿芩，号煨莲，现代国际知名史学家。洪氏一族原居福建侯官的后浦乡，其曾祖母携洪业的祖父始迁侯官。后浦之洪氏，出自南宋洪皓之次子洪遵，其裔孙在元代时入闽，为后浦"三瑞堂"洪姓之开端。洪业之父洪曦，字卓珊，为清代光绪十七年（1891）辛卯科举人，曾候补知县于山东，署理鱼台、曲阜等县。洪业幼年随父读书，习四书五经及《尔雅》，皆能成诵。光绪三十年（1904）随父迁居山东曲阜。据说，洪曦是一位饱受儒学熏陶而又开通新进之学者。在父亲影响下，洪业幼年时即能背诵1400多首杜甫诗。后入新式学堂，兼习英语，喜声光化电之学。洪业兄弟6人，洪业居长，大弟洪端，未弱冠而早夭；二弟洪绅，字书行；三弟洪绥、五弟洪纯，也早卒；四弟洪绂，字思齐，原清华大学地理系教授，后在加拿大执教，为知名地理学学者。

　　洪业早年有感于国势日危，欲报考海军以奋志图强，只身赴上海，因搭乘的赶考之船迟发而耽误试期。后在高梦旦劝诚下，决心改习国际外交。于是 1910 年返回福州，入鹤龄英华书院。他品学兼优，又以口才见长，1915 年毕业后得书院美国籍董事汉德福·克劳费德的资助，赴美留学。1917 年获俄亥俄韦斯良大学文学士学位，1919 年获哥伦比亚大学硕士学位，1920 年获纽约协合神学院神学士学位。1920 年至 1922 年，洪业因擅长演讲，应美国几家演说局之邀，周游全美，四处演讲，争取美国友好人士援助中国抵抗日本。当时，他的演说辞以及关于演说的报道皆载于美国媒体，对其口才之称誉遍及美国。1923 年，洪业受燕京大学之聘，协助哈里·卢斯为建新校舍而募集资金，并开始在燕京大学长达 23 年之久的执教。1924 年至 1927 年兼任大学文理科科长，对大学课程设置的改进卓有贡献，也对中国大学教育产生过促进作用。1928 年他兼任过燕京大学历史系主任、图书馆馆长，在所制定图书文献管理制度、扩充采购新书报刊以及扩收明、清史善本书等方面都颇有建树。当时，美国铝土矿电分离的发明人查尔斯·马丁·霍尔为亚洲文化教育事业捐赠巨款，洪业受燕京大学之命，于 1924 年反复与哈佛大学磋商，为创立的哈佛燕京学社争取这一捐赠基金，发挥了重要作用。1928 年至 1930 年洪业应聘任哈佛大学客座教授达两年。1930 年返国后任燕京大学文科主任和导师，这一职务一直到 1946 年出国为止。

二

洪业对学术贡献甚多，早期以编纂工具书而知名于学术界。他比较注重治学方法，年幼时便留意旧辞书的体例，深知其优缺点，而极欲作创新之举。洪业认为，治中国传统文化和整理古典文献，科学工具书之提供极为重要，为此新创中国字检索法，著有《引得说》，以此来指导编纂各类引得，使学人借此达快速阅览和快速检索的目的。他所创的"中国字庋撷法",是在中国繁体字庋撷法排列基础上,复作笔画检字和拼音检字表。洪业主持哈佛燕京学社引得编纂处工作 20 多年,先后编纂出版经史子集各种引得 64 种 81 册,这些引得是中国较早用科学方法编纂的工具书,其中有多种如《春秋经传引得》、《杜诗引得》等,至今仍为国内学者和海外汉学研究者所依凭。更为可贵的是,洪业在主持这项巨大的检索工具书过程中,培养了许多著名的学者,一些当年的学子,就通过参与这套工具书的编纂而成为某一方面的权威学者。洪业在领导编纂引得过程中,对每种引得都撰有序言,其中《礼记引得序》、《春秋经传引得序》均是具有重要创见之作。前者是精心结构的两汉礼学源流考论,阐明两千多年来关于礼在中国经典文献与非经典文献中争论不休之疑难问题,成为礼学集大成之作。后者所谓序,达 10 万言,实际是一册专论著作,收录两千年来中外学人关于《春秋》以及三传之论述,在广征基础上附以己说,又结合近代天文学之科学认识加以阐释,多有发前人未发之论。由这二文的问世,洪业作为引得创始人和编纂主持人的地位获得学术界公认,因而荣获 1937 年巴黎儒莲奖金。后又撰《杜诗引得序》,向学术界贡献出自己的重大创新发明之说。鉴于此,美国俄亥韦斯良大学在 1933 年赠予洪业神学博士之外,1940 年又加其赠文学博士。抗日战争中,洪业与陆志韦、赵紫宸、邓之诚等燕大学者曾被日军逮捕,他拒绝为日伪工作,表现出坚贞的民族气节和高尚的爱国情操。

1946 年春,洪业应聘赴哈佛大学讲学,至 1963 年退休。在国外时,著有《中国最伟大的诗人杜甫》以及发表《蒙古秘史源流考》、《钱大昕题〈元史〉三诗的英译和注释》等论文,荣获匹兹堡大学授予的中西文化学术交流倡导者的奖状。

主要参考书目

逸周书　晋·孔晁注　清乾隆丙午抱经堂雕本

史记　汉·司马迁著　中华书局本

汉书　汉·班固著　中华书局本

后汉书　南朝宋·范晔著　中华书局本

三国志　晋·陈寿著　中华书局本

晋书　唐·房玄龄著　中华书局本

旧唐书　后晋·刘昫等著　中华书局本

新唐书　宋·欧阳修等著　中华书局本

唐会要　宋·王溥　四部备要本

五代会要　宋·王溥　四部备要本

新五代史　宋·欧阳修等著　中华书局本

宋史　元·脱脱等著　中华书局本

资治通鉴　宋·司马光著　上海古籍出版社本

续资治通鉴长编　宋·李焘著　上海古籍出版社本

通鉴纪事本末　宋·袁枢著　中华书局本

建炎以来系年要录　宋·李心传著中华书局影印本

建炎以来朝野杂记　宋·李心传著　台湾文海出版社影印本

宋季三朝政要　宋·佚名著　丛书集成本

中兴小纪　宋·熊克著　丛书集成本

宋宰辅编年录　宋·徐自明编　中华书局本

通志　宋·郑樵著　浙江古籍出版社影印十通本

宋史全文　明·柯维骐著　黑龙江人民出版社本

宋史纪事本末　明·陈邦瞻著　中华书局本

宋史翼　清·陆心源著　中华书局本

资治通鉴后编　清·徐乾学编　影印文渊阁四库全书本

宋会要辑稿　清·徐松辑　中华书局本

明史　清·张廷玉主编　清乾隆武英殿刻本

清史稿　赵尔巽主编　中华书局本

历代名臣奏议　明·黄淮、杨士奇编　上海古籍出版社本

廿二史札记　清·赵翼著，曹光甫校点，凤凰出版社本

台湾通史　连横著　上海书店出版社本

台湾文献史料丛刊第 1 辑淡水厅志　陈培桂著　台湾大通书局本

平台纪略　清·蓝鼎元著　中华书局本

文献通考　元·马端临著　中华书局本

宋元学案　清·黄宗羲著，全祖望补修　中华书局本

宋元学案补遗　清·王梓材、冯云濠辑　四明丛书本

明儒学案　清·黄宗羲著，沈芝盈点校　中华书局本

宋季三朝政要　宋·佚名著　元皇庆元年陈氏余庆堂刻本

通鉴纲目续编　明·商辂著　清文渊阁四库全书本

续资治通鉴　清·毕沅著　清嘉庆六年递刻

宋元资治通鉴　明·王宗沐著　明吴中珩刻本

续宋宰辅编年录　明·吕邦燿著　明钞本

历代忠义录　明·王夔著　明嘉靖刻本

续文献通考　明·王圻著　明万历三十年松江府刻本

莆阳文献列传　明·郑岳著　明万历刻本

通鉴辑览　清·傅恒著　清文渊阁四库全书本

读史方舆纪要　清·顾祖禹著　清稿本

渊鉴类函　清·张英编　清文渊阁四库全书本

十三经注疏（整理本）　北京大学出版社本

四书章句集注　宋·朱熹著　中华书局本

续孟子　唐·林慎思著　清知不足斋丛书本

诗辑　宋·严粲著　台北广文书局影印明嘉靖本

周子全书　宋·周敦颐著　台北商务印书馆

伊川击壤录　宋·邵雍著　学林出版社本

张子全书　宋·张载著　影印文渊阁四库全书本

皇极经世书　宋·邵雍著　中州古籍出版社本

二程遗书　宋·程颐、程颢著　上海古籍出版社本

武经总要　宋·曾公亮、丁度著　影印文渊阁《四库全书》本

龟山先生语录　宋·杨时著　四部丛刊续编景宋本

八朝名臣言行录　宋·朱熹编　上海古籍出版社本

伊洛渊源录　宋·朱熹编　上海古籍出版社本

雒闽源流录　清·张夏著　清康熙二十一年黄昌衢彝叙堂刻本

御纂朱子全书　宋·朱熹撰，清·李光地、熊赐履等编　影印文渊阁《四库全书》本

晦庵集　宋·朱熹著　影印文渊阁《四库全书》本

近思录详注集评　宋·朱熹、吕祖谦编，陈荣捷注评　台北学生书局本

上蔡语录　宋·谢良佐著，曾恬、胡安国录　清文渊阁四库全书本

春秋传　宋·胡安国　清文渊阁四库全书本

斐然集　宋·胡寅著　商务印书馆本

胡宏著作两种　宋·胡宏著　岳麓书社本

夹漈遗稿　宋·郑樵著　中华书局本

象山语录　宋·陆九渊著　上海古籍出版社本

西山读书记　宋·真德秀著　景印文渊阁四库全书本

西山先生真文忠公文集　宋·真德秀著　四部丛刊续编本

韦斋集　宋·朱松著 华东师大出版社本

艾轩先生文集　宋·林光朝著 宋集珍本丛刊影印明正德刻本

陆九渊集　宋·陆九渊著　中华书局本

北溪先生大全集　宋·陈淳著　宋集珍本丛刊影印明抄本

北溪字义　宋·陈淳著　中华书局本

闽中理学渊源考　清·李清馥　清文渊阁四库全书本

韩集举正　宋·方崧卿著　清文渊阁四库全书本

鹤山先生大全集　宋·魏了翁著　四部丛刊续编本

心史　宋·郑思肖著　上海古籍出版社本

定斋集宋·蔡戡著　清光绪常州先哲遗书本

苏魏公集　宋·苏颂著　清文渊阁四库全书补配清文津阁四库全书本

谭训　宋·苏象先著　四部丛刊三编景旧钞本

画墁录　宋·张舜民著　明稗海本

端明集　宋·蔡襄　宋刻本

游鹰山集　宋·游酢　清文渊阁四库全书本

律吕新书　宋·蔡元定　清文渊阁四库全书本

书经集传　宋·蔡沈　清文渊阁四库全书本

经义考　清·朱彝尊著　清文渊阁四库全书本

周易浅述　清·陈梦雷著　中央编译出版社本

屏山集　宋·刘子翚　明刻本

蒙斋集　宋·袁甫著　清文渊阁四库全书本

文山集　宋·文天祥著　四部丛刊景明本

桐江集　元·方回著　清嘉庆宛委别藏本

至正集　元·许有壬著　清文渊阁四库全书补配清文津阁四库全书本

宋学士文集　明·宋濂著　四部丛刊景明正德本

王阳明全集　明·王阳明著　上海古籍出版社本

道古堂全集　清·杭世骏著　清乾隆四十一年刻光绪十四年汪曾唯修本

陈恭介公文集　明·陈有年　明万历陈啓孙刻本

勿轩集　宋·熊禾　清文渊阁四库全书本

西楼全集　明·邓原岳著　明崇祯元年邓庆寀刻本

鹿洲全集　清·蓝鼎元著　厦门大学出版社本

东溟文集　清·姚莹著　清中复堂全集本

李温陵集　明·李贽著　明刻本

左海文集　清·陈寿祺著　清刻本

续藏书　明·李贽著　明万历三十九年王惟俨刻本

儒林传稿　清·阮元著　清嘉庆刻本

毛诗古音考　明·陈第著　中华书局本

布衣陈先生存稿　明·陈真晟著　明万历刻本

正谊堂文集　清·张伯行著　清乾隆刻本

榕村语录　清·李光地著　清文渊阁四库全书本

榕村集　清·李光地著　清文渊阁四库全书本

经义述闻　清·王引之著　清道光刻本

全上古三人秦汉三国六朝文　严可均辑　中华书局本

文选　南朝梁·萧统编，唐·李善注　中华书局本

乐府诗集　南朝宋·郭茂倩编　中华书局本

全唐诗　清·彭定求等编　中华书局本

全唐文　清·董诰等编　上海古籍出版社本

宋文鉴　宋·吕祖谦编　中华书局本

全宋诗　北京大学古文献研究所编　北京大学出版社本

全宋词　唐圭璋主编　中华书局本

全宋文　曾枣庄、刘琳主编　上海辞书出版社、安徽教育出版社本

全五代诗　清·李调元著　清函海本

两宋名贤小集　宋·陈思编，元·陈世隆补编　清抄本

江湖小集　宋·陈起编　台湾商务印书馆本

宋元诗会　清·陈焯编　清文渊阁四库全书本

明诗纪事　清·陈田著　清陈氏听诗斋刻本

闽诗录　清　郑杰著　清宣统三年刻本

明文海　清·黄宗羲编　清涵芬楼钞本

明诗综　清·朱彝尊辑录　中华书局本

明诗钞　清·彭孙贻编　四部丛刊续编景写本

石仓诗稿　明·曹学佺著　清乾隆十九年曹岱华刻本

石仓历代诗选　明·曹学佺编　清文渊阁四库全书补配清文津阁四库全书本

列朝诗集　清·钱谦益编　清顺治九年毛氏汲古阁刻本

晚晴簃诗汇　徐世昌编　民国退耕堂刻本

宋诗选注　钱钟书选注　北京大学出版社本

西昆酬唱集　宋·杨亿编　四部丛刊影印明嘉靖本

武夷新集　宋·杨亿著　蒲城留香室刊本

乐章集　宋·柳永　清劳权钞本

欧阳修全集　宋·欧阳修著，李逸安点校　中华书局本

蔡襄集　宋·蔡襄著，吴以宁点校，上海古籍出版社本

芦川归来集　宋·张元干　清文渊阁四库全书本

陆游集　宋·陆游著　中华书局本

攻媿集　宋·楼钥著　中华书局本

鹤山集　宋·魏了翁著　影印文渊阁《四库全书》本

海琼白真人全集　宋·白玉蟾著

知稼翁集　宋·黄公度著　明天启刻本

后村先生大全集　宋·刘克庄著　四部丛刊本

宋宝章阁直学士忠惠铁庵方公文集　宋·方大琮著　明正德八年刻本

龙图陈公文集　宋·陈宓著　清抄本

文忠集　宋·周必大著　景印文渊阁四库全书本

止斋集　宋·陈傅良著　影印文渊阁四库全书

石屏诗集　宋·戴复古著　四部丛刊续编本

沧浪严先生吟卷　宋·严羽著　元刊本

李贽全集注　明·李贽著，张建业主编　社会科学文献出版社本

二希堂文集　清·蔡世远著　清文渊阁四库全书本

涛园集　沈瑜庆著　福建人民出版社本

严复集　严复著，王栻主编　中华收局本

奇觚庼诗集　清·叶昌炽著　民国十五年刻本

闽中书画录　清·黄锡蕃　合众图书馆丛书本

台湾古诗选　陈贻庭选注　九州出版社本

丘逢甲诗选　丘逢甲著，李树政选注　广东人民出版社本

林琴南文集　林纾著　中国书店本

许地山精品文集　许地山著　中国画报出版社本

辜鸿铭文集　辜鸿铭著　海南出版社本

晚翠轩集　林旭著　民国墨巢丛刻本

诗话总龟　宋·阮阅著　人民文学出版社本

苕溪渔隐丛话　宋·胡仔辑　人民文学出版社本

宋诗话全编　吴文治主编　江苏古籍出版社本

明诗话全编　吴文治主编　江苏古籍出版社本

清诗话　丁福保辑　上海古籍出版社本

清诗话续编　郭绍虞编　上海古籍出版社本

词话丛编　唐圭璋编　中华书局本

后村诗话　宋·刘克庄著　中华书局本

沧浪诗话校释　宋·严羽著，郭绍虞校释　人民文学出版社本

瀛奎律髓汇评　元·方回著，李庆甲评注　上海古籍出版社本

全闽诗话　清·郑方坤著　清乾隆诗话轩刻本

历代诗话　清·昊景旭著　中华书局本

书林清话　清·叶德辉著　岳麓书社本

宋诗纪事　清·厉鹗编　上海古籍出版社本

石遗室诗话　陈衍著　人民文学出版社本

射鹰楼诗话　林昌彝著　清咸豐元年刻本

永嘉四灵暨江湖派诗传　胡俊林著　吉林人民出版社本

江湖诗派研究　张宏生著　中华书局本

管锥编　钱钟书著　三联书店本

谈艺录　钱钟书著　三联书店本

舆地纪胜　宋·王象之著　中华书局本

桯史　宋·岳珂著　吴企明点校　中华书局本

册府元龟　宋·王钦若著　明刻初印本

农书　宋·陈旉著　中华书局本

耆旧续闻　宋·陈鹄著，孔凡礼点校　中华书局本

路史　宋·罗泌著　清文渊阁四库全书本

容斋随笔　宋·洪迈著，孔凡礼点校　中华书局本

夷坚志　宋·洪迈著，何卓点校　中华书局本

齐东野语　宋·周密著　明正德刻本

癸辛杂识　宋·周密著　清文渊阁四库全书本

方舆胜览　宋·祝穆著　中华书局 2003 年本

方舆考证　清·许鸿磐著　清济宁潘氏华鉴阁本

古今事文类聚　宋·祝穆著　影印文渊阁四库全书本

困学纪闻　宋·王应麟著　上海古籍出版社本

皇明通纪集要　明·陈建编　明崇祯刻本

国史经籍志　明·焦竑著　明徐象橒刻本

七修类稿　明·郎瑛著　上海书店出版社本

明儒讲学考　清·程嗣章集释　清道光四年刻本

问奇类林明·郭良翰辑　明万历三十七年黄吉士等刻增修本

日知录集释　清·黄汝成集释　清道光西谿草庐刻本

弘简录　明·邵经邦著　清康熙刻本

明经世文编　明·陈子龙著　明崇祯平露堂刻本

万姓统谱　明·凌迪知著　清文渊阁四库全书本

弇山堂别集　明·王世贞著　清文渊阁四库全书本

东越文苑　明·陈鸣鹤　清同治十二年刻本

闽中荔支通谱　明·邓庆寀　明崇祯刻本

古今谭概　明·冯梦龙辑　明刻本

杨家将演义　明·熊大木著　清道光壬午博古堂刊本

五杂俎　明·谢肇淛著　明万历四十四年潘膺祉如韦馆刻本

罪惟录　清·查继佐著　四部丛刊三编景手稿本

燕山草堂集　清·陈僖著　清康熙刻本

国榷　清·谈迁著　清钞本

直斋书录解题　宋·陈振孙著　上海古籍出版社本

群斋读书志　宋·晁公武著　上海古籍出版社本

读书镜　明·陈继儒著　中华书局本

四库全书总目　清·永瑢等著　中华书局本

四库全书考证　清·王太岳著　清武英殿聚珍版丛书本

徐氏红雨楼书目　明·徐𤋏著　上海古典文学出版社本

红雨楼题跋　明·徐𤋏著　清嘉庆三年刻本

万卷堂书目　明·朱睦㮮著　清光绪至民国间观古堂书目丛刊本

澹生堂藏书目　明·祁承爜著　清宋氏漫堂钞本

善本书室藏书志　清·丁丙著　清光绪刻本

古今图书集成医部全录　清·陈梦雷等编　人民卫生出版社本

勤有堂随录及其他四种　清·陈栎等著，王云五主编　商务印书馆本

天禄琳琅书目　清·官修　清文渊阁四库全书本

皕宋楼藏书志　清·陆心源著　清光绪万卷楼藏本

铁琴铜剑楼藏书目录　清·瞿镛著　清光绪常熟瞿氏家塾刻

拜经楼藏书题跋记　清·吴寿旸著　清道光二十七年刻本

爱日精庐藏书志　清·张金吾著　清光绪十三年吴县灵芬阁集字版校印本

绛云楼书目　清·钱谦益著　清嘉庆钞本

八千卷楼书目　清·丁仁著　民国本

千顷堂书目　清·黄虞稷著　清文渊阁四库全书本

士礼居藏书题跋记　清·黄丕烈著　清光绪十年滂喜斋刻本

淳熙三山志　宋·梁克家著　北京图书馆出版社本

八闽通志　明·黄仲昭修纂　福建人民出版社本

闽书　明·何乔远编　四库全书本

嘉靖邵武府志　明·陈让修，邢址订刊　上海古籍出版社本

（同治）重刊（弘治）兴化府志　清·林庆贻重刊　福建人民出版社本

莆阳比事　宋·李俊甫著　清嘉庆宛委刻藏本

福建通志　陈衍编纂　民国刻本

乾隆福州府志　清·鲁曾煜编纂　清乾隆十九年刻本

诸蕃志　宋·赵汝适著，冯承钧校注　中华书局本

（嘉靖）延平府志　明·陈能修，郑庆云纂　明嘉靖刻本

（嘉靖）邵武府志　明·邢址纂，陈让纂　明嘉靖刻本

（万历）福州府志　明·林燫纂　明万历二十四年刻本

（康熙）台湾府纪署　清·林谦光著　清康熙刻华鄂堂集本

（乾隆）延平府志　清·傅尔泰修，陶元藻纂　清同治十二年重刊本

（乾隆）泉州府志　清·怀荫布修，黄任纂　清光绪八年补刻本

（乾隆）福州府志　清·徐景熹修，鲁曾煜纂　清乾隆十九年刊本

（乾隆）福宁府志　清·朱珪修，李拔纂　清光绪重刊本

（嘉靖）建阳县志　明·冯继科纂修　明嘉靖刻本

（康熙）南平县志　清·朱夔修，邹廷机纂　清康熙五十八年刻本

（康熙）台湾县志　清·陈文达纂　清康熙五十九年序刻本

（乾隆）莆田县志　清·廖必琦修，宋若霖纂　清光绪五年补刊本

（乾隆）晋江县志　清·方鼎修，朱升元纂　清乾隆三十年刊本

（乾隆）古田县志　清·辛可修，林咸吉纂　清乾隆十六年刊本

（光绪）光泽县志　清·钮承藩修，何秋渊纂　清光绪二十三年刊本

（民国）建宁县志　钱江修，范毓桂纂　民国八年铅印本

（乾隆）長汀縣志　清·陳朝羲纂修　清乾隆四十七年刻本

（乾隆）安溪縣志　清·莊成修，沈鍾纂　清乾隆二十二年刻本

（大德）南海志　元·陈大震纂修　元大德刻本

明一统志　明·李贤纂修　清文渊阁四库全书本

新安文献志　明·程敏政纂修　清文渊阁四库全书本

（嘉靖）建宁府志　明·谢纯纂　明嘉靖刻本

（嘉靖）延平府志　明·郑庆云纂　明嘉靖刻本

闽中金石志　清　冯登府著　民国希古楼刻本

历代名儒传　清·李清植著　中国书店本

朱子年谱长编　束景南著　华东师大出版社

朱子大传　束景南著　福建教育出版社本

唐宋词人年谱　夏承焘著　古典文学出版社本

宋才子传笺证　程章灿主编　江海出版社本

中国著名藏书家与藏书楼　今·范凤书著　大象出版社本

宋代藏书家考　潘美月著　（台北）学海出版社本

张元幹年谱　王兆鹏著　南京出版社本

刘克庄年谱　程章灿著　贵州人民出版社本

黄道周年谱　洪思等著　福建人民出版社本

萨镇冰传　萨木仁著　海潮出版社本

林则徐年谱新编　来新夏著　南开大学出版社本

顾千里先生年谱　赵诒琛著　民国刻对树书屋丛书本

郑孝胥日记　中国中家博物馆编，劳祖德整理　中华书局本

陈嘉庚传　陈碧笙、杨国桢著　福建人民出版社本

辜鸿铭评传　孔庆茂著　百花文艺出版社本

中国哲学史新编　冯友兰著　人民出版社本

朱子哲学研究　陈来著　华东师大出版社本

中国历史研究法　梁启超　上海商务印书馆本

中国文学批评史　郭绍虞著　上海商务印书馆本

中国修辞学史稿　郑子瑜著　上海教育出版社本

中国印刷史　张和民著　上海人民出版社本

中国印刷术的发展和它的西传　美·卡特著，吴泽炎译　商务印书馆本

中国书院史资料（上、下）　陈谷嘉、邓洪波主编　浙江教育出版社

海外华侨·南洋篇　巫乐华著　中国国际广播出版社本

宋代郡守通考　李之亮著　巴蜀书社本

中国近三百年学术史　梁启超著　中国人民大学出版社本

中国近三百年学术史　钱穆著　北京商务印书馆本

中国文学史　游国恩等　人民文学出版社本

中国文学编年史　陈文新主编　湖南人民版社本

宋代出版史研究　周宝荣著　中州古籍出版社本

《阿Q正传》郑笺　郑子瑜著　中国和平出版社本

引得　洪业著　哈佛燕京学社本

十三月新历法律　高梦旦著　（上海）商务印书馆本

后　记

杜诗《偶题》有句曰："文章千古事，得失寸心知。"

在本书即将付印出版之际，回溯十多年来一波三折的书稿编撰历程，不禁感慨系之，对诗圣这两句诗有了更深切的体会。

本书编撰的缘起，始于2004年左右。当时，国家图书馆《文献》编辑部的编审曹月堂先生组编一套《中国文化世家》丛书，约请国内一些文史专家分工撰写。我校（浙江师范大学）法政学院毛策先生承担了编著福建卷的任务。为此，毛策先生花了大量精力收集有关文献，编写书稿提纲，起草目录，搭起了书稿的总体框架，并邀我一起合作编写。过了一年多，毛先生因另有更重要的科研任务急需完成，只好让我独自将这项工作进行下去。不幸的是，2006年我突发一场大病，手术之后又长期休养，书稿的编写和修改工作也就被搁置了多年，无法赶上《中国文化世家》丛书的出版期限。然而，此书稿倘若就此夭折，自思实有负初心和毛策先生之所托。于是在身体渐有好转的情况下，我勉为其难地重续旧稿，以求完稿后能有机会单独出版。但是由于福建史上的文化世家众多，文献资料丰厚，如何搜求完备，剔粗取精，去伪存真，就颇费踌躇，故续写工作进展缓慢。在我对此工作欲罢不能，欲续乏力，进退维谷之时，幸有本校王嘉良、韦苇教授等同事和朋友及时给予鼓励和指点。他们强调：此书的编撰对宏扬我国优秀传统文化乃至对台胞认祖归宗和海峡两岸的文化交流都具有一定意义，半途而废颇为可惜。并点拨：如果感到精力有限，对福建文献掌握不足，可以找福建的高校专家、教师合作啊！他们的话，令我眼睛一亮，可谓山重水复后的柳暗花明。

2015年，我与福建武夷学院图书馆联系此项工作的合作事宜，承蒙徐俐华馆长积极支持。她不仅凭借馆内得天独厚的八闽文献资料丰厚的优势，提供了外省难以见到的福建一些文化世家的宗族资料，亲自参与改写、校阅、修订部分书稿，还商请馆内一些老师协助查找、核对有关文献，使书稿避免了不少失误。应该说，本书得以最终出版，毛策先生和徐俐华馆长二位贡献至大。毛策先生自打好本书的基础之后，虽然因忙于"江南第一家——郑氏家族"等国家关注的重大社科项目研究工作，脱不开身来参与本书稿的修改，然最后还是拨冗认真审订了终稿，其负责精神令人感佩。

值得提出的是，浙江师大社科处和武夷学院社科处的领导，浙师大图书馆的于林海、李精松、王铁、徐礼云等老师和武夷学院图书馆的陈国代、蔺华、伍进平、吴薇娜等老师，浙师大行知学院占梅英老师和人文学院柳小英老师等，对本书的撰写和出版，也都表示了热情的关心和支持。他们或给予精神鼓勵，或提出建设性意见，或帮助安装电脑软件、查找资料和校对，特别是陳國代研究館員，虽然本職工作繁忙，但在休息时间审订书稿时，仍能从头至末，一丝不苟，捕捉出不少通常不易发现的差错，可谓火眼金睛，洞察秋毫。从某种程度上说，此书的编印出版，不啻是两省高校教职员间的一次友好合作。此外，嘉兴学院张兰老师、东阳中学马恬静老师和乐清虹桥镇第七小学邵海燕老师等浙师大校友，早期也曾编写过个别篇目的稿子，或参与本书引文的校对工作；而在后期，金华浩潤文化传播有限公司的方金芳、方爱苏伉俪热心协助联系出版事宜，出版社责编陆雨女士细心审阅书稿，提出许多宝贵修改意见，亦花去许多精力。对于以上所有关心和帮助本书编撰修订工作的单位和老师、校友们，谨在此一并表示由衷的谢意！

　　然而，由于笔者才疏学浅，对福建历史文化世家又缺乏深入研究，本书仍有诸多不尽人意的地方。殷切希望专家和读者多加指正。我们当牢记杜诗"文章千古事"的训示，严肃认真地对待学术研究与著述，力求在今后的工作中多"得"而少"失"。

浙江师范大学人文学院　张继定

2017 年 5 月